Das Sanierungsprinzip – Der Einfluss des insolvenzrechtlichen Sanierungsprinzips auf das Arbeitsrecht am Beispiel der übertragenden Sanierung

Europäische Hochschulschriften Recht

European University Studies in Law

Publications Universitaires Européennes de Droit

Band/ Volume **6268**

Michael Zeitel

Das Sanierungsprinzip – Der Einfluss des insolvenzrechtlichen Sanierungsprinzips auf das Arbeitsrecht am Beispiel der übertragenden Sanierung

PETER LANG

Bibliografische Information der Deutschen Nationalbibliothek
Die Deutsche Nationalbibliothek verzeichnet diese Publikation in der Deutschen Nationalbibliografie; detaillierte bibliografische Daten sind im Internet über http://dnb.d-nb.de abrufbar.

Zugl.: Mannheim, Univ., Diss., 2021.

Gedruckt auf alterungsbeständigem, säurefreiem Papier.

D180
ISSN 0531-7312
ISBN 978-3-631-86460-9 (Print)
E-ISBN 978-3-631-86544-6 (E-PDF)
E-ISBN 978-3-631-86918-5 (EPUB)
DOI 10.3726/b19158

Diese Publikation wurde begutachtet.

www.peterlang.com

Vorwort

Die vorliegende Arbeit wurde von der rechtswissenschaftlichen Fakultät der Universität Mannheim im Juli 2021 als Dissertation angenommen.

Mein herzlicher Dank gilt meinem Doktorvater, Herrn Professor Dr. Friedemann Kainer, der mir sein Vertrauen geschenkt, mein Promotionsvorhaben nach Kräften unterstützt und mich hervorragend betreut hat.

Für die Erstellung des Zweitgutachtens bedanke ich mich sehr bei Herrn Professor Dr. Philipp S. Fischinger, LL.M. (Harvard).

Ein großer Dank richtet sich an meinen lieben Freund und Kollegen, Herrn Rechtsanwalt Dr. Adrian Bugger, der mir während meiner Promotion als wertvoller Ratgeber fachlich und persönlich zur Seite stand.

Besonders danken möchte ich auch Herrn Rechtsanwalt Dr. Jobst Wellensiek, Herrn Rechtsanwalt Thomas Oberle und Herrn Rechtsanwalt Marc-Philippe Hornung, die mich in meiner täglichen Arbeit stets inspirieren und mir große Vorbilder sind.

Ich danke von Herzen Frau Magali Müller-Herancourt, die mich in allen meinen Vorhaben liebevoll und bedingungslos unterstützt.

Mein innigster Dank gilt meinen Eltern, die mir meinen heutigen Weg bereitet haben und mir immer zur Seite stehen.

Inhaltsübersicht

Inhaltsverzeichnis

Abkürzungsverzeichnis

a.A.	andere Auffassung
a.F.	alte Fassung
Abb.	Abbildung
Abs.	Absatz
AEUV	Vertrag über die Arbeitsweise der Europäischen Union
AG	Aktiengesellschaft
AGB	Allgemeine Geschäftsbedingungen
AltTZG	Altersteilzeitgesetz
amtl.	amtlich
Anm.	Anmerkung
AnwZert InsR	Anwalt Zertifikat Insolvenzrecht (Fachzeitschrift)
AP	Arbeitsrechtliche Praxis (Nachschlagewerk des Bundesarbeitsgerichts)
ArbG	Arbeitsgericht
ASoK	Arbeits- und SozialrechtsKartei (Fachzeitschrift)
Aufl.	Auflage
AuR	Arbeit und Recht (Fachzeitschrift)
ausf.	Ausführlich
BAG	Bundesarbeitsgericht
BAGE	Sammlung der Entscheidungen des Bundesarbeitsgerichts
BB	Betriebs-Berater (Fachzeitschrift)
BeckOK	Beck´scher Onlinekommentar
BeckRS	Beck-Rechtsprechung
Beschl.	Beschluss
BetrAVG	Betriebsrentengesetz
BetrVG	Betriebsverfassungsgesetz
BGB	Bürgerliches Gesetzbuch
BGBl.	Bundesgesetzblatt
BGH	Bundesgerichtshof
BGHZ	Entscheidungen des Bundesgerichtshofes in Zivilsachen
bspw.	beispielsweise
BT-Drs.	Bundestagdrucksache
bzw.	beziehungsweise
CTA	Contractual Trust Arrangement
COM/KOM	European Commission/Europäische Kommission

d.	des
DB	Der Betrieb (Fachzeitschrift)
EGBGB	Einführungsgesetz zum Bürgerlichen Gesetzbuch
Einl.	Einleitung
EL	Ergänzungslieferung
ErfK	Erfurter Kommentar
EuGH	Gerichtshof der Europäischen Union
EuZA	Europäische Zeitschrift für Arbeitsrecht (Fachzeitschrift)
EWiR	Entscheidungen zum Wirtschaftsrecht (Kurzkommentare)
FK	Frankfurter Kommentar
Fn.	Fußnote
FS	Festschrift
GmbH	Gesellschaft mit beschränkter Haftung
GmS	Gemeinsamer Senat
GWR	Gesellschafts- und Wirtschaftsrecht (Fachzeitschrift)
HAG	Heimarbeitsgesetz
Halbs.	Halbsatz
HdB	Handbuch
HGB	Handelsgesetzbuch
HK	Heidelberger Kommentar
HRI	Handbuch Restrukturierung in der Insolvenz
i.S.d.	im Sinne des
i.Ü.	im Übrigen
InsO	Insolvenzordnung
InsR	Insolvenzrecht
InsR-HdB	Insolvenzrechts-Handbuch
JuS	Juristische Schulung (Fachzeitschrift)
Kap.	Kapitel
KassKomm	Kasseler Kommentar
KO	Konkursordnung
krit.	kritisch
KTS	KTS - Zeitschrift für Insolvenzrecht (Fachzeitschrift)
LAG	Landesarbeitsgericht
Ls.	Leitsatz
m.	mit
m.V.a.	mit Verweis auf
m.w.V.	mit weiteren Verweisen
MAA	Münchener Anwaltshandbuch Arbeitsrecht
MünchKomm	Münchener Kommentar

n.F.	neue Fassung
Neub.	Neubearbeitung
NJW	Neue Juristische Wochenzeitschrift (Fachzeitschrift)
NJW-RR	NJW-Rechtsprechungs-Report (Fachzeitschrift)
Nr.	Nummer
NZA	Neue Zeitschrift für Arbeitsrecht (Fachzeitschrift)
NZA-RR	Neue Zeitschrift für Arbeits- und Sozialrecht – Rechtsprechungs-Report (Fachzeitschrift)
NZI	Neue Zeitschrift für Insolvenzrecht (Fachzeitschrift)
OLG	Oberlandesgericht
RdA	Recht der Arbeit (Fachzeitschrift)
RegE	Regierungsentwurf
Rspr.	Rechtsprechung
RL	Richtlinie
Rn.	Randnummer
S.	Seite
s.	siehe
s.a.	siehe auch
SeemG	Seemannsgesetz
SGB	Sozialgesetzbuch
sog.	sogenannt
st.	ständige
Tab.	Tabelle
u.A.	und Andere
Urt.	Urteil
v.	vom
Verf.	Verfasser
VerglO	Vergleichsordnung
vert.	vertiefend
vgl.	vergleiche
Vor.	Vorbemerkung
WiRO	Wirtschaft und Recht in Osteuropa (Fachzeitschrift)
ZInsO	Zeitschrift für das gesamte Insolvenzrecht (Fachzeitschrift)
ZIP	Zeitschrift für Wirtschaftsrecht (Fachzeitschrift)
ZIS	Zentrum für Insolvenz und Sanierung
ZPO	Zivilprozessordnung
ZRP	Zeitschrift für Rechtspolitik (Fachzeitschrift)

Kapitel 1 Gegenstand und Zielsetzung der Untersuchung

A. Einleitung

Die rechtshistorische Entwicklung des unter der Konkursordnung[1] herrschenden Liquidationsgedankens hin zur heutigen Sanierungskultur im gesetzlichen Rahmen der Insolvenzordnung[2] stellt einen Paradigmenwechsel dar: Abweichend von der ursprünglichen Intention, die Interessen der Gläubiger durch die Zerschlagung notleidender Unternehmen und die Liquidation der verbleibenden Güter bestmöglich zu wahren, ist man heute bestrebt, dieses Ziel durch den Erhalt von Wirtschaftsgütern über die Fortsetzung sanierungsbedürftiger Unternehmen zu erreichen.[3]

Bereits die Einführung der Insolvenzordnung im Jahre 1999 folgt dem Bestreben, den Sanierungsgedanken zu stärken.[4] Nachfolgende Gesetzesneuerungen, wie etwa das Gesetz zur weiteren Erleichterung der Sanierung von Unternehmen (ESUG)[5] im Jahre 2011, tragen den Sanierungsgedanken bereits im Gesetzestitel. Auch das im Jahre 2017 in Kraft getretene Gesetz zur Erleichterung der Bewältigung von Konzerninsolvenzen (KonzInsoÄndG)[6] ist ein weiterer Baustein zur Schaffung einer neuen Insolvenz- und Sanierungskultur in Deutschland. Das Gesetz zur Fortentwicklung des Sanierungs- und Insolvenzrechts (SanInsFoG)[7] schafft schließlich einen Rechtsrahmen für Restrukturierungen, mit dem Insolvenzen abgewendet werden können und entwickelt bestehende Sanierungsmöglichkeiten im Insolvenzverfahren fort.[8]

Diese veränderte Perspektive und die damit verbundenen normativen Entwicklungen im Insolvenzrecht wirken rechtsübergreifend auf das Arbeitsrecht ein. Diese teils weitreichenden insolvenzrechtlichen Auswirkungen auf

1 RGBl. S. 351.
2 BGBl. I S. 2866.
3 Ausführlich hierzu in Kap. 2 unter A.
4 BT-Drs. 12/2443, S. 108.
5 BGBl. I 2011, S. 2582.
6 BGBl. I 2017, S. 866.
7 BGBl. I 2020, S. 3256.
8 Mit Einführung der Restrukturierungsoptionen wurde die europäische Restrukturierungs- und Insolvenzrichtlinie (EU 2019/1023) umgesetzt.

das Arbeitsrecht stellen die arbeitsgerichtliche Rechtsprechung vor besondere Herausforderungen. Die von der Rechtsprechung entwickelten umfangreichen Haftungsbeschränkungen des Erwerbers im Rahmen einer sogenannten „übertragenden Sanierung“ des insolventen Unternehmens zeigen beispielhaft den Einfluss und die Wirkweise des insolvenzrechtlichen Sanierungsgedankens und dessen sanierungsfördernde Umsetzung durch die Arbeitsgerichtsbarkeit.[9]

Aus der steten Konkretisierung des Leitgedankens der Sanierung und des Erhalts wirtschaftlicher Werte hat sich mittlerweile ein eigenständiges Rechtsprinzip entwickelt,[10] das neben anerkannte insolvenzrechtliche Prinzipien tritt und in Abwägungsfragen Berücksichtigung findet bzw. in Ermessensfragen getroffene Entscheidungen zu rechtfertigen vermag.

Gerade im Spannungsfeld der Sanierung fällt es oft schwer, einen interessengerechten Ausgleich zwischen allen Beteiligten zu finden.[11] Bewährte normative Grundlagen und moderne Werte- und Gedankenentwicklungen müssen berücksichtigt und in Einklang gebracht werden. Dabei gerät das Sanierungsprinzip, wonach die Interessen der Gläubiger durch den Erhalt wirtschaftlicher Güter vermeintlich am ehesten gewahrt werden, zunehmend in Konflikt mit dem Arbeitnehmerschutz, da insolvenzbedingte Sanierungen in aller Regel mit personellen Maßnahmen und Anpassungen verbunden sind. Allein im Jahre 2020 summierte sich die Zahl insolvenzbedingter Arbeitsplatzverluste auf schätzungsweise 332.000.[12] Anlass genug, die durch das insolvenzrechtliche Sanierungsprinzip zunehmende Wechselwirkung mit Normen und Wertungen des allgemeinen Arbeitsrechts zu untersuchen.

B. Untersuchungsgegenstand und Problemaufriss

Der Leitgedanke der Sanierung zieht sich wie ein roter Faden durch die insolvenzrechtlichen Gesetzesreformen. Zugleich hält dieser Sanierungsgedanke verstärkt Einzug in das deutsche Arbeitsrecht und die arbeitsgerichtliche Rechtsprechung. Zahlreiche insolvenzrechtliche Ausnahmeregelungen folgen dabei

---

9 Hierzu ausführlich in Kap. 3 unter A. I.

10 Zur Entwicklung des Sanierungsprinzips in Kap. 2 unter C.

11 Vgl. speziell zur Ordnungsaufgabe des Insolvenzrechts in der sozialen Marktwirtschaft BT-Drs. 12/2443, S. 75.

12 So die Analyse von Statista, veröffentlicht am 11.12.2020, abrufbar unter https://de.statista.com/statistik/daten/studie/251921/umfrage/arbeitsplatzverluste-durch-insolvente-unternehmen-in-deutschland/ (zuletzt abgerufen am 3.3.2021).

dem gesetzgeberischen Willen, die Sanierung eines Unternehmens zu beschleunigen und zu erleichtern.[13]

Bekanntermaßen wird der Personalabbau durch die Regelung des § 113 InsO beschleunigt, indem die Norm dem Insolvenzverwalter ermöglicht, bestehende Dienstverhältnisse (respektive Arbeitsverhältnisse) mit einer Maximalkündigungsfrist von drei Monaten zu kündigen,[14] ungeachtet eines tarifvertraglichen Sonderkündigungsschutzes.[15] Das Kündigungsrecht nach § 113 InsO kann nicht durch einzelvertragliche, tarifliche oder sonstige kollektivrechtliche Vereinbarungen ausgeschlossen werden.[16] Dabei verkürzt § 113 Satz 2 InsO nicht nur tarifvertraglich längere Kündigungsfristen auf die Drei-Monats-Frist, sondern überlagert auch solche tarifvertragliche Regelungen, durch die ab einem bestimmten Lebensalter und einer bestimmten Dauer der Betriebszugehörigkeit die ordentliche Kündigung bestimmter Arbeitnehmer ausgeschlossen oder beschränkt wird.[17] Obgleich ihres massiven Eingriffs in die Rechte der Arbeitnehmer im Hinblick auf sämtliche Sozialkriterien genießt die Vorschrift den Ruf einer sanierungsfreundlichen Wirkung, da mit ihrer Hilfe eine allzu lange Bindung nicht mehr sinnvoller Arbeitsverhältnisse im Interesse der Insolvenzmasse verhindert werden kann.[18]

Eine weitere Erleichterung im Bereich der insolvenzbedingten Stellenreduzierung bringt § 125 InsO, wonach sich der gerichtliche Prüfungsmaßstab im Hinblick auf die Sozialauswahl auf grobe Fehlerhaftigkeit reduziert. Zu einer weiteren wirtschaftlichen Erleichterung führt § 123 InsO, der das Volumen eines Sozialplans in der Insolvenz streng limitiert.

Zu den normativen Besonderheiten im Insolvenzverfahren tritt eine nahezu unüberschaubare Rechtsprechungspraxis, die immer stärker vom Sanierungsprinzip geprägt ist und zu dessen Entfaltung beiträgt. Insoweit einzigartig und von weitreichender Konsequenz für die betroffenen Beschäftigten ist die Möglichkeit zur Entschuldung des insolventen Unternehmens im Rahmen des Betriebsübergangs. Insolvenzbedingte Sanierungen werden – anders als in

---

13 Vgl. BT-Drs. 17/5712 unter B. u. S. 17 ff.; zuvor bereits BT-Drs. 12/2443 unter B. 10. u. S. 77 ff.

14 *Müller-Glöge*, in: ErfK, 20. Aufl. 2020, § 113 InsO Rn. 1; *Ahrens*, in: K. Schmidt, InsO, 19. Aufl. 2016, § 113 Rn. 54; *Bertram/Künzl*, in: Gottwald/Haas, InsR-HdB, 6. Aufl. 2020, § 103 Rn. 63.

15 Vgl. LAG Düsseldorf, Urt. v. 30.1.2019 - 4 Sa 351/18, BeckRS 2019, 12019, Rn. 109.

16 So bereits BAG, Urt. v. 17.11.2005 - 6 AZR 107/05, BAGE 116, 213 = NZA 2006, 661.

17 BAG, Urt. v. 19.1.2000 - 4 AZR 70/99, AP InsO § 113 Nr. 5 = NZA 2000, 658.

18 BAG, Urt. v. 22.9.2005 - 6 AZR 526/04, BAGE 116, 19 = NZA 2006, 658.

anderen Mitgliedstaaten der Europäischen Union[19] – in Deutschland dadurch erleichtert, dass das Bundesarbeitsgericht seit nunmehr rund 40 Jahren in ständiger Rechtsprechung die Haftungsregelung des § 613a Abs. 1 und 2 Bürgerliches Gesetzbuch (BGB) teleologisch reduziert.[20] Demnach gilt § 613a BGB bei einer Betriebsveräußerung in der Insolvenz nicht für solche Ansprüche, die vor dem Stichtag der Insolvenzeröffnung bereits entstanden sind. Für diese Ansprüche haftet der Erwerber – abweichend vom eindeutigen Wortlaut des § 613a Abs. 2 BGB – nach der Rechtsprechung des Bundesarbeitsgerichts nicht. Unmittelbar spürbar wird diese nationale[21] Rechtsprechung für Arbeitnehmer mit offenen Lohnforderungen, die nicht durch das Insolvenzgeld[22] abgedeckt sind.

Durch die teleologische Reduktion der Haftungsfolgen des § 613a BGB ergeben sich eine Vielzahl weiterer nationaler Besonderheiten: Im Bereich der betrieblichen Altersversorgung etwa tritt der Betriebserwerber zwar in die erteilten Versorgungszusagen als Bestandteil des übergehenden Arbeitsverhältnisses im Sinne des § 613a BGB ein. Allerdings schuldet er im Versorgungsfall nur eine Versorgungsleistung, die sich aus den seit Eröffnung des Insolvenzverfahrens erdienten Versorgungsanwartschaften ergibt.[23] Für die beim (insolventen) Veräußerer bis zur Eröffnung des Insolvenzverfahrens erdienten unverfallbaren Anwartschaften haftet grundsätzlich der Pensions-Sicherungs-Verein Versicherungsverein auf Gegenseitigkeit[24] als Träger der gesetzlichen Insolvenzsicherung nach §§ 7ff. BetrAVG. Abhängig von der Ausgestaltung der konkreten Versorgungszusage kann dies allerdings dazu führen, dass für einen Teil der Versorgungsanwartschaften weder der Betriebserwerber noch der Pensions-Sicherungs-Verein haftet, sondern der Arbeitnehmer einen Teil seiner Ansprüche als einfache Insolvenzforderung zur Insolvenztabelle anmelden muss.[25]

Die einleitend nur grob skizzierten Entwicklungen zeigen die fortdauernde Wirkung einstiger Entscheidungen. Die Wechselwirkungen und gegenläufigen Interessen von Insolvenz- und Arbeitsrecht, vor allem am Beispiel eines

---

19 Hierzu in Kap. 5 unter B. I. ff.

20 St. Rspr. seit BAG, Urt. v. 17.1.1980 - 3 AZR 160/79, BAGE 32, 326 = ZIP 1980, 117; zuletzt BAG, Urt. v. 14.11.2012 - 5 AZR 778/11 = BeckRS 2013, 67325.

21 Zum Vergleich mit Regelungen anderer Mitgliedstaaten in Kap. 5 unter B. I. ff.

22 Näher zum Insolvenzgeld in Kap. 3 unter B. II. 1.

23 BAG, Urt. v. 19.10.2004 - 9 AZR 645/03, NZA 2005, 527.

24 Im Folgenden: Pensions-Sicherungs-Verein

25 Vgl. zu der hier skizzierten „Haftungslücke" den Vorlagebeschluss BAG, Beschl. v. 16.10.2018 - 3 AZR 878/16 (A), BAGE 163, 356 = BeckRS 2018, 26879 sowie BAG, Beschl. v. 16.10.2018 - 3 AZR 139/17 (A), BAGE 164, 1 = ZIP 2018, 2179.

Betriebsübergangs aus der Insolvenz, sind vielfältig und bieten regelmäßig Anlass zur Diskussion. Nur allzu oft kommt es in der praktischen Sanierungsabwicklung zur Überschneidung von insolvenz- und arbeitsrechtlichen Fragestellungen, insbesondere inwieweit sich die beiden Rechtsgebiete in ihren eigenständigen Absichten widersprechen und in der konkreten Anwendung behindern.

Künftige Entwicklungen in diesem Spannungsfeld bleiben abzuwarten. Bei der durchgeführten Evaluierung des Gesetzes zur weiteren Erleichterung der Sanierung von Unternehmen (ESUG)[26] kam die beauftragte Forschergemeinschaft im Wesentlichen zu dem Ergebnis, dass bisherige Änderungen auf dem Gebiet des Insolvenzrechts von der Praxis weitgehend positiv angenommen wurden und dass eine Veranlassung zur Rückkehr zum früheren Recht nicht besteht.[27] Lediglich zu spezifischen Einzelfragen schlägt der Bericht Änderungen vor, die aber die grundsätzliche Ausrichtung der deutschen Insolvenz- und Sanierungsentwicklungen nicht in Frage stellen.[28] Weder in der durchgeführten Evaluierung noch in bisherigen Gesetzesreformen finden schutzwürdige Arbeitnehmerinteressen Anklang.[29] Über einen Handlungsbedarf im (Insolvenz-) Arbeitsrecht wird geschwiegen,[30] dieser also augenscheinlich für nicht erforderlich gehalten. Der insolvenzrechtliche Sanierungsgedanke, der sich längst zu einem Rechtsprinzip der Insolvenzordnung konkretisiert hat,[31] wird demnach auch künftig immer weiter in originär arbeitsrechtliche Bereiche vordringen und diese zunehmend überlagern.

Der Erhalt des insolventen Unternehmens durch eine übertragende Sanierung[32] auf einen solventen Erwerber ist die in der Insolvenzrechtspraxis am

---

26 Abrufbar unter https://www.bmjv.de/SharedDocs/Artikel/DE/2018/101018_Bericht_ESUG.html (zuletzt abgerufen am 5.3.2021).

27 Mit Beschluss des Deutschen Bundestages vom 27.10.2011 wurde die Bundesregierung verpflichtet, die Erfahrungen mit der Anwendung des Gesetzes fünf Jahre nach dessen Inkrafttreten zu evaluieren und auf dieser Grundlage dem Deutschen Bundestag unverzüglich Bericht zu erstatten, vgl. *Jacoby/Madaus/Sack/Schmidt/Thole*, Bericht zur Evaluierung des Gesetzes zur weiteren Erleichterung der Sanierung von Unternehmen (ESUG) v. 7.12.2011, S. 297.

28 Vgl. *Jacoby/Madaus/Sack/Schmidt/Thole*, Bericht zur Evaluierung des Gesetzes zur weiteren Erleichterung der Sanierung von Unternehmen (ESUG) v. 7.12.2011, S. 297 ff.

29 Wohl auch, weil es kein besonderes Untersuchungsanliegen der Bundesregierung war.

30 Hierzu schweigen auch die zur Evaluation ergangenen Beiträge, bspw. *Beissenhirtz*, ZInsO 2019, 180 ff; *Buchalik*, ZInsO 2019, 1576 ff; *Thole*, NZI-Beilage 2019, 61 ff.

31 Hierzu sogleich in Kap. 2 unter C.

32 Ausführlich zum Begriff der „übertragenden Sanierung" in Kap. 3. unter A. I.

häufigsten angewendete Art der Unternehmenssanierung.[33] In der Überzeugung, auf diese Art die Gläubiger letztlich besser zu befriedigen als durch die im gesetzlichen Rahmen der Konkursordnung vorherrschende Zerschlagung und Liquidierung eines in die Insolvenz geratenen Unternehmens,[34] hat sich neben den arbeitsrechtlichen Spezialvorschriften der Insolvenzordnung[35] und deren Anwendung eine durch Richterrecht geprägte eigenständige Sanierungsarbeitsrechtspraxis mit teilweise weitreichenden Folgen für die betroffene Arbeitnehmerschaft entwickelt.[36] Der originäre Zweck arbeitsrechtlicher Vorschriften, die Arbeitnehmern einen besonderer Schutz vor der strukturellen Überlegenheit des Arbeitgebers bieten sollen, spielt in der Sondersituation eines Insolvenzverfahrens nur noch eine untergeordnete Rolle.[37]

Maßgebend sind in diesem Kontext die widerstreitenden Interessen des Arbeits- und des Insolvenzrechts: Während das Arbeitsrecht als originäres Schutzrecht in erster Linie die strukturelle Unterlegenheit der Arbeitnehmer gegenüber ihrem Arbeitgeber auszugleichen versucht und dabei einzelne Arbeitnehmerbelange besonders berücksichtigt, ist das Insolvenzrecht gerade einer gleichmäßigen Befriedigung aller Gläubigeransprüche verpflichtet.[38] Diesen Interessengegensatz bzw. Interessenkonflikt der beiden unterschiedlichen Regelungsregime gilt es, durch den Normgeber und die Rechtsprechung in einen angemessenen (gerechten) Ausgleich zu bringen.[39]

C. Zielsetzung der Untersuchung

Zielsetzung dieser Untersuchung ist es, den Einfluss des insolvenzrechtlichen Sanierungsgedankens und dessen Konkretisierung zum Sanierungsprinzip auf das deutsche Arbeitsrecht herauszuarbeiten. Dabei soll das der heutigen Sanierungspraxis zugrundeliegende Sanierungsprinzip aus arbeitsrechtlicher Sicht kritisch analysiert werden, um inhaltliche Wertungswidersprüche aufzudecken

---

33 *Ganter/Bruns*, in: MünchKomm InsO, 4. Aufl. 2019, Band 1, § 1 Rn. 90; *Zipperer*, in: Uhlenbruck, InsO, 15. Aufl. 2019, § 159 Rn. 47; ausführlich zum Begriff der „Sanierung“: *Wellensiek*, NZI 2002, 233.

34 *Beck*, in: Beck/Depré, Praxis der Insolvenz, 3. Aufl. 2017, § 1 Rn. 13.

35 Vgl. insbesondere die §§ 113 ff. und 120 ff. InsO.

36 Zum Sanierungsarbeitsrecht in Kap. 4 unter B. V.

37 Vgl. zur Schutzwirkung speziell im insolvenzarbeitsrechtlichen Kontext bspw. *Caspers*, in: MünchKomm InsO, 4. Aufl. 2019, Band 2, Vor. §§ 113 bis 128 Rn. 1.

38 *Granetzny/Esser*, BB 2019, 1524; *Lakies*, NZA 2001, 521.

39 Zum „gerechten“ Ausgleich vgl. in Kapitel 4 unter C.

und systemische Schwachstellen an der Schnittstelle von Arbeits- und Insolvenzrecht zu hinterfragen.

Nach einer rechtshistorischen Herleitung des modernen Sanierungsgedankens und der methodischen Einordnung als Rechtsprinzip der Insolvenzordnung, soll dessen Einfluss auf das allgemeine Arbeitsrecht im Fokus stehen. Als Referenzgebiet der Untersuchung dient die Vorbereitung und Durchführung des Betriebsübergangs im Rahmen einer übertragenden Sanierung. Hier lassen sich bemerkenswerte und unmittelbare Auswirkungen des zuvor entwickelten Sanierungsprinzips auf das Arbeitsrecht aufzeigen. Durch ausgewählte individualrechtliche und kollektivrechtliche Ausprägungen des Sanierungsprinzips sollen dessen Reichweite und Intensität punktuell belegt werden. Anhand verschiedener (Leit-)Entscheidungen werden die in beide Richtungen bestehenden Wechselwirkungen und gegenläufigen Interessenslagen von Insolvenz- und Arbeitsrecht herausgearbeitet und die sanierungsfreundliche Entwicklung der Rechtsprechung dargestellt.

Die Untersuchung zielt schließlich darauf ab, die nachvollzogene Rechtsentwicklung systematisch einzuordnen und auf dieser Grundlage den Stand der Rechtsfortbildung aufzuzeigen. Ziel ist es herauszuarbeiten, inwieweit das insolvenzrechtliche Sanierungsprinzip künftig noch weitreichender in das Arbeitsrecht wirken wird und welche Lösungsansätze verfolgt werden müssen, um eine in jeder Hinsicht ausgewogene Sanierungskultur zu schaffen. Hierzu wird die Theorie der Sanierungsforderung entwickelt und ihre Wirkweise mittels beispielhafter Fallgruppen belegt. Parallel wird die dargestellte Entwicklung und Tendenz im Bereich der insolvenzrechtlichen Sanierungspraxis aufgegriffen und der (europa-)rechtliche Rahmen zur Einführung eines Sanierungsarbeitsrechts abgesteckt.

Kapitel 2 Das Sanierungsprinzip

A. Die Entwicklung der deutschen Sanierungskultur

In Deutschland hat sich eine Sanierungskultur entwickelt, deren praktisch effiziente Umsetzung als weltweit führend gilt.[40] Dementsprechend steht die Förderung einer sanierungsorientierten Insolvenzverwaltung bei der großen Mehrheit der Insolvenzverwalter im Mittelpunkt ihrer Arbeit.[41] Spätestens mit Inkrafttreten der Insolvenzordnung am 1. Januar 1999 wurde dieser Bestrebung der Weg bereitet. Letztlich vollzog sich der Wertewandel des deutschen Konkurs- bzw. Insolvenzrechts über viele Jahrzehnte. Zur chronologischen Entwicklung im Einzelnen`

I. Ausgangspunkt: Konkursordnung

In Deutschland galt bis zur Einführung der Konkursordnung das gemeine Konkursrecht. Nach der Gründung des Deutschen Reiches wurde im Jahr 1877 eine einheitliche Konkursordnung erlassen, die unter Einfluss eines Entwurfs von 1873 aus dem preußischen Justizministerium für eine deutsche Gemeinschuldordnung entstand und in deren Mittelpunkt die Befriedigung der Gläubiger stand.[42] Am 26. Februar 1935 trat als Reaktion auf die Folgen der Weltwirtschaftskrise die Vergleichsordnung[43] hinzu.[44] Am 29. März 1991 folgte die in den sogenannten „neuen" Bundesländern geltende Gesamtvollstreckungsordnung[45].[46]

Lange Zeit war das Konkursverfahren von dem Streben nach beschleunigter Liquidation beherrscht.[47] Der konkursrechtlich geprägte Liquidationsgedanke entsprang der Angst, dass durch die Fortführung des wirtschaftlich kranken

---

40 Vgl. den Bericht „Doing Business" der Weltbank aus dem Jahre 2019, in dessen Ranking Deutschland in der Kategorie „Resolving Insolvency" Platz 4 belegt, abrufbar unter http://www.doingbusiness.org/rankings (zuletzt abgerufen am 8.11.2020).

41 So der Leitgedanke des Verbands Insolvenzverwalter Deutschland e.V., abrufbar unter https://www.vid.de (zuletzt abgerufen am 8.11.2020).

42 *Thieme*, Einhundert Jahre Konkursordnung, 35 ff.

43 RGBl. I S. 321.

44 *Uhlenbruck*, in: Mönning, Betriebsfortführung in Restrukturierung und Insolvenz, 3. Aufl. 2016, § 1 Rn. 2.

45 GBl. I Nr. 32 S. 285.

46 *Thünnesen/Scheich*, in: Masuch/Meyer, ABC des GmbH-Geschäftsführers 2019, 13. Aufl. 2019, Insolvenz, Rn. 989.

47 BGH, Urt. v. 10.4.1979 - VI ZR 77/77, NJW 1980, 55.

Unternehmens noch weitere Gläubiger in dessen Untergang hineingerissen würden.[48] Die insoweit deskriptiv bleibende Darstellung zur Entwicklung der deutschen Sanierungskultur folgt dem hergebrachten Meinungsstand in der insolvenzrechtlichen Literatur, gleichwohl sich dieser in der rechtshistorische Diskussion durchaus Kritik ausgesetzt sieht.[49]

Der Konkurs galt jedoch zugleich als „Wertvernichter schlimmster Art".[50] Mutige und kreative Verwalter bewiesen in der Praxis, dass eine Betriebsveräußerung nach einstweiliger Betriebsfortführung zu einer besseren Gläubigerbefriedigung führen kann.[51] Mit Einsetzung der Kommission für Insolvenzrecht im Jahre 1978 stand das Sanierungsrecht auf der rechtspolitischen Tagesordnung.[52] In Abkehr von seiner bisherigen Einschätzung erkannte auch der Bundesgerichtshof Mitte der 1980er Jahre, dass eine Veräußerung des notleidenden Betriebs häufig zu besseren Verwertungsergebnissen führt als dessen Zerschlagung und darüber hinaus die Erhaltung von Arbeitsplätzen ermöglicht.[53] Fortan wurde vom Bundesgerichtshof die Auffassung geteilt, dass auch die Fortführung mit dem späteren Ziel der Übertragung des Unternehmens vom Konkurszweck gedeckt ist.[54]

II. Einführung der Insolvenzordnung

Entscheidender Schwachpunkt der Konkursordnung zur Ermöglichung einer Übertragung notleidender Unternehmen war, dass ein Großteil der Anträge auf Verfahrenseröffnung mangels Masse zurückgewiesen werden mussten (sogenannte

---

48 BGH, Urt. v. 10.4.1979 - VI ZR 77/77, NJW 1980, 55.

49 Die neuere Forschungsrichtung erkennt eine stärkere Berücksichtigung des Sanierungsgedankens schon in der historischen Konzeption des Insolvenzrechts, wie von *Falk*, in: Die Konkursübel. Forschungsfragen zur Geschichte des Konkursverfahrens in Deutschland, Zeitschrift der Savigny-Stiftung, Germanistische Abteilung, Bd. 131 (2014), S. 266-324 umsichtig herausgearbeitet wurde.

50 *Jaeger*, Lehrbuch des deutschen Konkursrechts, 8. Aufl. 1932, S. 216.

51 *Hagebusch/Oberle*, NZI 2006, 618, 619.

52 *Flessner*, in: Sanierung und Reorganisation, 1982, S. 3 m.V.a. Bundesjustizminister *Vogel* in seiner Ansprache bei der Konstituierung der Kommission am 21.2.1978, abgedruckt in: Recht - Informationen des Bundesministers der Justiz, 1978, 21-24; vgl. auch BT-Drs. 10/5814, S. 2.

53 BGH, Urt. v. 4.12.1986 - IX ZR 47/8, BGHZ 99, 151 = NJW 1987, 844 = ZIP 1987, 115, 117.

54 BGH, Urt. v. 4.12.1986 - IX ZR 47/8, BGHZ 99, 151 = NJW 1987, 844 = ZIP 1987, 115, 117; vgl. hierzu die Bemerkung von *Schmidt*, NJW 1987, 812, 814.

55 Vgl. zum Begriff der Massearmut: *Ries*, in: Uhlenbruck, InsO, 15. Aufl. 2019, § 207 Rn. 5.

Massearmut[55]).[56] In allzu vielen Fällen war noch nicht einmal ausreichend Masse vorhanden, um zumindest die mit der Verfahrensabwicklung entstehenden Kosten zu decken.[57] In den seltenen Fällen, in denen tatsächlich eine verfahrenskostendeckende Masse zu verzeichnen war, stellte sich oftmals nach Eröffnung des Verfahrens heraus, dass die tatsächlich anfallenden Verfahrenskosten und weitere von der Masse zu tragende Verbindlichkeiten die vorhandene Masse übersteigen würden (sogenannte Masseunzulänglichkeit[58]).[59] Konnte ein Verfahren tatsächlich eröffnet und abgewickelt werden, verblieb zur Befriedigung der Gläubiger meist nur eine Insolvenzquote von wenigen Prozent.[60] Die Sanierung von Unternehmen war mangels eines funktionsfähigen rechtlichen Rahmens die große Ausnahme; insbesondere kleinere und mittlere Unternehmen wurden liquidiert.[61]

Im Fokus der „InsO-Reform" stand daher das Problem die häufige Massearmut einzudämmen, um im eröffneten Verfahren die Sanierungschancen insolventer Unternehmen zu wahren und damit im öffentlichen Interesse den (volks-)wirtschaftlichen Schaden in Grenzen zu halten.[62] Neben der Haftungsverwirklichung durch die Liquidation des gemeinschuldnerischen Vermögens sollte künftig gleichrangig die Sanierung des schuldnerischen Unternehmensträgers im Vordergrund stehen.[63]

Mit diesen Reformzielen trat schließlich die Insolvenzordnung am 1. Januar 1999 in Kraft und ersetzte die Konkurs- sowie die Vergleichsordnung[64] bzw. die in den neuen Bundesländern geltende Gesamtvollstreckungsordnung.[65]

---

56 BT-Drs. 12/2443 unter B. 1. u. S. 72; *Leithaus*, in: Andres/Leithaus, InsO, 4. Aufl. 2018, § 1 Rn. 6.

57 *Smid*, BB 1999, 1; *Schmidt*, ZIP 1981, 689, *Burgard/Gundlach*, ZIP 2006, 1568, 1569.

58 Vgl. zum Begriff der Masseunzulänglichkeit: *Hefermehl*, in: MünchKomm InsO, 4. Aufl. 2019, Band 2, § 208 Rn. 19.

59 Seinerzeit von *Kilger* auch als „Der Konkurs des Konkurses" bezeichnet, vgl. *Kilger*, KTS 1975, 142.

60 *Schmerbach*, in: FK-InsO, 9. Aufl. 2018, Vor. §§ 1 ff. Rn. 6 u. 17 der vom „Funktionsverlust der Konkurs- bzw. Vergleichsordnung" spricht.

61 *Schmerbach*, in: FK-InsO, 9. Aufl. 2018, Vor. §§ 1 ff. Rn. 21.

62 BT-Drs. 12/2443, S. 80; *Leithaus*, in: Andres/Leithaus, InsO, 4. Aufl. 2018, § 1 Rn. 6; vgl. auch *Reischl*, Insolvenzrecht, 5. Aufl. 2020, § 1 Rn. 5 f.

63 Vgl. amtl. Begründung zum RegE InsO, BT-Drs. 12/2443, 3 a bb).

64 RGBl. I S. 321, ber. S. 356.

65 *Wellensiek*, BB 2000, 1.

III. Dauerbaustelle: Insolvenzordnung

Nach Inkrafttreten der Insolvenzordnung stieg die Anzahl der eröffneten Insolvenzverfahren tatsächlich um etwa ein Drittel an.[66] Dies lag insbesondere an den umfassenden Neuregelungen, mit denen Anreize zur frühen Stellung des Insolvenzantrags geschaffen wurden.[67] Teilweise wurden sogar Verfahren eingeführt, die für das deutsche Recht völlig neu waren. Dem Vorbild des Chapter 11 des US-amerikanischen Bankruptcy Codes folgend, führte der Gesetzgeber mit dem Insolvenzplanverfahren nach §§ 217 ff. InsO und der Eigenverwaltung nach §§ 270 ff. InsO neue Möglichkeiten zur Sanierung insolventer Unternehmensträger ein, die sich durch die Entscheidungskompetenz der Gläubigermehrheit sowie die Aufrechterhaltung der Managementstruktur neben dem mit Aufsichtsbefugnissen ausgestatteten Sachwalter auszeichnen.[68]

Auch das bisher nur unvollständig geregelte insolvenzspezifische Arbeitsrecht wurde neu gefasst. Beweggründe hierfür waren die Schließung einiger Regelungslücken sowie die Abstimmung des Arbeitsrechts auf das Ziel der erleichterten Unternehmensreorganisation.[69] Die wichtigsten Punkte dabei waren die Einführung einheitlicher Maximalkündigungsfristen in § 113 InsO, die Straffung des betriebsverfassungsrechtlichen Betriebsänderungsverfahrens nach §§ 111 ff. BetrVG, die Einstufung von Arbeitnehmerforderungen als Insolvenzforderungen gemäß § 108 Abs. 2 InsO a.F. sowie die besondere Berücksichtigung der Arbeitnehmerinteressen im Verfahren.[70]

Zudem zielte die Einführung des neuen Insolvenzgrundes der „drohenden Zahlungsunfähigkeit" nach § 18 InsO darauf ab, dass die Eröffnung des Insolvenzverfahrens früher beantragt wird, um mit den neuerdings zur Verfügung stehenden Sanierungswerkzeugen den „Turnaround" zu schaffen.[71]

---

66 Vgl. die Auswertung des Statistischen Bundesamt, Fachserie 2, Reihe 4.1, 06/2019, wonach die Zahl der Insolvenzen von 34.038 auf 42.259 anstieg; vgl. auch *Haas/Kolmann/Kurz*, in: Gottwald/Haas, InsR-HdB, 6. Aufl. 2020, § 90 Rn. 1 ff. m.w.V.

67 Vor allem aufgrund der Modifikation der bisherigen Insolvenzgründe und Einführung des Insolvenzgrundes der „drohenden Zahlungsunfähigkeit" gemäß § 18 InsO.

68 *Leithaus*, NZI 2019, 1; *Smid*, BB 1999, 1.

69 *Heinze*, NZA 1999, 57.

70 *Heinze*, NZA 1999, 57; vgl. auch *Giesen*, ZIP 1998, 46 ff., 142 ff. u. *Schrader*, NZA 1997, 70 ff.

71 Vgl. *Hölzle* in: Bork/Hölzle, Handbuch Insolvenzrecht, Insolvenzantragsgründe, Rn. 125.

Infolge der durch die Insolvenzordnung erfolgten umfangreichen Neukodifizierungen war es letztlich nur eine Frage der Zeit, wann weiterer Anpassungsbedarf auftreten würde. Die mit der neuen Insolvenzordnung gemachten Erfahrungen und Folgeprobleme veranlassten den Gesetzgeber zu zahlreichen Gesetzesänderungen bzw. zur Einführung weiterer Vorschriften.

Nachstehend die im hiesigen Kontext wichtigsten Änderungen im gestrafften Überblick:

1. *Gesetz zur Änderung der Insolvenzordnung und anderer Gesetze*

Mit dem Gesetz zur Änderung der Insolvenzordnung und anderer Gesetze vom 26. Oktober 2001[72] wurde im Bereich von Unternehmensinsolvenzverfahren bei der sogenannten Vorfinanzierung von Insolvenzgeld[73] die auf die Bundesagentur für Arbeit übergegangenen Entgeltansprüche der Arbeitnehmer als Insolvenzforderungen qualifiziert. Damit wurde auf die Frage reagiert, wie die Entgeltansprüche von Arbeitnehmern zu bewerten sind, die im Eröffnungsverfahren vom vorläufigen Insolvenzverwalter mit Verwaltungs- und Verfügungsbefugnis weiter beschäftigt werden, wenn diese Ansprüche bei der Vorfinanzierung von Insolvenzgeld auf die Bundesagentur für Arbeit übergehen.

2. *Gesetz zur Vereinfachung des Insolvenzverfahrens*

Im Fokus des Gesetzes zur Vereinfachung des Insolvenzverfahrens vom 13. April 2007 (InsVerfVereinfG)[74] standen Regelungen zum Auswahlverfahren des Insolvenzverwalters, die Einführung von Möglichkeiten zur Veräußerung des notleidenden Unternehmens noch vor dem Berichtstermin zur ersten Gläubigerversammlung (§ 156 InsO) sowie Anpassungen im Bereich der öffentlichen Bekanntmachung.

Sanierungschancen sollten unter anderem dadurch verbessert werden, dass der Einzug zedierter Forderungen dem vorläufigen Insolvenzverwalter nach §§ 21 Abs. 2 Nr. 5, 166 Abs. 2 InsO übertragen werden kann und damit eine Verwertung durch die Sicherungsnehmer unterbunden wurde.[75] Weiter kann seither schon im Vorverfahren gerichtlich angeordnet werden, dass mit Aus- und

72 BGBl. I 2001, S. 2710.

73 Siehe zum Insolvenzgeld und zur Vorfinanzierung von Insolvenzgeld in Kap. 3 unter B. II. 1.

74 BGBl. I 2007, S. 509.

75 BT-Drs. 549/06, S. 15.

Absonderungsrechten belastete Vermögensgegenstände nicht mehr durch die Gläubiger verwertet werden können, sondern zur Unternehmensfortführung eingesetzt werden dürfen.[76]

3. *Gesetz zur Modernisierung des GmbH-Rechts und zur Bekämpfung von Missbräuchen*

Das Gesetz zur Modernisierung des GmbH-Rechts und zur Bekämpfung von Missbräuchen vom 23. Oktober 2008 (MoMiG)[77] brachte insbesondere die Verlagerung der Insolvenzantragspflicht aus den Spezialgesetzen in die Insolvenzordnung (§ 15a Abs. 4 und 5 InsO). Der Tatbestand der Insolvenzverschleppung ist seither wohl auch auf Geschäftsführer und Gesellschafter von nicht deutschen Gesellschaften anwendbar.[78]

4. *Gesetz zur weiteren Erleichterung der Sanierung von Unternehmen*

Kernanliegen des Gesetzes zur weiteren Erleichterung der Sanierung von Unternehmen vom 7. Dezember 2011 (ESUG)[79] war die Ermöglichung einer frühzeitigen Sanierung von Unternehmen, nachdem das bislang geltende Recht den Beteiligten noch immer zahlreiche Hindernisse – vor allem im Bereich der Eigenverwaltung – für eine erfolgreiche Sanierung in den Weg legte.[80]

Mit dem ESUG schuf der Gesetzgeber lang ersehnte Möglichkeiten für den Umgang mit krisenbefangenen Unternehmen in einem möglichst frühzeitigen Stadium. Es traten Änderungen zu praktisch allen größeren Regelungskomplexen in Kraft. Insbesondere findet seither eine feinere Differenzierung zwischen den Interessen aller Beteiligten statt. Durch die Stärkung des Gläubigereinflusses auf die Auswahl des Insolvenzverwalters, durch die Optimierung des Insolvenzplanverfahrens und die Erleichterung des Zugangs zur Eigenverwaltung sollte die Sanierung von Unternehmen einfacher möglich sein.[81] Das Bestreben des Gesetzgebers war eindeutig, die Sanierung im Rahmen der Insolvenz zu einer strategischen Alternative zu machen.[82]

---

76 Vertiefend zu den gesetzlichen Neuerungen: *Hagebusch/Oberle*, NZI 2006, 618, 620.

77 BGBl. I 2008, S. 2026.

78 Ausführlich zum Meinungsstand *Klöhn*, in: MünchKomm InsO, 4. Aufl. 2019, Band 1, § 15a Rn. 50 ff.

79 BGBl. I 2011, S. 2582.

80 *Thole* in: Kübler, HRI, 3. Aufl. 2018, § 58 Rn. 44 f.; ausführlich zu den Regelungszielen des (RefE-)ESUG: *Hölzle*, NZI 2011, 124.

81 *Kübler*, in: Kübler, HRI, 3. Aufl. 2018, § 1 Rn. 3; *Fuhst*, DStR 2012, 418.

82 BT-Drs. 127/11, S. 21 f.

5. *Gesetz zur Erleichterung der Bewältigung von Konzerninsolvenzen*

Auch das Gesetz zur Erleichterung der Bewältigung von Konzerninsolvenzen vom 13. April 2017 (KonzInsoÄndG)[83] basiert auf dem insolvenzrechtlichen Sanierungsgedanken. Bislang war das deutsche Insolvenzrecht auf die Bewältigung der Insolvenz einzelner Rechtsträger zugeschnitten.[84] Für jeden insolventen Rechtsträger ist ein eigenständiges Insolvenzverfahren zu eröffnen, in dessen Rahmen ein Insolvenzverwalter das Vermögen zugunsten der Gläubiger dieses Rechtsträgers verwertet.[85] Geraten in einem Konzern mehrere Unternehmen in wirtschaftliche Schwierigkeiten, muss folglich für jeden Unternehmensträger ein Insolvenzverfahren eröffnet und ein Insolvenzverwalter bestellt werden.[86] Bilden nun die zu einem Konzern zusammengeschlossenen Unternehmen eine wirtschaftliche Einheit, bringt die nach Rechtsträgern getrennte Insolvenzabwicklung den Nachteil, dass betriebs- und finanzwirtschaftliche Funktionen der insgesamt verfolgten unternehmerischen Tätigkeit von unterschiedlichen Strategien der Insolvenzabwicklung betroffen sein können. Durch die Dezentralisierung der – ehemals durch die Ausübung der Konzernleitungsmacht aufeinander abgestimmten – Verwaltungs- und Verfügungsbefugnis über die konzernweit verfügbaren Ressourcen, das heißt durch deren Verteilung auf mehrere Insolvenzverwalter, wird es schwieriger, die wirtschaftliche Einheit des Konzerns als solche zu erhalten und ihren vollen Wert für die Gläubiger zu realisieren.[87] Ineffizienzen in Gestalt suboptimaler Verwertungsergebnisse drohen vor allem dann, wenn die jeweiligen Insolvenzverwalter unterschiedliche, nicht aufeinander abgestimmte Verwertungsstrategien verfolgen oder wenn sie wegen konzerninterner Transaktionen – aus Sicht der Summe der Einzelmassen – unproduktive und kostenträchtige Rechtsstreitigkeiten führen.[88]

Mit Einführung des Gesetzes zur Erleichterung der Bewältigung von Konzerninsolvenzen blieb es zwar weiterhin bei der Trennung der Vermögensmassen von Gruppengesellschaften, sodass einer materiellen Konsolidierung eine

---

83 BGBl. I 2017, S. 866.

84 BT-Drs. 18/407, S. 15; vgl. auch *Siemon/Frind*, NZI 2013, 1 m.V.a. *Becker*, Kooperationspflichten in der Konzerninsolvenz, 2012, S. 55 Rn. 106.

85 BT-Drs. 18/407, S. 15.

86 Entsprechend dem Grundsatz: „Eine Person, ein Vermögen, eine Insolvenz", vgl. BT-Drs. 18/407, S. 15; so auch *Pape*, in: Uhlenbruck, InsO, 15. Aufl. 2019, § 3a Rn. 4.

87 BT-Drs. 18/407, S. 15.

88 BT-Drs. 18/407, S. 15, vgl. auch *Pape*, in: Uhlenbruck, InsO, 15. Aufl. 2019, § 3a Rn. 4.

deutliche Absage erteilt wurde.[89] Verabschiedet wurde jedoch, dass nunmehr im Falle einer Konzerninsolvenz die zu eröffnenden Einzelverfahren über die Vermögen konzernangehöriger Unternehmen durch Einführung eines sogenannten „Koordinationsverfahrens" besser aufeinander abgestimmt werden, um wertschmälernde Verwalterentscheidungen zu vermeiden.

Das Gesetz verfolgte somit das Ziel, die Umsetzung von konzernweiten Insolvenzbewältigungsstrategien zu ermöglichen, die den Gesamterlös für alle Gläubiger im Vergleich zur unkoordinierten Abwicklung der Einzelinsolvenzen verbessern, ohne dabei eine Schlechterstellung von Gläubigern einzelner Konzerngesellschaften mit sich zu bringen.[90]

IV. Gesetz zur Fortentwicklung des Sanierungs- und Insolvenzrechts

Der auf nationaler Ebene durchgeführte Evaluierungsbericht[91] zum Gesetz zur weiteren Erleichterung der Sanierung von Unternehmen enthielt eine Vielzahl von konkreten Anpassungsvorschlägen und weiteren Anregungen zur Fortentwicklung des Insolvenzrechts. Die durch den Gesetzgeber beabsichtigte Erleichterung der Unternehmenssanierung bedarf hiernach weiterer Berichtigungen.[92] Zwar zielten die Leitfragen der Studie mehr in Richtung des Eigenverwaltungsverfahrens. Doch letztlich handelt es sich auch bei dem Bestreben zur Optimierung der Eigenverwaltung nur um einen weiteren Baustein, der das Insolvenzrecht Stück für Stück zu einem „Sanierungs- und Restrukturierungsrecht" entwickelt.[93]

Auch auf europäischer Eben bestätigt die Richtlinie über den präventiven Restrukturierungsrahmen[94] den aufgezeigten Paradigmenwechsel von einer

89 *Leithaus*, NZI 2019, 1, 4; *Madaus*, NZI-Beilage 2018, 4, 6; *Pape*, in: Uhlenbruck, InsO, 15. Aufl. 2019, § 3a Rn. 8.

90 BT-Drs. 18/407, S. 17; *Kübler*, in: Kübler, HRI, 3. Aufl. 2018, § 1 Rn. 6; *Madaus*, NZI-Beilage 2018, 4, 5.

91 *Jacoby/Madaus/Sack/Schmidt/Thole*, Bericht zur Evaluierung des Gesetzes zur weiteren Erleichterung der Sanierung von Unternehmen (ESUG) v. 7.12.2011, S. 1 ff.

92 *Jacoby/Madaus/Sack/Schmidt/Thole*, Bericht zur Evaluierung des Gesetzes zur weiteren Erleichterung der Sanierung von Unternehmen (ESUG) v. 7.12.2011, S. 55 ff; vgl. auch *Kübler*, in: Kübler, HRI, 3. Aufl. 2018, § 1 Rn. 9; *Pleister/Kunkel*, ZIP 2017, 153.

93 Eine weitere Leitfrage der ESUG-Studie war insofern auch, ob es ein Bedürfnis für ein vorinsolvenzliches Sanierungsverfahren gibt.

94 RL (EU) 2019/1023 des Europäischen Parlaments und des Rates v. 20.6.2019 über präventive Restrukturierungsrahmen, über Entschuldung und über Tätigkeitsverbote sowie über Maßnahmen zur Steigerung der Effizienz von Restrukturierungs-,

auf Gläubigerinteressen ausgerichteten Verwaltung zu einem stärker schuldnerfreundlichen Regime und der Betonung der „zweiten Chance".[95] Kernelemente der Restrukturierungsrichtlinie sind ein präventiver Restrukturierungsrahmen, Regelungen zur Entschuldung insolventer Unternehmen sowie Maßnahmen zur Steigerung der Effizienz von Restrukturierungs-, Insolvenz- und Entschuldungsverfahren.[96] Mit der Restrukturierungsrichtlinie soll insoweit ein harmonisierter Rahmen geschaffen werden, um innerhalb der Europäischen Union eine möglichst einheitliche Sanierungskultur zu fördern.[97]

Vor diesem Hintergrund trat am 1. Januar 2021 das Gesetz zur Fortentwicklung des Sanierungs- und Insolvenzrechts (SanInsFoG)[98] in Kraft.[99] Es soll das deutsche Sanierungs- und Insolvenzrecht „modernisieren und effektiver ausgestalten".[100]

Im Zentrum des SanInsFoG steht die Schaffung eines vorinsolvenzlichen Restrukturierungsrahmens durch das Unternehmensstabilisierungs- und -restrukturierungsgesetz (StaRUG) zur Umsetzung der Vorgaben der Restrukturierungsrichtlinie.[101] Darüber hinaus sieht das SanInsFoG Änderungen der Insolvenzordnung vor, die der Harmonisierung des StaRUG mit dem Sanierungsinstrumentarium der Insolvenzordnung dienen sowie die Erkenntnisse aus der Evaluation des ESUG aufgreifen sollen.

Konkret wurden bestehende insolvenzverfahrensrechtliche Sanierungsoptionen nach dem ESUG an einigen Stellen geändert. Das gilt etwa für den Zugang zum Eigenverwaltungsverfahren und hinsichtlich der Präzisierung des Systems

---

Insolvenz- und Entschuldungsverfahren und zur Änderung der RL (EU) 2017/1132 (RL über Restrukturierung und Insolvenz), ABlEU v. 26.6.2019, L 172/18.

95 *Thole*, in: Kübler, HRI, 3. Aufl. 2018, § 58 Rn. 46; ausführlich: *Piekenbrock*, NZI-Beilage 2017, 36.

96 *Bayer/Schmidt*, BB 2019, 2178, 2184.

97 Vgl. den Vorschlag für eine Richtlinie des Europäischen Parlaments und des Rates über präventive Restrukturierungsrahmen, die zweite Chance und Maßnahmen zur Steigerung der Effizienz von Restrukturierungs-, Insolvenz- und Entschuldungsverfahren und zur Änderung der Richtlinie 2012/30/EU, COM (2016) 723 final, S. 7; RL 2019/1023 des Rates v. 20.6.2019, ErwG 69.

98 BGBl. I 2020, S. 3256.

99 Das SanInsFoG wurde am 17.12.2020 vom Bundestag verabschiedet und bereits am 18.12.2020 im Bundesrat gebilligt.

100 So die Pressemitteilung des Presse- und Informationsamtes der Bundesregierung (BPA) vom 1.1.2021, abrufbar unter https://www.bundesregierung.de/breg-de/aktuelles/sanierungs-und-insolvenzrecht-1798368 (zuletzt abgerufen am 3.3.2021).

101 RL (EU) 2019/1023 des Europäischen Parlaments und des Rates v. 20.6.2019.

der Insolvenzantragsgründe. Ferner finden die Digitalisierung von Insolvenzverfahren sowie die durch die COVID-19-Pandemie ausgelösten Folgen für viele Unternehmen Berücksichtigung.

Es bleibt abzuwarten, wie die Rechtspraxis die jüngsten Gesetzesreformen auslegen und interpretieren wird und welche „Nachjustierungen" erforderlich werden. Festzustellen ist zweifellos, dass sich die vor rund 20 Jahren in Kraft getretene Insolvenzordnung mit ihren zahlreichen Gesetzesänderungen[102] tatsächlich zu einer „Dauerbaustelle"[103] entwickelt hat. Eine Fertigstellung des „Projekts-InsO" ist nicht in Sicht.

B. Funktion und Aufgabe des Insolvenzrechts

Das Insolvenzrecht in Deutschland unterliegt einem steten Wandel. Besonders deutlich wird die Entwicklung an den jahrzehntelangen Bemühungen, das Insolvenzverfahren nicht mehr nur als Vollstreckungshandhabe, sondern vielmehr als Sanierungsmöglichkeit zu gestalten.[104]

Dabei darf die Ordnungsfunktion des Insolvenzrechts nicht aus den Augen verloren werden (dazu unter I.). Daneben ist es Aufgabe der Insolvenzordnung, die Gläubigerstruktur im Insolvenzverfahren vorzugeben (dazu unter II.). Zugleich müssen die Eigendynamik des Insolvenzrechts und dessen interdisziplinäre Wechselwirkung mit anderen Rechtsgebieten geregelt (dazu unter III.) und unionsrechtliche Vorgaben (dazu unter IV.) gewahrt werden.

I. Ordnungsfunktion des Insolvenzrechts

Mit Insolvenzantragstellung entsteht im betroffenen Unternehmen in aller Regel eine brisante Sondersituation: Arbeitnehmer fürchten um ihre Lohnansprüche und ihre Arbeitsplätze. Arbeitnehmervertreter fühlen sich mehr denn je dem Schutz der Belegschaft verpflichtet. Gläubiger werden auf eine schnelle und vollständige Begleichung ihrer Forderungen drängen und nicht ohne Weiteres gewillt sein, Zugeständnisse[105] zu machen oder Einschnitte bei ihren Forderungen zu akzeptieren, wenn nicht auch die Belegschaft zu Zugeständnissen bereit

---

102 Vgl. zur aktuellen Anzahl der Gesetzesänderungen das Änderungsverzeichnis zur Insolvenzordnung seit 1.1.1999, abrufbar unter: https://www.buzer.de/gesetz/317/l.htm (zuletzt abgerufen am 5.3.2021).

103 *Uhlenbruck/Vallender*, NZI 2009, 1; *Weitzmann*, BB 2019, 521.

104 *Kübler*, in: Kübler, HRI, 3. Aufl. 2018, § 1 Rn. 17.

105 Bspw. in Form von Zahlungsstundungen oder Vorkasseleistungen.

ist. Hinzu treten potentielle Betriebserwerber, die gegebenenfalls interessiert sein werden, das insolvente Unternehmen bzw. seine Betriebsmittel kostengünstig aus der Insolvenz heraus zu erwerben.

In dieser kritischen Phase, in der es regelmäßig an Zeit, Geld und Vertrauen fehlt, tritt der Insolvenzverwalter zwischen die verschiedenen Interessensgruppen. Seine eilige Aufgabe ist es, sämtliche Möglichkeiten zur bestmöglichen Gläubigerbefriedigung, sei es durch Veräußerung der Betriebsmittel oder durch Fortführung des Unternehmens, zu analysieren und sich sprichwörtlich „den Hut aufzuziehen“.[106]

Dabei ist die Insolvenz eines Unternehmens meist die letzte Etappe einer bereits länger bestehenden wirtschaftlichen Krise. Vorausgegangene Anzeichen sind oft eine strategische Krise, die Stakeholder-Krise, die Produkt- und Ertragskrise, die in einer Finanzierungskrise, der falschen Finanzierung und letztendlich in einer Liquiditätskrise münden.[107] Ist das notleidende Unternehmen dann nicht mehr in der Lage, seinen Verpflichtungen vollständig nachzukommen, ist es Aufgabe des Insolvenzrechts, Ordnung und Ausgleich zwischen den unterschiedlichen, nun nicht mehr vollständig zu befriedigenden Ansprüchen zu schaffen und die verschiedenen Interessensgruppen zusammenzuführen.[108]

II. Die Gläubigerstruktur im Insolvenzverfahren

Die Insolvenzordnung differenziert zwischen Insolvenzgläubigern nach § 38 InsO mit sogenannten Insolvenzforderungen und Massegläubigern nach § 55 InsO mit sogenannten Masseverbindlichkeiten.[109] Im Vergleich zu den Insolvenzforderungen sind die Masseverbindlichkeiten nach den §§ 53 ff. InsO vorrangig zu begleichen. Zu diesen Verbindlichkeiten zählen die Kosten des Insolvenzverfahrens (nach § 54 InsO sind das die Gerichtskosten nebst der Verwaltervergütung und Auslagen) und die vom Insolvenzverwalter bzw. starken vorläufigen Insolvenzverwalter ausgelösten Verbindlichkeiten (§ 55 InsO). Insolvenzforderungen werden erst nach Befriedigung der Masseverbindlichkeiten

---

106 *Granetzny/Esser*, BB 2019, 1524; *Paulus* spricht von dem „Gebot der Massemaximierung“, vgl. NZI 2015, 1001, 1005.

107 *Weitzmann*, BB 2019, 521, 522.

108 *Weitzmann*, BB 2019, 521; *Paulus*, NZI 2015, 1001, 1003; *Vallender*, in: Uhlenbruck, InsO, 15. Aufl. 2019, § 26 Rn. 1; *Lau/Schlicht*, in: Röger, Insolvenzarbeitsrecht, 1. Aufl. 2018, § 2 Rn. 5.

109 Die Kosten des Insolvenzverwalters und die Gerichtskosten zählen zu den Kosten des Insolvenzverfahrens nach § 54 InsO.

aus der dann noch verbleibenden Insolvenzmasse gleichmäßig befriedigt. Die insoweit von den Gläubigern angemeldeten Forderungen werden vom Insolvenzverwalter in der sogenannten Insolvenztabelle geführt.[110] Die wesentliche Zäsur zur Abgrenzung zwischen Insolvenzforderungen und Masseverbindlichkeiten ist der Zeitpunkt der Eröffnung des Insolvenzverfahrens.

Die (zeitliche) Zuordnung einer Forderung eines Arbeitnehmers an der Zäsur der Insolvenzeröffnung und damit als Insolvenzforderung bzw. Masseverbindlichkeit erfolgt nach der Entstehung der Forderung, also dem Zeitpunkt der rechtlichen Begründung des Anspruchs.[111] Dabei kommt es nicht auf die Fälligkeit der Ansprüche an, sondern allein darauf, wann die Tatbestandsmerkmale des Entstehungsgrundes der jeweiligen Arbeitnehmeransprüche vorliegen.[112] Die Rechtsprechung stellt deshalb auf den Zeitpunkt der erbrachten Arbeitsleistung seitens des Arbeitnehmers als Entstehungsgrund für die entsprechenden Arbeitnehmeransprüche ab.[113] Die Abgrenzung erfolgt danach, wann die Arbeitsleistung, die den Ansprüchen zugrunde liegt, erbracht worden ist.[114]

Arbeitnehmeransprüche erfahren in der Insolvenz des Arbeitgebers – wie aufgezeigt werden wird – in vielfacher Hinsicht eine andere rechtliche Einordnung als sonstige Gläubigeransprüche. Dennoch sind auch bei arbeitnehmerseitigen (Lohn-)Ansprüchen die Zeiten vor und nach Insolvenzeröffnung zu unterscheiden.[115]

III. Arbeitsrecht und Insolvenzrecht

Die Eröffnung des Insolvenzverfahrens lässt den Bestand der Arbeitsverhältnisse nach § 108 Abs. 1 Satz 1 InsO unberührt. Dennoch bergen die normativen Wechselwirkungen des Arbeitsrechts und des Insolvenzrechts bei der Sanierung notleidender Unternehmen regelmäßig erhebliches Konfliktpotenzial. Denn das

---

110 *Röger*, in: Röger, Insolvenzarbeitsrecht, 1. Aufl. 2018, § 3 Rn. 2.

111 *Bertram/Künzel*, in: Gottwald/Haas, InsR-HdB, 6. Aufl. 2020, § 105 Rn. 19; *Röger*, in Röger, Insolvenzarbeitsrecht, 1. Aufl. 2018, § 4 Rn. 4 ff; ausführlich: *Krumbiegel*, in: Münchener HdB Arbeitsrecht, Band 1: Individualarbeitsrecht I, 4. Aufl. 2018, Rn. 2 ff.

112 *Sinz*, in: Uhlenbruck, InsO, 15. Aufl. 2019, § 55, Rn. 64; *Hefermehl*, in: MünchKomm InsO, 4. Aufl. 2019, Band 1, § 55 Rn. 69.

113 BAG, Urt. v. 19.10.2004 - 9 AZR 647/03, BAGE 112, 214 = NZA 2005, 408, 409.

114 BAG, Urt. v. 24.9.2003 - 10 AZR 640/02, BAGE 108, 1 = NZA 2004, 980, 981.

115 *Bertram/Künzel*, in: Gottwald/Haas, InsR-HdB, 6. Aufl. 2020, § 105 Rn. 2; *Krumbiegel*, in: Münchener HdB Arbeitsrecht, Band 1: Individualarbeitsrecht I, 4. Aufl. 2018, Rn. 9 ff.

Gelingen einer Sanierung geht oft mit der Notwendigkeit einher, durch Personalabbaumaßnahmen vorhandene Ressourcen optimal auszunutzen.[116] Andererseits bedingt die Fortführung des insolventen Geschäftsbetriebs die nahtlose Weiterarbeit der meisten Mitarbeiter, damit noch bestehende Aufträge erfüllt und dadurch die Insolvenzmasse angereichert wird.[117] Erscheint der Personalabbau notwendig oder gar unumgänglich, bietet die Insolvenzordnung spezielle Vorschriften,[118] mit deren Hilfe der Insolvenzverwalter notwendige Maßnahmen durchführen kann; dabei stehen dem zügigen und rechtssicheren Personalabbau die sozialen Belange der Arbeitnehmer gegenüber.[119]

1. Rechtsquellen des Arbeitsrechts

Die Bedeutung des Arbeitsrechts für die Rechtsbeziehungen zwischen Arbeitnehmer und Arbeitgeber stellt sich innerhalb wie außerhalb der Insolvenz – vereinfacht – wie folgt dar:

Vorrangig maßgebend ist das Arbeitsvertragsrecht, also das durch den Arbeitsvertrag zwischen Arbeitgeber und Arbeitnehmer ausgeformte und eigenverantwortlich gestaltete Arbeitsverhältnis. Auf dieses Arbeitsverhältnis wirken die Arbeitsschutzgesetze, wie beispielsweise das Jugendarbeitsschutzgesetz, das Mutterschutzgesetz, das Sozialgesetzbuch, das Arbeitszeitgesetz oder das Kündigungsschutzgesetz ein. In der Normenhierarchie nachgelagert gestalten die Vorschriften des Betriebsverfassungsrechts und des Tarifrechts das Arbeitsverhältnis.[120]

Damit gilt für das Arbeitsrecht in der Insolvenz ganz allgemein, dass die arbeitsvertraglichen Regelungen zwischen den Vertragsparteien die Grundlage bilden, allerdings nur vor dem Hintergrund der unverändert eingreifenden arbeitsrechtlichen Schutzgesetze. Die betriebsverfassungsrechtlichen und tarifrechtlichen Normen[121] prägen den Inhalt des Arbeitsverhältnisses ungeachtet des

---

116 *Pape/Uhlenbruck/Voigt-Salus*, in: Pape/Uhlenbruck/Voigt-Salus, Insolvenzrecht, 2. Aufl. 2010, Kapitel 42, Rn. 1; *Gossak* in: Göpfert/Schöne, HdB Arbeitsrecht in Restrukturierung und Insolvenz, 2. Aufl. 2019, § 13 Rn. 2; *Hamacher*, in: Nerlich/Römermann, InsO, 41. EL April 2020, Vor. § 113 Rn. 3.

117 *Pape/Uhlenbruck/Voigt-Salus*, in: Pape/Uhlenbruck/Voigt-Salus, Insolvenzrecht, 2. Aufl. 2010, Kap. 42 Rn. 1.

118 Hierzu sogleich unter B. III. 3.

119 *Pape/Uhlenbruck/Voigt-Salus*, in: Pape/Uhlenbruck/Voigt-Salus, Insolvenzrecht, 2. Aufl. 2010, Kap. 42 Rn. 1.

120 So *Bertram/Künzl*, in: Gottwald/Haas, InsR-HdB, 6. Aufl. 2020, § 102 Rn. 11.

121 Insbesondere die Normen von Betriebsvereinbarungen und Tarifverträgen.

Insolvenzverfahrens zusätzlich und nehmen Einfluss auf die jeweiligen Arbeitsbedingungen.[122] Im Grundsatz bestimmen damit die vier Grundbausteine des Arbeitsrechts (Arbeitsvertragsrecht, gesetzliches Arbeitnehmerschutzrecht, Betriebsverfassungsrecht und Tarifrecht) die arbeitsrechtlichen Beziehungen damit auch im insolventen Unternehmen.[123]

2. *Einfluss der Insolvenzordnung*

Vor dem Inkrafttreten der Insolvenzordnung galt das (allgemeine) Arbeitsrecht uneingeschränkt auch nach Eröffnung des Konkursverfahrens fort; [124] lediglich § 22 Abs. 1 Satz 2 KO eröffnete die Möglichkeit, befristete Arbeitsverhältnisse vorzeitig zu kündigen und längere, einzelvertraglich vereinbarte Kündigungsfristen auf die gesetzlichen Kündigungsfristen zu kürzen.

Auch die Insolvenzordnung akzeptiert die grundsätzliche Geltung der arbeitsrechtlichen Regelungen im Insolvenzverfahren, enthält allerdings arbeitsrechtliche Sondervorschriften, die den Besonderheiten des Insolvenzverfahrens Rechnung tragen sollen.[125] Dabei birgt der Umstand, dass das Arbeitsrecht und das Insolvenzrecht völlig unterschiedliche Zielsetzungen verfolgen, besonderes Konfliktpotenzial.

Während das Arbeitsrecht die Arbeitnehmer vor Beeinträchtigungen ihrer persönlichen Entfaltung und vor wirtschaftlichen Nachteilen zu schützen sowie das Arbeitsleben zu ordnen versucht, bezweckt das Insolvenzrecht die bestmögliche Schuldenregulierung und Verwirklichung der schuldnerischen Vermögenshaftung.[126] Durch ein geregeltes Verfahren soll der ungeordnete Zugriff auf das verbliebene Schuldnervermögen, der von der Schnelligkeit und Rücksichtslosigkeit einzelner Gläubiger abhängt, vermieden werden.[127]

---

122 *Bertram/Künzl*, in: Gottwald/Haas, InsR-HdB, 6. Aufl. 2020, § 102 Rn. 11; *Gossak*, in: Göpfert/Schöne, HdB Arbeitsrecht in Restrukturierung und Insolvenz, 2. Aufl. 2019, § 13 Rn. 5 f.

123 *Bertram/Künzl*, in: Gottwald/Haas, InsR-HdB, 6. Aufl. 2020, § 102 Rn. 12a.

124 St. Rspr. vgl. BAG, Urt. v. 17.9.1974 - 1 AZR 16/74, BAGE26, 257 = NJW 1975, 182; BAG, Urt. v. 16.9.1982 - 2 AZR 271/80, AP KO § 22 Nr. 4 = NJW 1983, 1341 zur Geltung des KSchG und BAG, Urt. v. 7.6.1984 - 2 AZR 602/82, BAGE 46, 206 = NJW 1985, 1238 zur Geltung tarifvertraglicher Kündigungsfristen.

125 *Plössner*, BeckOK Arbeitsrecht, 58. Edition, 12.2020, § 113 InsO Vor. Rn. 1; *Hamacher*, in: Nerlich/Römermann, InsO, 41. EL April 2020, Vor. § 113 Rn. 5.

126 *Caspers*, in: MünchKomm InsO, 4. Aufl. 2019, Band 2, Vor. §§ 113 bis 128 Rn. 1.

127 *Henckel*, in: Immenga, Rechtswissenschaft und Rechtsentwicklung, 1980, 183, 184.

Dabei stehen die beiden Rechtsgebiete selbständig und im Grundsatz unabhängig nebeneinander. So hat das Bundesarbeitsgericht mehrfach entschieden, dass das Arbeitsrecht grundsätzlich auch in der Insolvenz Anwendung findet.[128] Begründet wird dies mit dem Schutzzweck des Arbeitsrechts, dessen Entfaltung gerade in der Insolvenz des Arbeitgebers nicht zurückstehen darf.[129]

3. *Arbeitsrechtliche Sondervorschriften der Insolvenzordnung*

Auch mit Einführung der Insolvenzordnung blieb es bei der grundsätzlichen Anwendbarkeit des Arbeitsrechts in der Insolvenz. Das Insolvenzverfahren setzt die arbeitnehmerschützenden Normen nicht außer Kraft; vielmehr gelten eine Reihe von Sondervorschriften im Sinne partieller Abweichungen vom ansonsten geltenden Arbeitsrecht, die dem Insolvenzverwalter die Umsetzung von Maßnahmen zur Sanierung des Unternehmens erleichtern sollen.[130] Dabei werden arbeitsrechtliche Vorschriften im laufenden Insolvenzverfahren partiell in ihrer Anwendbarkeit beschränkt oder durch insolvenzrechtliche Sondervorschriften modifiziert.[131] Zum Teil zielen diese Sondervorschriften auf eine Erleichterung der Kündigung von Arbeitsverhältnissen durch den Insolvenzverwalter ab:

§ 113 InsO erlaubt es dem Insolvenzverwalter, das Arbeitsverhältnis in der Insolvenz mit einer Frist von drei Monaten zum Monatsende zu kündigen. § 113 InsO verdrängt dabei sämtliche Kündigungsfristen unabhängig von ihrer Rechtsgrundlage (Gesetz[132], Tarifvertrag, Betriebsvereinbarung oder Arbeitsvertrag).[133] § 113 Satz 2 InsO stellt dabei klar, dass eine im Einzelfall geltende

---

128 Vgl. etwa BAG, Urt. v. 17.9.1974 - 1 AZR 16/74, BAGE 26, 257 = NJW 1975, 182 und BAG, Beschl. v. 13.12.1978 - GS 1/77, BAGE 31, 176 = NJW 1979, 774 zur Anwendbarkeit der §§ 111 ff. BetrVG; BAG, Urt. v. 17.1.1980 - 3 AZR 160/79, BAGE 32, 326 = NJW 1980, 1124 = ZIP 1980, 117 und BAG, Urt. v. 26.5.1983 - 2 AZR 477/81, BAGE43, 13 = NJW 1984, 627 = ZIP 1983, 1377 zur Geltung des § 613a BGB; BAG, Urt. v. 16.9.1982 - 2 AZR 271/80, AP KO § 22 Nr. 4 = NJW 1983, 1341 = ZIP 1983, 205 zur Geltung des Kündigungsschutzgesetzes; BAG, Urt. v. 7.6.1984 - 2 AZR 602/82, BAGE 46, 206 = NZA 1985, 121 = ZIP 1984, 1517 zur Geltung tariflicher Kündigungsfristen.

129 *Bertram/Künzl*, in: Gottwald/Haas, InsR-HdB, 6. Aufl. 2020, § 102 Rn. 9 m.w.V.

130 *Wisskirchen/Bissels*, BB 2009, 2142; *Hamacher*, in: Nerlich/Römermann, InsO, 41. EL April 2020, Vor. § 113 Rn. 1 ff.

131 *Granetzny/Esser*, BB 2019, 1524.

132 So etwa § 622 Abs. 2 BGB, § 29 Abs. 4 HAG oder § 63 Abs. 2 SeemG.

133 *Müller-Glöge*, in: ErfK, 20. Aufl. 2020, § 113 InsO Rn. 1; *Hamacher*, in: Nerlich/Römermann, InsO, 41. EL April 2020, § 113 Rn. 92; *Vossen*, in: Stahlhacke/Preis, Rn.2297; *Boemke*, NZI 2001, 460; *Künzl*, in: Ascheid/Preis/Schmidt, 6. Aufl. 2021, § 113 InsO Rn. 6 m.w.V; vgl. auch BAG, Urt. v. 27.2.2014 - 6 AZR 301/12, BAGE 147, 267 =

kürzere Kündigungsfrist maßgeblich bleibt. Ungeachtet der Höchstkündigungsfrist gilt für den Arbeitnehmer weiterhin der Kündigungsschutz, etwa nach dem Kündigungsschutzgesetz, wonach es zur Kündigung eines Kündigungsgrundes bedarf.

§ 125 InsO ermöglicht im Zusammenwirken mit dem Betriebsrat eine Vorklärung der notwendigen Kündigungen, welche die gekündigten Arbeitnehmer nur eingeschränkt gerichtlich überprüfen lassen können;[134] § 125 InsO ist im Verhältnis zu § 1 KSchG *lex specialis*.[135]

§§ 126, 127 InsO ermöglichen für den Fall, dass ein Interessenausgleich nach § 125 InsO mit dem Betriebsrat nicht zustande oder nicht in Betracht kommt, die Durchführung eines Sammelverfahrens zum Kündigungsschutz mit Bindungswirkung für Kündigungsschutzprozesse.

§ 128 InsO modifiziert den mit dem Übergang des Arbeitsverhältnisses auf den Betriebsnachfolger verbundenen Bestandsschutz.[136]

Des Weiteren ermöglichen die arbeitsrechtlichen Sondervorschriften der Insolvenzordnung, betriebsverfassungsrechtliche Verfahren zu beschleunigen und Kostenbelastungen zu senken:

§ 120 InsO ermöglicht die Kündigung von Betriebsvereinbarungen durch den Insolvenzverwalter mit einer Frist von drei Monaten, um ihm die Möglichkeit zu geben, sich aus Belastungen mit Personalkosten, vor allem durch betriebliche Sozialleistungen, zu lösen.[137] Die Regelung bildet damit gewissermaßen das betriebsverfassungsrechtliche Pendant zu § 113 InsO.[138]

§§ 121, 122 InsO beschleunigen das betriebsverfassungsrechtliche Verfahren bei Betriebsänderungen nach den §§ 111 ff. BetrVG.

§§ 123, 124 InsO begrenzen in Anlehnung an die Regelungen des Gesetzes über den Sozialplan im Konkurs- und Vergleichsverfahren den Umfang von Sozialplänen.[139]

NZA 2014, 897 Rn. 10; BAG, Urt. v. 22.9.2005 - 6 AZR 526/04, BAGE 116, 19 = NZA 2006, 658 Rn. 19.

134 *Caspers*, in: MünchKomm InsO, 4. Aufl. 2019, § 125, Rn. 1.

135 Vgl. hierzu ausführlich in Kap. 3 unter C. IV. 2. a.

136 Vgl. hierzu in Kap. 3 unter C. IV. 2. b.

137 *Caspers*, in: MünchKomm InsO, 4. Aufl. 2019, Band 2, Vor. §§ 113 bis 128 Rn. 5.

138 Nur mit dem Unterschied, dass mitbestimmungspflichtige Betriebsvereinbarungen nach ihrer Kündigung weiter gelten, vgl. § 77 Abs. 6 BertVG.

139 Vgl. hierzu in Kap. 3 unter C. V. 1. u. 2.

Festzustellen ist, dass die arbeitsrechtlichen Sondervorschriften der Insolvenzordnung das Schutzniveau des allgemeinen Arbeitsrechts absenken.[140] Dieser Umstand kann es mitunter attraktiv erscheinen lassen, für Restrukturierungs- und Personalanpassungsmaßnahmen den Weg über die Insolvenz zu gehen, auch wenn diese an sich vermieden werden könnte.[141] Die arbeitsrechtlichen Vorschriften der Insolvenzordnung genießen jedenfalls ein echtes Sonderprivileg.[142]

4. *Der Insolvenzverwalter als Arbeitgeber*

Der Insolvenzverwalter übt kraft seiner allgemeinen Verwaltungs- und Verfügungsbefugnis (§ 80 InsO) die Arbeitgeberfunktionen in der Insolvenz des Unternehmens aus. Er tritt insoweit in die Rechtsstellung des Schuldners ein und übt für die Dauer des Insolvenzverfahrens die Funktion des Arbeitgebers aus.[143] Dabei verdrängt der Insolvenzverwalter den Schuldner aus der Arbeitgeberfunktion, der aber selbst Rechtsträger bleibt.[144] Demgemäß bleibt der Schuldner zwar Vertragspartner der Arbeitsverhältnisse und damit weiter Arbeitgeber. Die sich hieraus ergebenden Rechte und Pflichten kann er jedoch nicht wahrnehmen, weil ihm alle Dispositionsbefugnisse und Handlungskompetenzen durch den Übergang auf den Insolvenzverwalter entzogen sind.[145]

In seiner Funktion als Arbeitgeber tritt der Insolvenzverwalter auch in die Rechte und Pflichten des Schuldners nach kollektivem Arbeitsrecht ein. Mit Eröffnung des Insolvenzverfahrens ist der Insolvenzverwalter nach Maßgabe der Vorschriften des BetrVG verpflichtet, bei allen arbeitnehmerrelevanten Maßnahmen die Mitwirkungs- und Mitbestimmungsrechte des Betriebsrats zu

---

140 *Caspers*, in: MünchKomm InsO, 4. Aufl. 2019, Band 2, Vor. §§ 113 bis 128 Rn. 8 spricht von einem „Gefälle des Arbeitsrechts“.

141 *Heinze*, NZA 1999, 57, 58; *Wisskirchen/Bissels*, BB 2009, 2142, 2147.

142 So bereits *Heinze*, NZA 1999, 57, 58.

143 GmS-OGB, Beschl. v. 27.9.2010 - GmS-OGB 1/09, Rn. 18 = BGHZ 187, 105 ff. = NJW 2011, 1211 ff. m. Anm. *Bork*, EWiR 2010, 765; BAG, Urt. v. 30.1.1991 - 5 AZR 32/90, AP BGB § 630 Nr. 18 = NJW 1991, 1971; BAG, Urt. v. 27.6.1990 - 5 AZR 334/89, BAGE 65, 250 = NZA 1991, 62; *Ries*, ZInsO 2010, 2382; *Beisel*, in: Beisel/Klumpp, Unternehmenskauf, 7. Aufl. 2016, § 5 Rn. 7; *Frege/Keller/Riedel*, Insolvenzrecht, 8. Aufl. 2015, Rn. 1103; *Bertram/Künzl*, in: Gottwald/Haas, InsR-HdB, 6. Aufl. 2020, § 102 Rn. 27 f.; *Lakies*, BB 1998, 2638, 2639; *Plössner*, BeckOK Arbeitsrecht, 58. Edition, 12.2020, § 113 InsO Rn. 1.

144 *Vuia*, in: MünchKomm InsO, 4. Aufl. 2019, Band 2, § 80 Rn. 121.

145 *Vuia*, in: MünchKomm InsO, 4. Aufl. 2019, Band 2, § 80 Rn. 122.

beachten.[146] Dies gilt insbesondere hinsichtlich der Mitwirkung des Betriebsrats bei insolvenzbedingten Kündigungen (§ 113 InsO), bei Betriebsänderungen (§ 125 InsO), bei Betriebsveräußerungen (§ 128 InsO), beim Sozialplan (§ 124 InsO) oder beim Abschluss von Betriebsvereinbarungen (§ 120 InsO).

Die entsprechenden Verträge schließt der Insolvenzverwalter im eigenen Namen, aber mit Wirkung für die Masse (§ 55 Nr. 1 InsO). Verletzt der Insolvenzverwalter eine ihm obliegende Pflicht gegenüber den Arbeitnehmern, haftet grundsätzlich die Insolvenzmasse, nicht der Insolvenzverwalter, sofern es sich nicht um die Verletzung insolvenzspezifischer Pflichten im Sinne von § 60 InsO oder um deliktische Schädigungen ohne Bezug zum Insolvenzverfahren handelt.[147]

Im arbeitsgerichtlichen Prozess ist der Insolvenzverwalter als solcher Partei und nimmt im Verfahren sämtliche Rechte und Pflichten wahr, ebenso treffen ihn die Parteiobliegenheiten.[148]

IV. Unionsrechtliche Vorgaben

Das nationale Arbeitsrecht ist in vielen Bereichen durch unionsrechtliche Vorgaben geprägt. Der Arbeitnehmerschutz bei einem Betriebsübergang muss sich insbesondere an der Richtlinie 2001/23/EG des Rates vom 12. März 2001 zur Angleichung der Rechtsvorschriften der Mitgliedstaaten über die Wahrung von Ansprüchen der Arbeitnehmer beim Übergang von Unternehmen, Betrieben oder Unternehmens- oder Betriebsteilen[149] (sogenannte Betriebsübergangsrichtlinie) messen lassen. Die Richtlinie verpflichtet die Mitgliedstaaten der Europäischen Union unter anderem dazu, durch geeignete Rechtsvorschriften dafür zu sorgen, dass die arbeitsvertraglichen Rechte von Arbeitnehmern erhalten bleiben, wenn das Unternehmen, der Betrieb oder Betriebsteil, in dem sie arbeiten, verkauft wird und daher auf einen anderen Inhaber übergeht.

---

146 BAG, Urt. v. 20.11.1970 - 1 AZR 409/69, BAGE 23, 62, 72 = AP Nr. 8 zu § 72 BetrVG = NJW 1971, 774; *Mock*, in: Uhlenbruck, InsO, 15. Aufl. 2019, § 80 Rn. 153 ff.; *Windel*, in: Jaeger, Insolvenzordnung, 1. Aufl. 2007, § 80 Rn. 112; *Schaub*, DB 1999, 217, 221; *Beisel*, in: Beisel/Klumpp, Unternehmenskauf, 7. Aufl. 2016, § 5 Rn. 7; *Bertram/Künzel*, in: Gottwald/Haas, InsR-HdB, 6. Aufl. 2020, § 102 Rn. 41.

147 LAG Hessen, Urt. v. 20.3.2008 - 8 Sa 761/07, ZInsO 2008, 1159.

148 V*uia*, in: MünchKomm InsO, 4. Aufl. 2019, Band 2, § 80 Rn. 128.

149 Richtlinie 2001/23/EG des Rates v. 12.3.2001, ABlEG L 82/16 v. 22.3.2001.

1. Rückblick

Bereits im Jahre 1977 wurde die Richtlinie 77/187/EWG zur Angleichung der Rechtsvorschriften der Mitgliedstaaten über die Wahrung von Ansprüchen der Arbeitnehmer beim Übergang von Unternehmen, Betrieben oder Unternehmens- oder Betriebsteilen[150] erlassen, um auf eine Harmonisierung der einschlägigen nationalen Rechtsvorschriften hinsichtlich der Wahrung der Ansprüche und Rechte der Arbeitnehmer hinzuwirken. Nachdem die wirtschaftliche Entwicklung auf einzelstaatlicher und gemeinschaftlicher Ebene zu Änderungen in den Unternehmensstrukturen geführt hatte, die sich unter anderem aus dem Übergang von Unternehmen, Betrieben oder Unternehmens- oder Betriebsteilen auf einen anderen Inhaber durch vertragliche Übertragung oder durch Verschmelzung ergaben, sah man die Notwendigkeit den Besitzstand der Arbeitnehmer bei einem Inhaberwechsel zu schützen und die Wahrung ihrer Ansprüche zu gewährleisten.[151]

Unter Berücksichtigung der Auswirkungen des Binnenmarktes, der Tendenzen in der Gesetzgebung der Mitgliedstaaten hinsichtlich der Sanierung von Unternehmen in wirtschaftlichen Schwierigkeiten, der Rechtsprechung des Gerichtshofs der Europäischen Gemeinschaft, der Richtlinie 75/129/EWG des Rates vom 17. Februar 1975 zur Angleichung der Rechtsvorschriften der Mitgliedstaaten über Massenentlassungen sowie der bereits in den meisten Mitgliedstaaten geltenden gesetzlichen Normen, wurde die Richtlinie 77/187/EWG geändert.[152]

Mit Einführung der Richtlinie 2001/23/EG aus Gründen der Übersichtlichkeit und Klarheit,[153] sollte insbesondere auch dem Umstand Rechnung getragen werden, dass zwischen den Mitgliedstaaten in Bezug auf den Umfang des Arbeitnehmerschutzes auf diesem Gebiet weiterhin Unterschiede bestanden. Darüber hinaus galt es Unterrichtungs-, Anhörungs- und Mitwirkungsrechte vorzusehen, sofern durch Umstrukturierung oder Verschmelzung von Unternehmen die Beschäftigung der Arbeitnehmer berührt wird.

---

150 Richtlinie 77/187/EWG des Rates v. 14.2.1977, ABlEG L 61 v. 5.3.1977.

151 Vgl. ErwG (2) und (3) der Richtlinie 2001/23/EG des Rates v. 12.3.2001.

152 Vgl. ErwG (7) der Richtlinie 2001/23/EG des Rates v. 12.3.2001.

153 Vorschlag der Kommission der Europäischen Gemeinschaften für eine Richtlinie des Rates zur Angleichung der Rechtsvorschriften der Mitgliedstaaten über die Wahrung von Ansprüchen der Arbeitnehmer beim Übergang von Unternehmen, Betrieben oder Unternehmens- oder Betriebsteilen vom 2.5.2000, KOM (2000) 259 endg.

2. *Vorgaben der Betriebsübergangsrichtlinie im Falle der Insolvenz*

Im Hinblick auf den von der Richtlinie 2001/23/EG bezweckten Arbeitnehmerschutz schreiben Art. 3 und 4 der Richtlinie vor, dass die Rechte und Pflichten aus dem Arbeitsverhältnis auf den Erwerber übergehen bzw. ein Betriebsübergang kein Grund für eine arbeitgeberseitige Kündigung sein darf.

Sofern die Mitgliedstaaten „nichts anderes" vorsehen, gelten nach dem Wortlaut des Art. 5 Abs. 1 der Richtlinie 2001/23/EG die Individualschutzbestimmungen der Art. 3 und 4 der Richtlinie nicht, wenn unter der Aufsicht einer zuständigen öffentlichen Stelle, worunter auch ein von einer zuständigen Behörde ermächtigter Insolvenzverwalter verstanden werden kann, über das Vermögen des Veräußerers ein Konkursverfahren eröffnet worden ist (sogenannte „Bereichsausnahme"). Diese Verfahren müssen allerdings auf das Ziel der Auflösung des Vermögens des Veräußerers gerichtet sein (sogenanntes „Liquidationsverfahren"). Folglich steht es den Mitgliedstaaten explizit frei, auch im Insolvenzfall einen der Betriebsübergangsrichtlinie entsprechenden Arbeitnehmerschutz vorzusehen.[154]

Der durch die Richtlinie 2001/23/EG vorgeschriebene Arbeitnehmerschutz bei Betriebsüber-gängen wird in Deutschland durch § 613a BGB gewährleistet. Von der grundsätzlichen Möglichkeit, zusätzlich zu den insolvenzrechtlichen Regelungen arbeitsrechtliche Erleichterungen für Unternehmen zu schaffen, die in die Krise geraten sind, hat der deutsche Gesetzgeber bislang keinen Gebrauch gemacht.[155] Vielmehr wurde – in Kenntnis der unionsrechtlichen Bereichsausnahme – mit Einführung der Insolvenzordnung die Sonderregelung in Art. 232 § 5 Abs. 2 EGBGB[156], wonach § 613a BGB ausgesetzt war, im Arbeitnehmerbereich beseitigt.[157] Zu einer vergleichbaren Regelung in der Insolvenzordnung hat sich der Gesetzgeber bisher nicht bewegen lassen. Vielmehr wurde es vermieden, ein eigenständiges Regelungswerk zur Beschränkung von Arbeitnehmerrechten bei einem Betriebsübergang im eröffneten Insolvenzverfahren einzuführen.[158]

---

154 Vgl. *Bothe*, ZIP 2017, 2441, 2442; zu den einschlägigen europarechtlichen Vorgaben in Kap. 5 unter C.

155 Vgl. *Zobel*, BB 2011, 1397.

156 Abrufbar unter https://dejure.org/gesetze/EGBGB/232.html (zuletzt abgerufen am 8.11.2020).

157 *Bichlmeier/Oberhofer*, Das Gesamtvollstreckungsverfahren in Ostdeutschland, S. 234 f.

158 Vgl. BT-Drs. 12/2443, S. 97; vertiefend: *Zobel*, BB 2011, 1397 ff.

Der in der rechtspolitischen Diskussion erhobenen Forderung, § 613a BGB im Insolvenzverfahren für unanwendbar zu erklären, wurde nicht entsprochen.[159]

Kernargument der ablehnenden Haltung ist, dass im Falle der Nichtanwendung des § 613a BGB im Insolvenzverfahren der Bestandsschutz der Arbeitsverhältnisse bei Betriebsübertragungen nicht mehr gewahrt ist. Es wäre zu befürchten, dass einzelne Schuldner die Insolvenz lediglich deswegen planmäßig herbeiführen und ein Insolvenzverfahren beantragen, weil sie sich ihrer arbeitsrechtlichen Bindungen entledigen möchten. Dies würde ein Ungleichgewicht zu den Bedingungen für die außergerichtliche Sanierung von Unternehmen und damit einen Sog in das Insolvenzverfahren befürchten lassen.[160]

C. Vom Sanierungsgedanken zum Sanierungsprinzip

Die aufgezeigte Entwicklung und die stringente Verfolgung des Sanierungsgedankens werfen die Frage nach dessen dogmatischer Einordnung in das bestehende Rechtssystem auf. Hierzu bedarf es zunächst der methodischen Unterscheidung zwischen einem Rechtsgedanken, einem Rechtsprinzip und einer Rechtsregel (hierzu unter I.) bevor die konkrete Funktions- und Wirkweise von Rechtsprinzipien herausgearbeitet (hierzu unter II.) und anhand anerkannter insolvenzspezifischer Rechtsprinzipien (hierzu unter III.) das Sanierungsprinzip abgeleitet wird (hierzu unter IV.)

I. Methodische Grundlagen: Rechtsgedanke, Rechtsprinzip und Rechtsregel

In der Methodenlehre werden die Begriffe des Rechtsgedankens, des Rechtsprinzips und der Rechtsregel[161] wie folgt unterschieden:

Nach *Larenz* handelt es sich bei Rechtsprinzipien um objektiv-teleologische Auslegungskriterien, die aufgrund ihrer eigenen Überzeugungskraft rechtliche Entscheidungen zu rechtfertigen vermögen.[162] Als „materiale Rechtsgedanken" sind sie die besondere Ausprägung einer Rechtsidee, die sich durch Gesetzgebung und Rechtsprechung fortdauernd konkretisiert.[163] Ausschlaggebend für die Entwicklung eines Rechtsgedankens hin zu einem Rechtsprinzip und

159 Vgl. BT-Drs. 12/2443, S. 97.
160 Vgl. BT-Drs. 12/2443, S. 97.
161 Gemeint sind Rechtsnormen bzw. Rechtsvorschriften.
162 *Larenz*, Methodenlehre der Rechtswissenschaft, 6. Aufl. S. 474.
163 *Larenz*, Methodenlehre der Rechtswissenschaft, 6. Aufl. S. 474.

letztlich einer Regelbildung ist das Maß der Konkretisierung. Umso konkreter sich Tatbestand und Rechtsfolge abzeichnen, desto eher handelt es sich um eine Regelbildung, aus der sich die Entscheidung eines Einzelfalles unmittelbar ergeben kann. Die Bildung eines Rechtssystems verläuft demnach im Sinne gradueller Konkretisierungsstufen.[164]

Nach *Alexy* stellen Rechtsprinzipien „Optimierungsgebote“ dar und gebieten, dass Etwas in einem relativ, in Bezug auf die rechtlichen und tatsächlichen Möglichkeiten möglichst hohem Maße realisiert wird.[165] Im Unterschied zu Rechtsregeln, die sich in Tatbestand und Rechtsfolge aufgliedern und daher entweder als erfüllt oder als nicht erfüllt angesehen werden können,[166] sind Prinzipien nicht der Subsumtion zugänglich.[167] Sie fordern nur allgemein die Verwirklichung eines Zieles, ohne dass sie genauer bestimmen, durch welches Verhalten das geschehen soll.[168] Sie geben also keine Rechtsfolge vor; das Maß ihrer Erfüllung hängt von den tatsächlichen und rechtlichen Möglichkeiten ab. Weil sie keine konkrete Rechtsfolge sondern einen optimierbaren Zustand vorgeben, können Prinzipien im Kollisionsfall durch andere Prinzipien und Regeln eingeschränkt werden, ohne dass einer Vorschrift der absolute Vorrang zukommt.[169] Statt einer Subsumtion erfordert die Rechtsanwendung von Prinzipien daher eine Abwägung, wobei sich die Vorrangfrage nach der Gewichtung klärt.[170] Im Falle der Abwägung geht es also darum, welchem der abstrakt gleichrangigen Belange im konkreten Fall das höhere Gewicht zukommt.

Canaris bezeichnet das Rechtssystem gar als „teleologische Ordnung allgemeiner Rechtsprinzipien“[171] Dabei gelten nicht alle Rechtsprinzipien gleichermaßen als „systemtragend“; für den konkreten Einzelfall maßgeblich ist das jeweilige Zusammenspiel, denn Prinzipien gelten nicht ohne Ausnahmen und können zueinander in Gegensatz oder Widerspruch treten.[172] Die sich aus einzelnen Wertungen und Rechtsgedanken ergebenden Rechtsprinzipien erheben

---

164 So auch *Canaris*, Systemdenken und Systembegriff in der Jurisprudenz, S. 51.

165 *Alexy*, Theorie der Grundrechte, 75; *Franzius*, in: Hoffmann-Riem/Schmidt-Aßmann/Voßkuhle, Grundlagen des Verwaltungsrechts, Bd. 1, 2. Aufl. 2012, § 4, Rn. 7; *Rüthers/Fischer/Birk*, Rechtstheorie, 11. Aufl. 2020, Rn. 758.

166 *Alexy*, Theorie der Grundrechte, 76.

167 Vgl. *K. Röhl/H.-C.Röhl*, Allgemeine Rechtslehre, 3. Aufl. 2008, S. 288.

168 *Penski*, JZ 1989, 105, 107.

169 *Koch/Rüßmann*, Juristische Begründungslehre, S. 99.

170 *Alexy*, Theorie der Grundrechte, 79 m.w.V.

171 *Canaris*, Systemdenken und Systembegriff in der Jurisprudenz, S. 47.

172 *Canaris*, Systemdenken und Systembegriff in der Jurisprudenz, S. 52.

keineswegs den Anspruch der Ausschließlichkeit.[173] Vielmehr entfalten sie ihren eigentlichen Sinngehalt erst in einem Zusammenspiel wechselseitiger Ergänzung und Beschränkung.[174]

Erkennt man die Zugehörigkeit von Rechtsgedanken und Rechtsprinzipien zum Rechtssystem an, ergibt sich folgendes Bild: Auf einer ersten Stufe steht ein Rechtsgedanke, der sich in Folge fortdauernder Konkretisierung zum Rechtsprinzip entwickelt. Das Rechtsprinzip auf der zweiten Stufe enthält noch keinen vollständigen Festsetzungsgehalt, sondern bedarf im Rahmen eines Abwägungsprozesses weiterer Verdichtung.[175] Erst auf einer dritten Stufe finden sich unmittelbar anwendbare Regeln mit vollständigen Festsetzungsgehalt.

II. Funktions- und Wirkweise von Rechtsprinzipien

Im (hierarchischen) Verhältnis zwischen einem einschlägigen Rechtsprinzip und einer einschlägigen Rechtsregel muss zunächst auf die konkretere Regel abgestellt werden. Dennoch kann eine Regel nicht losgelöst von dem dahinterstehenden Prinzip betrachtet werden; vielmehr strahlt das Rechtsprinzip es auf die konkretere Rechtsregel aus und beeinflusst deren Auslegung.

Ein unmittelbarer Rückgriff auf Rechtsprinzipien ist nicht ohne weiteres möglich.[176] Die Korrektur bestehender gesetzlicher Regeln oder die Schaffung neuer Regeln aus Prinzipien birgt nämlich die Gefahr eines Verstoßes gegen die verfassungsrechtlich garantierte Trennung von Legislative und Judikative.[177] Der Rechtsanwender darf sich nicht durch einen Rückgriff auf Prinzipien, die der Ausfüllung offenstehen, seiner Bindung an die positive Rechtsordnung entledigen.[178] Rechtsprinzipien sind grundsätzlich auf eine Umsetzung angewiesen. Sie fordern zwar die Verwirklichung eines Ziels, bedürfen aber als bloße Leitgedanken noch ihrer Ingeltungsetzung auf der Ebene der Regeln.[179]

---

173 *Canaris*, Systemdenken und Systembegriff in der Jurisprudenz, S. 46.

174 *Canaris*, Systemdenken und Systembegriff in der Jurisprudenz, S. 52.

175 Vgl. *Canaris*, Systemdenken und Systembegriff in der Jurisprudenz, S. 51.

176 Vgl. *Canaris*, Systemdenken und Systembegriff in der Jurisprudenz, S. 57.

177 *Plauth*, Die Rechtspflicht zur Transparenz im europäisierten Vergaberecht, 1. Aufl. 2017, Kap. 2.C.I.1. m.w.V.

178 *Plauth*, Die Rechtspflicht zur Transparenz im europäisierten Vergaberecht, 1. Aufl. 2017, Kap. 2.C.I.1.

179 *Plauth*, Die Rechtspflicht zur Transparenz im europäisierten Vergaberecht, 1. Aufl. 2017, Kap. 2.C.I.1. m.V.a. *Penski*, JZ 1989, 1105, 111 f.; nach *Canaris*, Systemdenken und Systembegriff in der Jurisprudenz, S. 57 bedarf die unmittelbare Anwendung von Rechtsprinzipien einer vorherigen „Normativierung".

Zusammengefasst sind Prinzipien daher insbesondere in folgenden Konstellationen von Bedeutung: Sie können bei der wertenden Auffüllung von Gesetzeslücken herangezogen werden, unbestimmte Rechtsbegriffe präzisieren, Abwägungen im Rahmen von Ermessensentscheidungen beeinflussen oder dabei helfen, das jeweilige Fachrecht im Systemzusammenhang zu verstehen und die Geltungshierarchie der Normebenen bei der Rechtsanwendung zu verdeutlichen.[180]

III. Insolvenzspezifische Rechtsprinzipien

Die Normen der Insolvenzordnung in ihrer heutigen Ausgestaltung beruhen auf einer Reihe anerkannter Rechtsprinzipien. Zu den Bedeutendsten im Einzelnen:

In der Insolvenzordnung in den §§ 1, 38 ff., 120 f., 174 ff., 187 ff., 224, 226, 245 Abs. 2 Nr. 3, 294 InsO fundamental verfestigt ist das Prinzip der Gläubigergleichbehandlung (*par conditio creditorum*)[181]. Es bringt zum Ausdruck, dass im Falle der Insolvenz alle Gläubiger gemeinschaftlich, dem Grundsatz nach gleichmäßig und in der Regel anteilig befriedigt werden.[182] Die Gläubiger werden bereits mit dem Eintritt der Krise, vor allem aber bei Vorliegen der materiellen Insolvenz in Form eines Insolvenzgrundes, in eine Art von „Schicksals- und Verlustgemeinschaft“ eingebunden.[183]

Daneben tritt im Interesse optimaler Gläubigerbefriedigung das in § 1 InsO normierte Prinzip der bestmöglichen Masseverwertung.[184] Dieses Prinzip findet in erster Linie Anwendung bei Entscheidungen, die innerhalb des Verfahrens zu treffen sind.[185] Das Prinzip der bestmöglichen Masseverwertung ergänzt gewissermaßen das Hauptziel des Insolvenzverfahrens: Die Sicherung des sozialen Friedens durch die Sicherstellung der gerechten Verteilung knapper Ressourcen unter den Berechtigten.[186]

---

180 So auch *Calliess*, Rechtsstaat und Umweltstaat, S. 179.

181 BAG, Urt. v. 20.6.2002 - 8 AZR 459/01 ZInsO 2003, 139; *Annuß*, ZInsO 2001, 49; *Richter/Nacewicz*, ZIP 2008, 256 ff.; *Lembke*, BB 2007, 1333; zur gleichmäßigen Gläubigerbefriedigung: *Stürner*, in: MünchKomm InsO, 4. Aufl. 2019, Band 1, Einl. Rn. 1.

182 Ausführlich: *Prütting* in: Kübler/Prütting/Bork, InsO, 09.2020, § 5 InsO Rn. 60; *Madaus*, in: BeckOK InsO, 21. Ed. 15.10.2020, § 1 Rn. 31 ff.

183 *Pape/Uhlenbruck/Voigt-Salus*, Insolvenzrecht, 2. Aufl. 2010, Kap. 12 III. 2. Rn. 10.

184 BVerfG, Beschl. v. 23.5.2006 - 1 BvR 2530/04, BVerfGE 2007 Bd. 116, 1 = NZI 2006, 453, 454; BGH, Urt. v. 21.4.2005 - IX ZR 281/03; BGHZ 163, 32, 35 = NJW 2005, 2015, 2016; BGH, Urt. v. 12.3.2020 - IX ZR 125/17, NJW 2020, 1800, 1801; *Rattunde*, ZIP 2003, 2103, 2104.

185 *Ganter/Bruns*, in: MünchKomm InsO, 4. Aufl. 2019, § 1 Rn. 20.

186 *Madaus*, BeckOK InsO, 21. Ed. 15.10.2020, § 1 Rn. 5.

Das Bestreben einer optimalen Haftungsverwirklichung gilt als Wettbewerb um die beste Verwertungsart.[187] Diejenigen, die den Schaden zu tragen haben, sollen nicht nur den Ablauf des Verfahrens bestimmen, sondern zugleich auch das Verfahrensziel.[188] Aus diesem Grund wird das Insolvenzverfahren durch das Prinzip der Gläubigerselbstverwaltung (Gläubigerautonomie) beherrscht. Nicht das Gericht oder der Insolvenzverwalter, sondern die Gläubiger entscheiden über die Verwertung der Insolvenzmasse.[189] In der Praxis geschieht dies im Rahmen einer Gläubigerversammlung spätestens drei Monate nach dem Tag der Verfahrenseröffnung. Im sogenannten Berichts- und Forderungsprüfungstermin (§§ 156 InsO ff.) hat der Insolvenzverwalter über die wirtschaftliche Lage des Unternehmens zu berichten und zugleich darzulegen, ob das Unternehmen erhalten werden kann. Beabsichtigt der Insolvenzverwalter, das insolvente Unternehmen im Ganzen auf einen Erwerber zu übertragen, hat er die Mitwirkungsrechte des Gläubigerausschusses (sofern sich ein solcher konstituiert hat) und der Gläubigerversammlung zu beachten. Insbesondere bedarf es der Zustimmung des Gläubigerausschusses bzw. der Gläubigerversammlung gemäß § 160 Abs. 1 Satz 1 InsO.

Bei den dargestellten Prinzipien handelt es sich nicht um bloße Ordnungskategorien. Vielmehr finden sich ihre Leitgedanken und Wertvorstellung in einer Vielzahl von Normen der Insolvenzordnung wieder. Dabei dienen die dargestellten Rechtsprinzipien der konkreten Auslegung und Anwendung der im jeweiligen Einzelfall maßgeblichen Normen und sind damit von größter praktischer Relevanz. Regelmäßig erfolgen Entscheidungen nach einer prinzipienorientierten Interessenabwägung. Sie werden wertend bei der Auffüllung von Gesetzeslücken herangezogen und präzisieren unbestimmte Rechtsbegriffe. Letztlich beeinflussen sie Abwägungen im Rahmen von Ermessensentscheidungen.

IV. Das Sanierungsprinzip als Rechtsprinzip

Die Konflikte zwischen den Schutznormen des Arbeitsrechts und der insolvenzrechtlichen Sanierung zu lösen, obliegt – mangels gesetzlicher Regelungen – in weiten Teilen der Rechtsprechung. Dabei hat sich in den letzten Jahrzehnten eine überaus sanierungsfreundliche Rechtsprechung des Bundesarbeitsgerichts entwickelt, dessen Leitentscheidungen und Grundsätze die

---

187 *Pape/Uhlenbruck/Voigt-Salus*, Insolvenzrecht, 2. Aufl. 2010, Kap. 12 III. 2. Rn. 10.

188 BT-Drs. 17/5712, 17; Vgl. *Uhlenbruck*, Kompetenzverteilung und Entscheidungsbefugnisse im neuen Insolvenzverfahren, WM 1999, 1197 ff.

189 *Madaus*, in: BeckOK InsO, 21. Ed. 15.10.2020, § 1 Rn. 24.

nationale Sanierungspraxis maßgeblich prägen.[190] Dies ist insofern bemerkenswert, als der Gesetzgeber in Kenntnis der unionsrechtlichen Bereichsausnahme bislang kein Gebrauch hiervon gemacht hat und folglich auch im Insolvenzfall „nichts anderes" als die Wirkung von § 613a BGB vorsieht.[191]

Dabei ist der einstige Sanierungsgedanke rechtsmethodisch in ein Rechtsprinzip erwachsen. Das Ziel, die Umsetzung von Unternehmenssanierungen zu fördern, wurde im Wege der aufgezeigten Gesetzesreformen und flankierend durch die (arbeits-)gerichtliche Rechtsprechung im Sinne eines Optimierungsgebotes ausgestaltet. Der dominierende Leitgedanke der Sanierung findet im Rahmen von gerichtlichen Entscheidungen und (prinzipienbasierten) Interessenabwägungen Berücksichtigung.

In Abgrenzung zur positiven Regel ist die Sanierung nicht als normative Rechtsfolge, sondern als (unverbindliche) Bestrebung ausgestaltet;[192] ihr Gelingen muss nicht strikt, mindestens aber im Falle kollidierender Interessen berücksichtigt werden. Die sich mit dem aufgezeigten Wertewandel entwickelnde Idee der Sanierung wurde durch die Rechtsprechung im Bereich der Unternehmenssanierung weitreichend konkretisiert. Das Leitmotiv der Unternehmenssanierung fristet nicht mehr als bloßer Rechtsgedanke; vielmehr hat es sich zu einem gewichtigen Abwägungskriterium im Rahmen (arbeits-)gerichtlicher Einzelfallentscheidung entwickelt.

Im Kontext einer übertragenden Sanierung stehen sich regelmäßig die widerstreitenden Interessen der Arbeitnehmer an der maximalen Kompensation ihrer (Entgelt-)Ansprüche und die Interessen des Betriebserwerbes an dessen geringstmöglicher Einstandspflicht gegenüber. Die Wahrung wirtschaftlicher Werte durch die im Insolvenzfall erleichterte arbeitsrechtliche Restrukturierung steht dabei im Mittelpunkt. In der Regel gelingt es der starken Überzeugungskraft der Sanierung, arbeitsrechtliche Entscheidungen zu Lasten der Arbeitnehmer zu rechtfertigen.

Im Transaktionskontext ist das Sanierungsprinzip besonders bedeutsam ausgeprägt und tritt deutlich zutage. Im Rahmen dieser Untersuchung werden die

---

190 Hierzu ausführlich sogleich in Kap. 3.

191 Vgl. BT-Drs. 12/2443, S. 97.

192 So soll auch die jüngste Reform der Insolvenzordnung durch das SanInsFoG nicht nur als Ausdruck einer Hinwendung zu einer primären oder vorrangigen Ausrichtung des Insolvenzrechts auf den Erhalt von Unternehmen verstanden werden. Die Sanierung und ihre gesetzliche Fortentwicklung soll ein Instrument zur Verwirklichung der auf die Befriedigung der Gläubiger gerichteten Ziele des Insolvenzrechts bleiben, vgl. BT-Drs. 19/24181, S. 85.

aus dem ständigen Konflikt zwischen den Schutznormen des Arbeitsrechts[193] und den insolvenzrechtlichen Sondervorschriften erwachsenen Probleme aufgezeigt. Dabei werden die nachfolgenden Ausführungen zu den Ausprägungen und Konkretisierungen des Sanierungsprinzips von der Frage geleitet, in welchen Konstellationen das Arbeitsrecht dem insolvenzrechtlichen Sanierungsprinzip einem besonders starken Einfluss ausgesetzt ist bzw. weichen muss.

193 Beispielhaft seien Kündigungsschutzvorschriften, Tarifvertragsrechte, betriebliche Pensionszusagen oder Arbeitsplatzsicherheit genannt, die im Rahmen eines Insolvenzverfahrens gewissen Modifikationen unterliegen.

Kapitel 3 Ausprägungen und Konkretisierungen des Sanierungsprinzips

A. Das Sanierungsprinzip im Rahmen der übertragenden Sanierung

Kernanliegen dieser Untersuchung ist es, aufzuzeigen an welchen Stellen und in welcher Weise das insolvenzrechtliche Sanierungsprinzip in das Arbeitsrecht hineinwirkt. Dabei dient die übertragende Sanierung als in der Praxis wichtigstes Sanierungsinstrument (dazu unter I.) als Bezugspunkt. Es gilt die insolvenzrechtlichen Besonderheiten des Betriebsübergangs darzustellen (dazu unter II.) und die in der einschlägigen Rechtsprechung entwickelten Maßstäbe im Hinblick auf die Vermeidung eines Betriebsübergangs zu rezipieren, um diese aus arbeitsrechtlicher Sicht kritisch hinterfragen zu können (dazu unter III.).

I. Begriff und Stellenwert der übertragenden Sanierung

Gemäß § 1 InsO dient das Insolvenzverfahren insbesondere dazu, die Gläubiger eines Schuldners gemeinschaftlich zu befriedigen, indem das Vermögen des Schuldners verwertet und der Erlös verteilt wird. Der Insolvenzverwalter kann bei der Masseverwertung zwischen verschiedenen Verwertungsmöglichkeiten wählen, wobei die Entscheidung über die Verwertung des schuldnerischen Vermögens den Gläubigern vorbehalten bleibt, §§ 156 ff. InsO.

Die häufigste Form der Vermögensverwertung ist das Unternehmen als Ganzes oder den Betrieb zu veräußern, um von dem erzielten Kaufpreis die Gläubiger zu befriedigen (sogenannte „übertragende Sanierung“).[194] Hierbei erwirbt der Erwerber in der Regel sämtliche Vermögensgegenstände des Unternehmens. Die übertragende Sanierung erfolgt im Wege eines sogenannten Asset-Deals, bei dem die gesamten Aktiva nach den jeweils einschlägigen Regelungen der Verfügungsgeschäfte unter Beachtung des sachenrechtlichen Bestimmtheitsgrundsatzes auf einen neuen Rechtsträger übertragen werden. Während der Erwerber regelmäßig nur an den werthaltigen Vermögensbestandteilen interessiert ist, versucht der Insolvenzverwalter die vorhandenen Vermögensgegenstände

194 Den Begriff der „übertragenden Sanierung“ schöpfte einst *K. Schmidt*, vgl. ZIP 1980, 328, 336.

möglichst umfassend zu verwerten. Neben dem reinen Sachvermögen kann der Verwalter auch die immateriellen Werte, wie Goodwill, Know-how, (Marken-) Rechte, Kundenlisten und den Firmennamen veräußern.[195]

Die Übertragung der Vermögensgegenstände im Wege eines Asset-Deals wird deshalb gewählt, weil sich so die Aktiva und Passiva des betroffenen Unternehmens voneinander trennen lassen: Die Aktiva werden auf den Erwerber übertragen, der alte Rechtsträger samt den verbleibenden Passiva bleibt als „leere Hülle" zurück.[196] Gegen diese richten sich die Ansprüche der Gläubiger, die anteilig aus dem Veräußerungserlös befriedigt werden. Handelt es sich bei der insolventen Gesellschaft um eine juristische Person oder um eine solche ohne Rechtspersönlichkeit, so wird diese aufgelöst, liquidiert und zur Löschung gebracht.[197]

Da der Erwerber eines insolventen Unternehmens möglichst nur verbleibende Vermögenswerte des Unternehmens nutzen und nicht die Schulden des Unternehmens übernehmen möchte, ist ein Anteilskauf (sogenannter Share-Deal), bei dem gerade keine Trennung der Vermögenswerte vom Unternehmensträger stattfindet, in der Insolvenzpraxis äußerst selten.

Bei dem Verkauf und der Übertragung der Vermögensgegenstände im Wege einer übertragenden Sanierung handelt es sich um nichts anderes als eine Verwertung des Schuldnervermögens, weshalb die übertragende Sanierung als Unterart der Liquidation bezeichnet werden kann.[198] Denn nicht der Schuldner bzw. der Unternehmensträger selbst werden saniert. Vielmehr können wirtschaftliche Werte durch die Übertragung auf einen Erwerber erhalten bleiben. Dadurch unterscheidet sich die übertragende Sanierung auch von der Unternehmensliquidation, bei der in aller Regel wirtschaftliche Werte zerschlagen werden (müssen).

Die Schwierigkeiten bei der Vorbereitung und Durchführung einer übertragenden Sanierung im Insolvenzverfahren sind vielfältig. Zunächst einmal gilt es, die vorgefundene Situation im insolventen Unternehmen schnell zu analysieren und gegebenenfalls eine Fortführung sicherzustellen, um später überhaupt noch Vermögenswerte übertragen zu können.[199] Gleichzeitig muss der richtige

---

195 *Janssen*, in: MünchKomm InsO, 4. Aufl. 2019, Band 2, § 157 Rn. 16; s.a. *van Betteray/ Gass*, BB 2004, 2309, 2316.

196 *Hoffmann/Marquardt*, NZI 2017, 513; *Schmerbach/Staufenbiel*, ZInsO 2009, 458, 459; *Madaus*, Der Insolvenzplan, S. 28 f.

197 *Hoffmann/Marquardt*, NZI 2017, 513.

198 *Strümpell*, Die übertragende Sanierung innerhalb und außerhalb der Insolvenz, S. 9.

199 *Schmerbach/Staufenbiel*, ZInsO 2009, 458.

Zeitpunkt der Sanierungsmaßnahmen bzw. der Übertragung gefunden werden. Schließlich sind zahlreiche rechtliche Probleme im Rahmen einer übertragenden Sanierung zu bewältigen.

Nach den Reformzielen des neuen Insolvenzrechts[200] hat der Sanierungsgedanke, insbesondere die übertragende Sanierung, einen herausragenden Stellenwert. Bereits im Regierungsentwurf zur Insolvenzordnung wird klargestellt: Die Reorganisation des Schuldners und die übertragende Sanierung stehen „gleichberechtigt" nebeneinander.[201] Nach § 1 Satz 1 Halbs. 2 InsO soll die Abwicklung des Insolvenzverfahrens zum „Erhalt des Unternehmens" führen und damit zwangsläufig zu dessen Sanierung.[202]

Zwar zielt die eigentliche Sanierung im Sinne des § 1 Satz 1 Halbs. 2 InsO auf den Erhalt des Unternehmens durch Reorganisationsmaßnahmen ab, bei der gerade kein Wechsel zwischen Unternehmensträger und Unternehmen stattfindet.[203] Insoweit steht das mit der Insolvenzordnung eingeführte Sanierungsinstrument des Insolvenzplans zur Verfügung, mit dessen Hilfe gerade bei großen und mittelgroßen Verfahren mit komplexen Finanzierungsstrukturen Spielraum für gleichermaßen flexible wie kreative Lösungen gefunden werden können. Im hiesigen Kontext soll der Fokus jedoch auf der übertragenden Sanierung als das meist gewählte Instrument der Vermögensverwertung liegen.

II. Betriebsübergang nach § 613a BGB

Die übertragende Sanierung im Sinne eines rechtsgeschäftlichen Erwerbs des Unternehmensvermögens stellt in aller Regel einen Betriebsübergang im Sinne des § 613a BGB dar und eröffnet damit den Anwendungsbereich dieser nicht disponiblen Regelung. Die Vorschrift und ihre Rechtsfolgen können daher nicht von den Parteien abbedungen werden. Dies beruht auf der Erwägung, dass Arbeitgeber bei einem Verkauf des Betriebs oder sonstigen strukturellen Änderungen nicht die Gelegenheit haben sollen, Mitarbeiter schlechter zu stellen.[204] Vielmehr verfolgt die Vorschrift und ihre Regelungen das Ziel, das

---

200 Dazu *Lohkemper*, KTS 1996, 1, 2 f.; vertiefend *Smid*, BB 1999, 1.

201 BT-Drs. 12/2443, unter B 4.

202 *Kübler* spricht insofern vom „Sanierungsauftrag des Insolvenzrechts", *Kübler*, HRI, 3. Aufl. 2018, § 1 Rn. 1.

203 Zu den Arten der Sanierung: *Prütting*, in: Kübler/Prütting/Bork, InsO, 09.2020, § 1 Rn. 37 f.

204 *Preis*, in: ErfK 20. Aufl. 2020, § 613a BGB Rn. 2 f.

ausdifferenzierte arbeitsrechtliche Kündigungsschutzkonzept zu flankieren und den erworbenen Besitzstand des Arbeitnehmers zu wahren.[205]

Auch wenn der Kaufvertrag zwischen Insolvenzverwalter und Erwerber wegen der Gläubigerautonomie vom Bedingungseintritt der Genehmigung der Gläubigerversammlung abhängt (sofern die Zustimmung nicht bereits vorliegt), steht dieser Bedingungsvorbehalt einem Betriebsübergang nach § 613a BGB nicht entgegen, weil es insoweit allein auf die tatsächliche Übernahme der Organisations- und Leitungsmacht ankommt.[206]

1. Begriff und Schutzzweck der Norm

Nach § 613a Abs. 1 Satz 1 BGB liegt ein Betriebsübergang vor, wenn ein neuer Rechtsträger die wirtschaftliche Einheit unter Wahrung von deren Identität fortführt.[207] Dabei dient § 613a BGB vor allem dem Schutz bestehender Arbeitsverhältnisse, der Fortdauer des Betriebsrats, der Haftungsverteilung für Ansprüche der Mitarbeiter zwischen Veräußerer und Erwerber sowie der Aufrechterhaltung von Arbeitsbedingungen.

Ob ein im Wesentlichen unveränderter Fortbestand der organisierten Gesamtheit „Betrieb" bei dem neuen Inhaber anzunehmen ist, richtet sich nach den Umständen des konkreten Falles. Zu den maßgeblichen Umständen hierfür zählen insbesondere die Art des betreffenden Betriebs, der Übergang der materiellen Betriebsmittel wie Gebäude und bewegliche Güter sowie deren Wert und Bedeutung für den Betrieb, die Übernahme der immateriellen Betriebsmittel und der vorhandenen Organisation, der Grad der Ähnlichkeit mit der Betriebstätigkeit des bisherigen Inhabers, die Weiterbeschäftigung der Hauptbelegschaft, der Übergang von Kundschaft und Lieferantenbeziehungen und die Dauer einer eventuellen Unterbrechung der Betriebstätigkeit.[208] Der Übergang eines Betriebsteils steht für dessen Arbeitnehmer dem Betriebsübergang gleich. Auch bei dem Übergang eines Betriebsteils ist es erforderlich, dass die wirtschaftliche Einheit ihre Identität bewahrt.[209] Betriebsteile sind Teileinheiten

205 *Steffan*, in: Ascheid/Preis/Schmidt, 6. Aufl. 2021, § 613a BGB, Rn. 171-173.

206 BAG, Urt. v. 13.12.2007 - 8 AZR 1107/06, AP BGB § 613a Nr. 338 = ZInsO 2008, 759.

207 BAG, Urt. v. 16.5.2002 - 8 AZR 319/01, AP BGB § 613a Nr. 237 = NZA 2003, 93 Ls. Nr. 1.

208 St. Rspr. des BAG im Anschluss an EuGH, Urt. v. 11.3.1997 - C-13/95 („Ayse Süzen"), Slg. 1997 I-1259 = NZA 1997, 433; vgl. nur BAG, Urt. v. 25.5.2000 - 8 AZR 416/99, BAGE 95, 1 = NZA 2000, 1115; BAG, Urt. v. 26.8.1999 - 8 AZR 827/98, BAGE 92, 251 = NZA 2000, 371 = NJW 2000, 1739 m.w.N.

209 BAG, Urt. v. 26.8.1999 - 8 AZR 718/98, BAGE 92, 251 = NZA 2000, 144.

(Teilorganisationen) des Betriebs. Es muss sich um eine selbständige, abtrennbare organisatorische Einheit handeln, die innerhalb des betrieblichen Gesamtzwecks einen Teilzweck erfüllt.[210] Das Merkmal des Teilzwecks dient dabei zur Abgrenzung der organisatorischen Einheit. Im Teilbetrieb dürfen nicht andersartige Zwecke als im übrigen Betrieb verfolgt werden.[211]

Letztlich folgt der Betriebsübergang stets aus der Wahrung der Identität des Betriebs beim Erwerber und nicht aus dem Untergang der früheren Identität des Gesamtbetriebs.[212]

2. *Grundsatz: Übergang der Arbeitsverhältnisse und gesamtschuldnerische Haftung*

Im Anwendungsbereich des § 613a Abs. 1 Satz 1 BGB ist der rechtsgeschäftliche Übergang eines Betriebs oder Betriebsteils auf einen anderen Inhaber entscheidend. Denn der neue Inhaber tritt kraft Gesetzes in die Rechte und Pflichten aus den im Zeitpunkt des Übergangs bestehenden Arbeitsverhältnissen ein. Gemäß § 613a Abs. 2 BGB haftet der bisherige Arbeitgeber für Verpflichtungen, die vor dem Zeitpunkt des Betriebsübergangs entstanden sind und vor Ablauf eines Jahres nach dem Betriebsübergang fällig werden, neben dem neuen Betriebsinhaber gegenüber den Arbeitnehmern als Gesamtschuldner. Begründet wird die Weiterhaftung des Veräußerers damit, dass der Veräußerungserlös den Gegenwert für den Wert des Betriebs darstellt, der auch durch die Arbeitsleistung der Belegschaft erwirtschaftet wurde.[213]

III. Anwendung von § 613a BGB im Insolvenzverfahren

§ 613a BGB hat zur Folge, dass bei einer übertragenden Sanierung grundsätzlich alle bestehenden Arbeitsverhältnisse auf den Erwerber übergehen. Diese (Rechts-)Folge kann dazu führen, dass ein Interessent seine Erwerbsbereitschaft aufgibt, sodass der Unternehmenskauf und damit die Sanierung des

---

210 Zuletzt klarstellend LAG Berlin-Brandenburg, Urt. v. 18.1.2019 - 9 Sa 799/18, NZA-RR 2019, 317, 322.

211 BAG, Urt. v. 26.8.1999 - 8 AZR 718/98, AP BGB § 613a Nr. 196 = NZA 2000, 144; *Raab*, in: Soergel, BGB, 12. Aufl. 1997, § 613a Rn. 20; *Annuß*, in: Staudinger, BGB, Neub. 2019, § 613a Rn. 36 ff.

212 BAG, Urt. v. 13.11.1997 - 8 AZR 375/96, AP BGB § 613a Nr. 170 = NZA 1998, 249, 251 = NJW 1998, 1883, 1984; *Edenfeld*, in: Erman, BGB, 16. Aufl. 2020, § 613a Rn. 13; *Preis*, in: ErfK, 20. Aufl. 2020, § 613a BGB Rn. 9.

213 *Junker*, Grundkurs Arbeitsrecht, S. 78 f. Rn. 143.

notleidenden Unternehmens scheitern. Insoweit stellt sich die Frage, ob und mit welcher Maßgabe § 613a BGB im eröffneten Insolvenzverfahren anwendbar ist.

1. Normkontext und Anwendbarkeit

§ 613a Abs. 1 Satz 1, Abs. 2 und Abs. 3 BGB sind durch § 122 BetrVG vom 15. Januar 1972[214] in das BGB eingefügt worden. Vorausgegangen war eine jahrzehntelange Diskussion über die Rechtsfolgen des Betriebsinhaberwechsels für bestehende Arbeitsverhältnisse. Mit § 613a BGB wurde – wie bereits aufgezeigt – auf nationaler Ebene bereits eine Frage geregelt, die erst durch die Richtlinie 2001/23/EG zur Angleichung der Rechtsvorschriften der Mitgliedstaaten über die Wahrung von Ansprüchen der Arbeitnehmer beim Übergang von Unternehmen, Betrieben oder Unternehmens- oder Betriebsteilen auf der Ebene der Europäischen Gemeinschaft aufgegriffen werden sollte. Im Zuge der Änderungs-Richtlinie 98/50/EWG[215] wurden später § 613a Abs. 5 BGB (Unterrichtungspflichten des Veräußerers und Erwerbers) sowie § 613a Abs. 6 BGB (Widerspruchsrecht des Arbeitnehmers) eingeführt.[216]

Die Anwendbarkeit von § 613a BGB im Insolvenzverfahren zählte lange Zeit zu einem der umstrittensten Themen im Arbeits- und Insolvenzrecht. Infolge ständiger Rechtsprechung des Bundesarbeitsgerichts seit 1983[217] sowie aufgrund positiver Entscheidung des Gesetzgebers[218] und eines Umkehrschlusses aus § 128 Abs. 2 InsO,[219] wird § 613a BGB auf Betriebs- oder Betriebsteilveräußerungen im Insolvenzverfahren grundsätzlich angewendet. Nach nahezu einhelliger Ansicht und gefestigter Rechtsprechung findet die Norm jedenfalls bezüglich

---

214 BGBl. I 1972, S. 13.

215 Richtlinie 98/50/EG des Rates v. 29. Juni 1998 zur Änderung der Richtlinie 77/187/EWG zur Angleichung der Rechtsvorschriften der Mitgliedstaaten über die Wahrung von Ansprüchen der Arbeitnehmer beim Übergang von Unternehmen, Betrieben oder Betriebsteilen.

216 BGBl. I 2002, S. 1163.

217 BAG, Urt. v. 29.10.1985 - 3 AZR 485/83, BAGE 50, 62 = ZIP 1986, 1001.

218 Vgl. den Regierungsentwurf zur InsO, der die Frage der Unanwendbarkeit des § 613a BGB in der Insolvenz diskutiert und ablehnt, BT-Drs. 12/2443 v. 15.04.1992, S. 97, 150.

219 BAG, Urt. v. 20.3.2003 - 8 AZR 97/02, BAGE 105, 338 = NZA 2003, 1027, 1028; BAG, Urt. v. 20.9.2006 - 6 AZR 249/05, AP BGB § 613a Nr. 316 = NZA 2007, 387; LAG Sachsen, Urt. v. 29.6.2001 - 2 Sa 836/00, NZA-RR 2002, 265; *Menke/Wolf*, BB 2011, 1461, 1463; *Heckschen*, in: Reul/Heckschen/Wienberg, Insolvenzrecht in der Gestaltungspraxis, 2. Aufl. 2018, § 4. Gesellschaftsrecht, Rn. 1433.

ihrer Bestandsfunktion, also der Sicherung der Arbeitsplätze und deren *status quo* sowie der Kontinuität des Betriebsrats, vollumfänglich Anwendung.[220]

Der damit verbundene gesetzliche Übergang der Arbeitsverhältnisse wird vielfach als „Sanierungshindernis ersten Grades“[221] wahrgenommen. Denn oftmals hat der Erwerber eher ein Interesse daran, die bisherige Personalsituation zu ändern und Personalkosten zu senken.[222] Dies kann daran liegen, dass er bereits im selben Bereich tätig ist wie das insolvente Unternehmen und daher mit dem Asset-Deal Synergien heben will. Zudem ist es denkbar, dass die Personalsituation auch als Kostenfaktor zur Insolvenz beigetragen hat.[223]

Vor diesem Hintergrund wurden verschiedene Wege versucht bzw. Maßnahmen unternommen, um den Übergang von Arbeitsverhältnissen im Transaktionskontext zu vermeiden.

2. *Maßnahmen zur Vermeidung des Übergangs von Arbeitsverhältnissen im Transaktionskontext*

In aller Regel verfolgt der Insolvenzverwalter das Interesse, möglichst viele Mitarbeiter auf einen neuen Erwerber zu übertragen. Jedoch wird es vielfach nicht vermeidbar sein, Personal abzubauen, damit der insolvente Betrieb zu einem höheren Preis als dem Zerschlagungswert veräußert werden kann.[224] Dabei werden verschiedene Wege und Maßnahmen versucht, um den (gesetzlichen) Übergang der Arbeitsverhältnisse auf den Erwerber zu vermeiden und so Personalkosten zu senken.

Zur Veranschaulichung des Einflusses des insolvenzrechtlichen Sanierungsprinzips, sind im Transaktionskontext insbesondere die folgenden typischen Konstellationen hervorzuheben:

---

220 Bereits BAG, Urt. v. 17.1.1980 - 3 AZR 160/79, BAGE 32, 326 = NJW 1980, 1124; BAG, Urt. v. 26.5.1983 - 2 AZR 477/81, BAGE43, 13 = BB 1983, 2116, 2117; BAG, Urt. v. 15.2.1995 - 7 AZR 680/94, AP BGB § 620 Befristeter Arbeitsvertrag Nr. 166 = NZA 1995, 987, BAG, Urt. v. 20.9.2006 - 6 AZR 249/05, AP BGB § 613a Nr. 316 = NZA 2007, 387, 388; *Müller-Glöge*, in: MünchKomm BGB, § 613a Rn. 6; *Annuß*, in: Staudinger, BGB, Neub. 2019, § 613a Rn. 357; *Mückl*, ZIP 2012, 2373, 2373.

221 *Bernsau*, in: Bernsau/Dreher/Hauck, Betriebsübergang, 3. Aufl. 2010, Rn. 180; *Fuhlrott*, BB 2013, 2042; *Lembke*, BB 2007, 1333; *Sieger/Hasselbach*, DB 1999, 430; *Wolf*, in: Braun, InsO, 8. Aufl. 2020, § 128 Rn. 1; *Gossak*, in: Göpfert/Schöne, HdB Arbeitsrecht in Restrukturierung und Insolvenz, 2. Aufl. 2019, § 19 Rn. 13.

222 *Granetzny/Esser*, BB 2019, 1524, 1527.

223 *Mückl/Götte*, ZInsO 2017, 357.

224 *Granetzny/Esser*, BB 2019, 1524, 1527.

a. *Kündigung wegen des Betriebsübergangs, § 613a Abs. 4 Satz 1 BGB*

Eine wichtige Rechtsfolge des Betriebsübergangs ist die Kündigungssperre des § 613a Abs. 4 Satz 1 BGB. Hiernach ist eine Kündigung wegen des Betriebsübergangs unwirksam. Dabei stellt die Norm ein eigenständiges Kündigungsverbot außerhalb des Kündigungsschutzgesetzes dar.[225]

Eine Kündigung wegen des Betriebsübergangs liegt vor, wenn sie durch eine bevorstehende Betriebsübertragung bestimmt ist und der Betriebsübergang der tragende Beweggrund der Kündigung ist.[226] Dies ist etwa der Fall, wenn die Kündigung damit begründet wird, dass der Erwerbsinteressent anderenfalls zu einer Übernahme des Betriebs nicht bereit sei[227] oder die Übernahme eines bestimmten Arbeitnehmers vom Erwerber wegen zu hoher Personalkosten abgelehnt wird.[228]

Über die Vorschrift des § 613a Abs. 4 Satz 1 BGB hilft auch das Sonderkündigungsrecht des Insolvenzverwalters nach § 113 InsO nicht hinweg, wonach sich allein die Kündigungsfrist auf drei Monate verkürzt, aber kein originärer Kündigungsgrund geschaffen wird.[229]

Eine (betriebsbedingte) Kündigung verstößt nur dann nicht gegen § 613a Abs. 4 Satz 1 BGB, wenn sie der Betriebsinhaber auch unabhängig von der Veräußerung aus betriebsbedingten Gründen hätte vornehmen können.[230] Hervorzuheben ist, dass hiervon auch solche Rationalisierungsmaßnahmen umfasst

---

225 *Moll*, in: Kübler/Prütting/Bork, InsO, 06.2019, § 128 Rn. 25.

226 Vgl. BAG, Urt. v. 20.3.2003 - 8 AZR 97/02, BAGE 105, 338 = NZA 2003, 1027 Ls. 2; BAG, Urt. v. 20.9.2006 - 6 AZR 249/05, AP Nr. 316 zu § 613a BGB = NZA 2007, 387, 388 m. Anm. *Grimm/Michaelis*, EWiR 2007, 363; *Moll*, NJW 1993, 2016, 2021; *Zwanziger/Voigt*, in: Däubler/Deinert/Zwanziger, 11. Aufl. 2020, § 613a BGB Rn. 252.

227 Vgl. BAG, Urt. v. 27.9.1984 - 2 AZR 309/83, BAGE 47, 13 = ZIP 1985, 698; dazu *Bauer*, EWiR 1985, 379; BAG, Urt. v. 28.4.1988 - 2 AZR 623/87, AP Nr. 74 zu § 613a BGB = ZIP 1989, 326 m. Anm. *Schwerdtner*, EWiR 1989, 867; BAG, Urt. v. 19.5.1988 - 2 AZR 596/87, BAGE 59, 12 = ZIP 1989, 1012.

228 Vgl. BAG, Urt. v. 26.5.1983 - 2 AZR 477/81, AP Nr. 34 zu § 613a BGB = ZIP 1983, 1377; BAG, Urt. v. 20.3.2003 - 8 AZR 97/02, AP Nr. 250 zu § 613a BGB = ZIP 2003, 1671; BAG, Urt. v. 20.9.2006 - 6 AZR 249/05, AP Nr. 316 zu § 613a BGB = NZA 2007, 387.

229 *Hoffmann/Marquardt*, NZI 2017, 513, 514.

230 BAG, Urt. v. 20.9.2006 - 6 AZR 249/05, AP Nr. 316 zu § 613a BGB = ZIP 2007, 595 = NZA 2007, 387; *Moll*, in: Kübler/Prütting/Bork, InsO, 06.2019, § 128 Rn. 26; *Gossak*, in: Göpfert/Schöne, HdB Arbeitsrecht in Restrukturierung und Insolvenz, 2. Aufl. 2019, § 19 Rn. 21 ff.

sind, die im Zusammenhang mit der Veräußerung des Betriebs erfolgen,[231] etwa um den Betrieb verkaufsfähig zu machen.[232] Nach der hierzu ergangenen Rechtsprechung soll es sich um eine Organisations- und Unternehmerentscheidung handeln, die der arbeitsgerichtlichen Kontrolle nicht unterworfen ist.[233] In Abgrenzung zu § 613a Abs. 4 Satz 1 BGB stellt § 613a Abs. 4 Satz 2 BGB insoweit klar, dass eine Kündigung aus anderen Gründen möglich bleibt. Die Regelung lehnt sich an Art. 4 Abs. 1 Satz 2 der Richtlinie 2001/23/EG an, wonach Kündigungen aus wirtschaftlich, technischen oder organisatorischen Gründen zulässig sind.[234] Demnach bemisst sich die Frage nach der Zulässigkeit der Kündigung nach dem Konkurrenzverhältnis einer Kündigung wegen des Betriebsübergangs oder wegen anderer sachlicher Gründe, die aus sich heraus die Kündigung zu rechtfertigen vermögen, so dass der Betriebsübergang nur äußerer Anlass, nicht aber der tragende Grund für die Kündigung gewesen ist.[235] Neben betriebsbedingten Gründen schließt dies nicht aus, dass Kündigungen aus personen- oder verhaltensbedingten Gründen im Zusammenhang mit einem Betriebsübergang erfolgen; die Erfordernisse des anderen Grundes ergeben sich insoweit regelmäßig aus § 1 Abs. 2 KSchG .[236]

b. Veräußererkündigung nach Erwerberkonzept

Der Betriebsveräußerer kann betriebsbedingte Kündigungen aufgrund von Rationalisierungsmaßnahmen in die Wege leiten, welche auf Plänen und Vorstellungen des Betriebserwerbers beruhen (sogenannte Kündigung nach Erwerberkonzept).[237] Der Insolvenzverwalter kann demzufolge Kündigungen aussprechen,

---

231 Vgl. BAG, Urt. v. 20.9.2006 - 6 AZR 249/05, AP Nr. 316 zu § 613a BGB = ZIP 2007, 595; so schon BAG, Urt. v. 26.5.1983 - 2 AZR 477/81, AP Nr. 34 zu § 613a BGB = ZIP 1983, 1377; BAG, Urt. v. 18.7.1996 - 8 AZR 127/94, AP Nr. 147 zu § 613a BGB = ZIP 1996, 2028.

232 Vgl. BAG, Urt. v. 18.7.1996 - 8 AZR 127/94, AP Nr. 147 zu § 613a BGB = ZIP 1996, 2028; BAG, Urt. v. 20.9.2006 - 6 AZR 249/05, AP Nr. 316 zu § 613a BGB = ZIP 2007, 595 = NZA 2007, 387; LAG Mecklenburg-Vorpommern, Urt. v. 9.1.2013 - 2 Sa 166/12, LAGE Nr. 37c zu § 613a BGB 2002.

233 BAG, Urt. v. 20.9.2006 - 6 AZR 249/05, AP Nr. 316 zu § 613a BGB = ZIP 2007, 595 = NZA 2007, 387; so auch *Moll*, in: Kübler/Prütting/Bork, InsO, 06.2019, § 128 Rn. 27.

234 *Preis*, in: ErfK, 20. Aufl. 2020, § 613a BGB, Rn. 154.

235 *Preis*, in: ErfK, 20. Aufl. 2020, § 613a BGB, Rn. 155; vgl. zum Kausalitätserfordernis *Lipinski*, NZA 2002, 75, 77 f.

236 *Preis*, in: ErfK, 20. Aufl. 2020, § 613a BGB, Rn. 156.

237 Vgl. BAG, Urt. v. 26.5.1983 - 2 AZR 477/81, AP Nr. 34 zu § 613a BGB = ZIP 1983, 1377; BAG, Urt. v. 18.7.1996 - 8 AZR 127/94, AP Nr. 147 zu § 613a BGB = ZIP 1996, 2028;

deren soziale Rechtfertigung (allein) aus der Sphäre des Erwerbers stammt und sich an dessen geplanter Neuausrichtung orientiert.[238] § 613a Abs. 4 BGB greift nach der Rechtsprechung des Bundesarbeitsgerichts dann nicht ein, wenn ein Kündigungsgrund vorhanden ist, der „aus sich heraus“[239] trotz des Inhaberwechsels die Kündigung rechtfertigt. Dies ist – wie aufgezeigt – der Fall, wenn der Insolvenzverwalter Personal abbaut, um das Kerngeschäft des Betriebs verkaufsfähig zu machen. Folglich kann der Insolvenzverwalter mittels Erwerberkonzept bestehende Arbeitsverhältnisse kündigen, wenn der Erwerber lediglich einen verkleinerten und mit erheblich weniger Personal ausgestatteten Betrieb weiterführen möchte.[240]

Hinter dieser Rechtsprechung, die es ermöglicht, dass ein vom Erwerber vorgeschlagenes Sanierungskonzept auch ohne unmittelbaren Beitrag des Veräußerers maßgeblicher Kündigungsgrund ist, steht folgender Gedanke: Wäre der Veräußerer selbst in der Lage, ein entsprechendes Konzept umzusetzen, so würde er in aller Regel die Sanierung selbst vornehmen und nicht den Weg der Betriebsveräußerung wählen. Schließlich erfolgt eine Betriebsübertragung zu Sanierungszwecken zumeist, wenn nicht der Veräußerer, wohl aber der Erwerber (etwa aufgrund größerer finanzieller Ressourcen oder der Möglichkeit der Ausnutzung von Synergieeffekten) zu einer Sanierung in der Lage ist.[241]

Zwar betont das Bundesarbeitsgericht die Konformität der Erwerberkonzeptkündigungen mit dem Schutzgedanken des §613a Abs. 4 BGB, da diese Regelung „keine künstliche Verlängerung des Arbeitsverhältnisses bei einer vorhersehbar fehlenden Beschäftigungsmöglichkeit des Arbeitnehmers bei einem Erwerber“[242] bezwecken soll. Auch jüngere Entscheidungen der

---

BAG, Urt. v. 20.3.2003 - 8 AZR 97/02, AP Nr. 250 zu § 613a BGB = ZIP 2003, 1671; BAG, Urt. v. 20.9.2006 - 6 AZR 249/05, AP Nr. 316 zu § 613a BGB = ZIP 2007, 595.

238 *Fuhlrott*, BB 2013, 2042.

239 BAG, Urt. v. 26.5.1983 - 2 AZR 477/81, BAGE43, 13 = NJW 1984, 627, 629; BAG, Urt. v. 18.7.1996 - 8 AZR 127/94, BAGE 83, 302 = NZA 1997, 148, 149; BAG, Urt. v. 20.9.2006 - 6 AZR 249/05, AP BGB § 613a Nr. 316, NZA 2007, 387, 388.

240 *Undritz/Röger*, in: Göpfert/Schöne, HdB Arbeitsrecht in Restrukturierung und Insolvenz, 2. Aufl. 2019, § 17 Rn. 53 ff.; *Lipinski/Kaindl*, BB 2018, 245, 247; *Fuhlrott*, BB 2013, 2042, 2044.

241 *Sieger/Hasselbach*, DB 1999, 430, 432; s.a. *Steffan*, in: Ascheid/Preis/Schmidt, Kündigungsrecht, 6. Aufl. 2021, § 613a BGB Rn. 190.

242 BAG, Urt. v. 20.3.2003 - 8 AZR 97/02, AP Nr. 250 zu § 613a BGB = BB 2003, 2180 m. BB-Komm. *Kappenhagen*, Ls. Nr. 2; BAG, Urt. v. 20.9.2006 - 6 AZR 249/05, AP Nr. 316 zu § 613a BGB = ZIP 2007, 595.

Arbeitsgerichtsbarkeit bestätigen die Kündigungsmöglichkeit nach dem Erwerberkonzept, da § 613a BGB keine „als notwendig angesehenen unternehmerischen Maßnahmen" ausschließen wolle.[243]

Unklar – und damit aus arbeitsrechtlicher Sicht bedenklich[244] – bleibt jedoch, welche konkreten Anforderungen zu stellen sind, um sicher zu gehen, dass das Konzept des Erwerbers auch tatsächlich umgesetzt und somit eine Umgehung des Kündigungsverbots verhindert wird.

aa. Anforderungen an das Erwerberkonzept

Nach der Rechtsprechung des Bundesarbeitsgerichts genügt ein Sanierungsplan des Erwerbers, dessen Durchführung im Zeitpunkt des Zugangs der Kündigung bereits „greifbare Formen"[245] angenommen hat. Dies ist der Fall, wenn ein Vorvertrag zwischen Erwerber und Veräußerer geschlossen wurde, der den Betriebsübergang selbst und die Zahl der zu übernehmenden Arbeitnehmer benennt.[246] Alternativ kann die notwendige Konkretisierung des Erwerberkonzepts auch über eine aufschiebende Bedingung hinsichtlich der Beendigung bestimmter Arbeitsverhältnisse im Übernahmevertrag hergestellt werden.[247]

Es bedarf also einer rechtlichen Absicherung des Betriebsübergangs. Zugleich soll gewährleistet sein, dass das betriebswirtschaftliche Konzept des Erwerbers tatsächlich verwirklicht wird. In einem verbindlichen Sanierungsplan oder Vorvertrag ist jedenfalls der Betriebsübergang selbst und die Anzahl der zu übernehmenden Arbeitnehmer zu fixieren.[248] Um den Schutzzweck des § 613a Abs. 4 Satz 1 BGB nicht zu unterlaufen muss sichergestellt sein, dass der gegenwärtige Betriebsinhaber nicht nur auf die bloße Drohung des potenziellen

---

243 So wörtlich LAG Rheinland-Pfalz, Urt. v. 11.3.2013 - 5 Sa 556/12, BeckRS 2013, 69577; zuletzt in diesem Sinne LAG Köln, Urt. v. 28.6.2018 - 7 Sa 794/17, NZI 2019, 47.

244 Teilweise als eines der schwierigsten kündigungsschutzrechtlichen Probleme überhaupt bezeichnet, so etwa *Willemsen*, in: Willemsen/Hohenstatt/Schweibert/Seibt, Umstrukturierung und Übertragung von Unternehmen, 5. Aufl. 2016, Kap. H Rn. 107.

245 Vgl. BAG, Urt. v. 20.3.2003 - 8 AZR 97/02, AP Nr. 250 zu § 613a BGB = ZIP 2003, 1671 = NZA 2003, 1027; BAG, Urt. v. 20.9.2006 - 6 AZR 249/05, AP Nr. 316 zu § 613a BGB = ZIP 2007, 595 = NZA 2007, 387; *Schmädicke*, NZA 2014, 515, 516 f.

246 *Preis*, in: ErfK, 20. Aufl. 2020, § 613a BGB, Rn. 171; *Annuß/Stamer*, NZA 2003, 1247, 1248; *Willemsen,* in: Willemsen/Hohenstatt/Schweibert/Seibt, Umstrukturierung und Übertragung von Unternehmen, 5. Aufl. 2016, Kap. H Rn. 117.

247 *Bonanni/Naumann*, DB 2003, 1902 ff.; *Hausch,* BB 2008, 1392, 1396.

248 So auch *Preis*, in: ErfK, 20. Aufl. 2020, § 613a BGB Rn. 171 m.V.a. *Willemsen*, ZIP 1983, 411, 416 u.A.

Erwerbers hin kündigt, dieser werde den Betrieb sonst nicht übernehmen.[249] Wer letztlich das Konzept entwickelt hat und wer gekündigt hat, der Insolvenzverwalter vor oder der Erwerber nach Betriebsübergang, ist letztlich unerheblich.[250] Letztlich bedarf es also einer erkennbaren Abgrenzung von § 613a Abs. 4 Satz 1 BGB zu § 613a Abs. 4 Satz 2 BGB, inwieweit andere Gründe als der Betriebsübergang die Kündigung rechtfertigen.

Zu der konkreten Frage, welche Anforderungen an den Vorvertrag zu stellen sind, hat sich das Bundesarbeitsgericht bislang nicht geäußert. Vielmehr wurde angedeutet, dass eine verbindliche Absprache zwischen Veräußerer und Erwerber nicht für erforderlich gehalten wird.[251] Jedenfalls verstößt die Kündigung dann nicht gegen § 613a Abs. 4 BGB, wenn nach einer Würdigung sämtlicher Umstände des Einzelfalls mit einer Umsetzung des Konzepts vernünftigerweise gerechnet werden kann.[252]

Das Erfordernis eines Vorvertrages dürfte damit wohl allenfalls theoretischer Natur bleiben, nachdem die Rechtsprechung keine konkreten Anforderungen stellt. Praktisch wird es weiterhin so sein, dass der Erwerber dem Insolvenzverwalter ein (mehr oder weniger präzises) Sanierungskonzept vorlegt, auf dessen Grundlage der Insolvenzverwalter dann entsprechende Kündigungen aussprechen wird.

Dieses Vorgehen in der Praxis wirft die Frage auf, weshalb die Veräußererkündigung nach einem Erwerberkonzept zulässig sein soll, obwohl sie offenkundig gegen den eindeutigen Wortlaut des § 613a Abs. 4 Satz 1 BGB verstößt. Die Antwort folgt aus dem insolvenzrechtlichen Sanierungsprinzip: Wäre die Kündigung infolge des Erwerberkonzeptes nicht zulässig, würde die übertragende Sanierung gefährdet und damit gleichermaßen die Chance für den Erhalt des Unternehmens gemindert. Diese sehr pragmatische Legitimation der Kündigung nach Erwerberkonzept mag nachvollziehbar sein. Jedenfalls zeigt sie auf bemerkenswerte Weise, wie das insolvenzrechtliche Sanierungsprinzip in das Arbeitsrecht hineinwirkt und klare Wortlautgrenzen überwindet.

---

249 So *Preis*, in: ErfK, 20. Aufl. 2020, § 613a BGB Rn. 171 m.V.a. *Willemsen*, ZIP 1983, 411, 414 f.

250 BAG, Urt. v. 20.3.2003 - 8 AZR 97/02, BAGE 105, 338-344 = ZIP 2003, 1671 = NZA 2003, 1027.

251 BAG, Urt. v. 20.3.2003 - 8 AZR 97/02, BAGE 105, 338-344 = ZIP 2003, 1671 = NZA 2003, 1027.

252 BAG, Urt. v. 20.3.2003 - 8 AZR 97/02, BAGE 105, 338-344 = ZIP 2003, 1671 = NZA 2003, 1027.

bb. Reichweite der Sozialauswahl

Bei der Reichweite der Sozialauswahl gemäß § 1 Abs. 3 KSchG wird kontrovers diskutiert,[253] ob im Falle vor der Übernahme der Leitungsmacht durch den Erwerber zugehender Kündigungserklärungen allein auf den Betrieb des Veräußerers abzustellen ist[254] oder ob auch die Arbeitnehmer des Erwerbers in die Sozialauswahl miteinzubeziehen sind.[255]

Letztere Ansicht differenziert danach, ob der Betrieb beim Erwerber als eigenständiger Betrieb fortgeführt werden soll oder ob der übernommene Betrieb mit einem Betrieb des Erwerbers zusammengeschlossen bzw. eingegliedert werden soll.[256] Nur im Falle des Zusammenschlusses bzw. der Eingliederung sei dann eine auf den Erwerberbetrieb übergreifende Sozialauswahl vorzunehmen. Eine Beschränkung der Sozialauswahl auf die Arbeitnehmer des übertragenen Betriebsteils führt in diesem Fall zu einer Erhöhung des Kündigungsrisikos der betroffenen Arbeitnehmer, da eine betriebsteilbezogene Auswahl an die Stelle der von § 1 Abs. 3 KSchG geforderten betriebsbezogenen Auswahl tritt.[257] Bei der Eingliederung in den Erwerberbetrieb handelt es sich um eine typische Konsequenz des Betriebsteilübergangs, so dass eine kündigungsrechtliche Schlechterstellung gegen die Bestandsgarantie des § 613a verstößt.[258]

---

253 Ausführlich zum Meinungsstand: *Schmädicke*, NZA 2014, 515 ff.

254 *Lipinski*, NZA 2002, 75, 79; *Cohnen*, in: Moll, MAA, 5. Aufl. 2021, Rn. 181; *Sieger/Hasselbach*, DB 1999, 430, 433 f. der die eingeschränkte Reichweite des sozialen Kündigungsschutzes im Sinne einer innerbetrieblichen „Schicksalsgemeinschaft" vertritt; *Meyer*, NZA 2003, 244, 248, der nur auf die Arbeitnehmer des Veräußererbetriebs abstellen will, wenn das Erwerberkonzept auch durch den Veräußerer eigenständig hätte durchgeführt werden können.

255 Vgl. *Willemsen*, in: Willemsen/Hohenstatt/Schweibert/Seibt, Umstrukturierung und Übertragung von Unternehmen, 5. Aufl. 2016, Kap. H Rn. 116 f.; *Kreitner*, in: Röller, Personalbuch 2013, 20. Aufl. 2013, Kap. 124 Rn. 76.

256 Wohl vorherrschende Meinung: *Steffan*, in: Ascheid/Preis/Schmidt, 6. Aufl. 2021, BGB § 613a Rn. 193; *Willemsen/Müller-Bonnani*, in: Henssler/Willemsen/Kalb, 8. Aufl. 2018, § 613a BGB Rn. 314 m.w.N.; *Beseler/Fuhlrott*, in: Tschöpe, Anwalts-Handbuch Arbeitsrecht, 8. Aufl. 2013, Teil 2 G Rn. 360. Differenzierend danach, ob der Veräußererbetrieb zunächst erhalten bleibt: *Annuß/Lembke/Hangarter*, in: Annuß/Lembke/Hangarter, Arbeitsrechtliche Umstrukturierung in der Insolvenz, 3. Aufl. 2016, B. V. Rn. 188; Vgl. *Gaul/Bonanni/Naumann*, DB 2003, 1902, 1905; *Zwanziger/Voigt*, in: Däubler/Deinert/Zwanziger, 11. Aufl. 2020, § 613a BGB Rn. 263.

257 *Steffan*, in: Ascheid/Preis/Schmidt, 6. Aufl. 2021, BGB § 613a Rn. 193.

258 *Steffan*, in: Ascheid/Preis/Schmidt, 6. Aufl. 2021, BGB § 613a Rn. 193 m.w.V.

Teilweise wird in den Fällen der eingliedernden Betriebsübernahme eine übergreifende Sozialauswahl dann befürwortet, wenn dem Betriebsveräußerer kein eigenes betriebsbedingtes Kündigungsrecht zugestanden hätte. Da in diesem Fall der Kündigungsgrund allein aus der Sphäre des Erwerbers stamme, stelle die Kündigung materiell-rechtlich eine solche des Erwerbers dar. Dies rechtfertige es, die Sozialauswahl auch auf den Erwerberbetrieb auszudehnen.[259]

Einigkeit besteht darüber, dass im Falle der Übertragung eines Betriebs(teils) vom Veräußerer auf den Erwerber bei isolierter Fortführung als eigenständiger Betrieb ohne Zusammenschluss bzw. Aufnahme mit Betrieben und/oder Betriebsteilen des Erwerbers die Sozialauswahl allein auf den im Zeitpunkt des Kündigungszugangs bestehenden Veräußererbetrieb beschränkt ist, weil sich dann kein betriebsübergangsspezifisches Risiko realisiert.[260]

cc. Analyse

Festzustellen ist, dass die Veräußererkündigung nach Erwerberkonzept dem Insolvenzverwalter die Möglichkeit bietet, Kündigungen schon vor dem Betriebsübergang auszusprechen und somit die betroffenen Arbeitsverhältnisse entweder schon vor dem Betriebsübergang beendet sind oder aber zumindest in gekündigtem Zustand übergehen. Zudem greifen die insolvenzarbeitsrechtlichen Erleichterungen, da die Arbeitnehmer im Zeitpunkt des Ausspruchs der Kündigung noch bei dem Arbeitgeber beschäftigt sind, über dessen Vermögen das Insolvenzverfahren eröffnet wurde. Gerade hierin liegt ein großer Vorteil für den Erwerber, da die maximal dreimonatige Kündigungsfrist (vgl. §§ 113 ff. InsO) einen enormen Zeitgewinn bei der Umsetzung von Personalabbaumaßnahmen mit sich bringen kann. Außerdem kann der Erwerber nach Verstreichen der Klagefrist für Kündigungsschutzklagen deutlich besser abschätzen, welche Prozess- und Kostenrisiken bestehen.[261]

Dabei hinkt die von der Rechtsprechung bemühte Argumentation zur Begründung der Zulässigkeit der Erwerberkonzeptkündigung. Kernargument für die Zulässigkeit der Kündigung ist, dass es sich um eine Organisations- und Unternehmerentscheidung handelt, die gerade nicht wegen des Betriebsübergangs getroffen wird, sondern aus anderen Gründen – nämlich der Personalplanung des Erwerbers – erfolgt. Wäre der Veräußerer selbst in der Lage, ein entsprechendes Konzept umzusetzen, so würde er in der weit überwiegenden

---

259 Vgl. *Schmädicke*, NZA 2014, 515, 518 f; *Schumacher-Mohr*, NZA 2004, 629, 632.

260 *Fuhlrott*, BB 2013, 2042, 2044.

261 *Fuhlrott*, BB 2013, 2042.

Zahl der Fälle die Sanierung selbst vornehmen. Nun besteht außerhalb eines Insolvenzverfahrens mangels entsprechender rechtlicher Rahmenbedingungen bislang keine Möglichkeit, vergleichbare konzeptionelle Restrukturierungsmaßnahmen durchzuführen. Zudem ist es nicht das Unternehmen bzw. dessen Geschäftsleitung, das den Weg der Betriebsveräußerung wählt, sondern der Insolvenzverwalter, für den sich in aller Regel überhaupt keine andere Alternative bietet, als den Vorgaben eines potentiellen Investors zu folgen, um so die Chance der Sanierung zu wahren. Es mangelt folglich nicht an der Bereitschaft zu konzeptionellen Änderungen. Außerhalb eines Insolvenzverfahrens bestehen schlicht nicht die entsprechenden rechtlichen bzw. von der Rechtsprechung anerkannten Rahmenbedingungen für deren Umsetzung.

Ungeachtet der Argumentation und Begründung der Zulässigkeit der Erwerberkonzeptkündigung, zeigt ihre Entwicklung die immense Reichweite und den starken Einfluss des insolvenzrechtlichen Sanierungsprinzips auf das Arbeitsrecht: Nach dem unmissverständlichen Wortlaut des § 613a Abs. 4 Satz 1 BGB sind Kündigungen unwirksam, wenn sie wegen des Betriebsübergangs erfolgen. Originärer Normzweck ist der arbeitsvertragliche Bestandsschutz. Eine strikte Anwendung der Norm würde dazu führen, dass alle beim insolventen Veräußerer Beschäftigten ausnahmslos auf den Erwerber übergehen, sofern die betroffenen Arbeitnehmer dem Betriebsübergang nicht widersprechen. Diese (zugegebenermaßen) unflexible Rechtsfolge hat in einem fortdauernden Rechtsprechungsprozess dazu geführt, dass heute zumeist sich in ihren Kernaussagen deckende Entscheidungen die Mehrzahl der streitbefangenen Kündigungen als wirksam befinden, um eine sanierende Betriebsübertragung nicht zu gefährden.

Bei genauerer Betrachtung und Würdigung der aufgezeigten Rechtsprechung ist festzustellen, dass sich mittlerweile ein betriebsbedingter Kündigungsgrund aus der Sphäre des Erwerbers ableiten kann. In gewisser Weise wird der Insolvenzverwalter dadurch zur „Marionette" des potenziellen Erwerbers. Ihm wird auf Veranlassung des Erwerbers und nach dessen unternehmerischen Vorstellungen regelrecht auferlegt, welche Mitarbeiter zu kündigen sind.[262] Über diese faktische Kompetenzumverteilung bedient sich der Erwerber (mittelbar über die Person des Insolvenzverwalters) letztlich selbst den für ihn günstigsten insolvenzspezifischen Sondervorschriften für einen vereinfachten Personalabbau. Anstatt dieser Umgehung normativer Vorgaben (vgl. § 613a Abs. 4 Satz 1 BGB)

262 Vgl. *Willemsen,* in: Willemsen/Hohenstatt/Schweibert/Seibt, Umstrukturierung und Übertragung von Unternehmen, 5. Aufl. 2016, Kap. H Rn. 107.

Einhalt zu gebieten, bereitet die aufgezeigte Rechtsprechung dieser dogmatisch fragwürdigen Praxis den Weg.

Zudem bedeutet die auf einem Erwerberkonzept gestützte betriebsbedingte Kündigung einen Bruch mit dem das Kündigungsrecht beherrschenden Grundsatz, wonach es für die Rechtmäßigkeit einer Kündigung auf die Verhältnisse beim kündigenden Arbeitgeber, und zwar so, wie sie sich im Zeitpunkt der Kündigung darstellen, ankommt.[263] Zwar schließt es dieser Grundsatz nicht aus, in die Beurteilung der Betriebsbedingtheit einer Kündigung auch solche weiteren Entwicklungen einzubeziehen, die im Zeitpunkt der Kündigung zwar noch nicht eingetreten, aber – gemäß dem Prognoseprinzip[264] – mit hinreichender Sicherheit aus der Perspektive des Kündigenden absehbar sind.[265] So vermag der bevorstehende Betriebsübergang noch eine solche Entwicklung darstellen. Das erst nach dem beabsichtigten Betriebsübergang tatsächlich zum Tragen kommende betriebliche Umstrukturierungskonzept beim Erwerber weitet den maßgeblichen Betrachtungszeitraum allerdings noch weiter aus und führt (faktisch) zu einer vorgezogenen betriebsbedingten (Erwerberkonzept-)Kündigung.[266] Damit verlängert sich das Kündigungsrecht um künftige Ereignisse, die erst unter der Ägide des künftigen Betriebsinhabers eintreten werden[267] und steht damit nicht mehr im Einklang mit dem kündigungsrelevanten Betrachtungszeitraum.[268]

Diese Ausweitung des Betrachtungszeitraums wird weiter dadurch vertieft, dass nach Auffassung des Bundesarbeitsgerichts eine auf einem Erwerberkonzept basierende Kündigung auch dann möglich ist, wenn der insolvente Veräußerer das Konzept selbst nicht hätte durchführen können (sogenanntes nicht selbsttragendes Konzept).[269] Mit anderen Worten: Der Erwerber bestimmt ganz

---

263 Vgl. *Willemsen,* in: Willemsen/Hohenstatt/Schweibert/Seibt, Umstrukturierung und Übertragung von Unternehmen, 5. Aufl. 2016, Kap. H Rn. 113 m.V.a *Griebeling,* in: Etzel/Bader/Fischermeier, KR KSchG , 11. Aufl. 2015, § 1 Rn. 235 ff. m.w.V.

264 Hierzu ausführlich Hergenröder, in: MünchKomm BGB, 8. Aufl. 2020, § 1 KSchG Rn. 122 ff.

265 BAG, Urt. v. 19.6.1991 - 2 AZR 127/91, AP BGB § 613a Nr. 92 = NZA 1991, 891.

266 So auch *Willemsen,* in: Willemsen/Hohenstatt/Schweibert/Seibt, Umstrukturierung und Übertragung von Unternehmen, 5. Aufl. 2016, Kap. H Rn. 114.

267 *Willemsen,* in: Willemsen/Hohenstatt/Schweibert/Seibt, Umstrukturierung und Übertragung von Unternehmen, 5. Aufl. 2016, Kap. H Rn. 114.

268 Teilweise auch als „vorgezogene Kündigung auf Erwerberkonzept" bezeichnet, so etwa *Kreitner,* in: Kündigungsrechtliche Probleme beim Betriebsinhaberwechsel, S. 111.

269 BAG, Urt. v. 20.3.2003 - 8 AZR 97/02, BAGE 105, 338 = BB 2003, 2180 m. BB-Komm.: *Kappenhagen,* NZA 2003, 1027.

alleine und im Sinne einer freien Auslese, welche Mitarbeiter er zu übernehmen gedenkt und welche in der insolventen Unternehmenshülle zurückbleiben.

Besonders deutlich wird der Einfluss des Sanierungsprinzips, wenn in diesem Kontext an die einstige Sichtweise erinnert wird, wonach bei § 613a Abs. 4 BGB die Präventivfunktion klar im Vordergrund stand, die Veräußerer und Erwerber davon abzuhalten, den Betriebsübergang dazu zu benutzen, sich bestimmter Arbeitnehmer zu entledigen.[270]

Den Höhepunkt schließlich bildet die Diskussion um die unternehmensübergreifende Sozialauswahl. Zu dem Umstand, dass der Erwerber dem Insolvenzverwalter (faktisch) diktieren kann, welche Mitarbeiter übergehen sollen und welche nicht, verkürzt nach hiesiger Auffassung eine nicht erwerberübergreifende Sozialauswahl das gesetzlich normierte Kündigungsverbot zusätzlich.

Ein weitreichenderer Einfluss des insolvenzrechtlichen Sanierungsprinzips als auf den von § 613a Abs. 1 und 4 BGB bezweckten arbeitsrechtlichen Bestandsschutz beim Modell der Veräußererkündigung nach Erwerberkonzept dürfte sich kaum finden lassen. Vor allem dann nicht, wenn man die ergangene Rechtsprechung in den Blick nimmt und sich ihre Entwicklung vor Augen führt. Von der ersten Leitentscheidung des Bundesarbeitsgerichts zu § 613a Abs. 4 BGB aus dem Jahre 1983,[271] wonach eine vorgezogene Kündigung auf Erwerberkonzept als per se unzulässig galt, eben weil sie nach damals vertretener Auffassung darauf hinauslief, das Kündigungsrecht des Veräußerers aus Gründen zu erweitern, die allein in der Sphäre des Erwerbers lagen, haben sich diese Bedenken heute insoweit relativiert, als eine solch vorgelagerte und fremdbestimmte Kündigung zum Zwecke verbesserter Sanierungschancen im Sinne des Sanierungsprinzips als im Grunde nach zulässig gilt.

c. *Beendigungsabreden und Aufhebungsverträge*

Die Rechtsfolgen des § 613a BGB im Falle des Betriebsübergangs können zwar nicht durch Vereinbarungen zwischen Betriebsinhaber und Betriebserwerber abbedungen oder geändert werden.[272] Die Beendigung von Arbeitsverhältnissen anlässlich eines konkreten Betriebsübergangs kann jedoch einvernehmlich

---

270 BAG, Urt. v. 26.05.1983 - 2 AZR 477/81, AP BGB § 613a Nr. 34 = NJW 1984, 627, 629.

271 BAG, Urt. v. 26.5.1983 - 2 AZR 477/81, BAGE 43, 13 = NJW 1984, 627; ausdrücklich offengelassen dagegen durch BAG, Urt. v. 18.7.1996 - 8 AZR 127/94, BAGE 83, 302 = NJW 1997, 611; ablehnend nunmehr BAG, Urt. v. 20.3.2003 - 8 AZR 97/02, BAGE 105, 338 = NJW 2003, 3506.

272 Vgl. BAG, Urt. v. 29.10.1975 - 5 AZR 444/74, AP Nr. 2 zu § 613a BGB = NJW 1976, 535.

vereinbart werden. Eine entsprechende Vereinbarung zwischen dem Arbeitnehmer und dem Betriebsinhaber oder zwischen dem Arbeitnehmer und dem Erwerber bedarf dabei keines sachlichen Grundes, sondern lediglich richtiger und vollständiger Information des Arbeitnehmers.[273] Sofern dem Arbeitnehmer wahrheitswidrig eine Betriebsstilllegung statt eines Betriebsübergangs vorgespiegelt wird, kann der Arbeitnehmer den vereinbarten Aufhebungsvertrag wegen arglistiger Täuschung anfechten.[274]

Überdies wird der Aufhebungsvertrag nur anerkannt, wenn er auf das endgültige Ausscheiden des Arbeitnehmers aus dem Arbeitsverhältnis gerichtet ist.[275] Er ist wegen Umgehungen von § 613a Abs. 1 Satz 1 BGB nichtig, wenn er lediglich die Beseitigung der Kontinuität des Arbeitsverhältnisses bei gleichzeitigem Erhalt des Arbeitsplatzes bezweckt. Dies ist der Fall, wenn neben dem Aufhebungsvertrag zugleich ein neues Arbeitsverhältnis zum Betriebsübernehmer vereinbart oder zumindest verbindlich in Aussicht gestellt wird.[276] Die auf der Umgehung des § 613a BGB beruhende Unwirksamkeit von Aufhebungsvereinbarungen bewirkt, dass die Unterbrechung des Arbeitsverhältnisses nicht anerkannt wird. Das Arbeitsverhältnis besteht ununterbrochen und unverändert bei dem Betriebserwerber weiter.[277]

Damit steht das Regelungsziel von § 613a Abs. 4 Satz 1 BGB solchen Aufhebungsverträgen entgegensteht, die versuchen, aus Anlass des Betriebsübergangs dem bestehenden Kündigungsverbot auszuweichen.[278] So beispielsweise auch

---

273 *Moll*, in: Kübler/Prütting/Bork, InsO, 06.2019, § 128, Rn. 42.

274 Vgl. LAG Köln, Urt. v. 24.5.1994 - 13 Ta 72/94, NZA 1995, 127.

275 BAG, Urt. v. 11.12.1997 - 8 AZR 654/95, NZA 1999, 262; BAG, Urt. v. 18.8.2005 - 8 AZR 523/04, AP Nr. 31 zu § 620 BGB Aufhebungsvertrag = ZIP 2006, 148.

276 Vgl. BAG, Urt. v. 28.4.1987 - 3 AZR 75/86, AP Nr. 5 zu § 1 BetrAVG Betriebsveräußerung = ZIP 1988, 120 m. Anm. *Seiter*, EWiR 1988, 247; BAG, Urt. v. 10.12.1998 - 8 AZR 324/97, EzA § 613a BGB Nr. 175 = ZIP 1999, 320, dazu *Joost*, EWiR 1999, 247; BAG, Urt. v. 18.8.2005 - 8 AZR 523/04, ZIP 2006, 148 = NZA 2006, 145 = DB 2006, 145.

277 *Moll*, in: Kübler/Prütting/Bork, InsO, 06.2019, § 128 Rn. 45; *Krieger/Fischinger*, NJW 2007, 2289, 2290.

278 Vgl. BAG, Urt. v. 28.4.1987 - 3 AZR 75/86, AP Nr. 5 zu § 1 BetrAVG Betriebsveräußerung = ZIP 1988, 120 = NZA 1988, 198; BAG, Urt. v. 11.2.1992 - 3 AZR 117/91, AP Nr. 13 zu § 1 BetrAVG Betriebsveräußerung = ZIP 1992, 1247 = NZA 1993, 20; BAG, Urt. v. 25.10.2007 - 8 AZR 917/06, AP Nr. 333 zu § 613a BGB = NZA-RR 2008, 367; BAG, Urt. v. 27.9.2012 - 8 AZR 826/11, AP Nr. 438 zu § 613a BGB = ZIP 2013, 1186; *Pils*, NZA 2013, 125, 126.

im sogenannten „Lemgoer Modell“[279], als die Arbeitnehmer dazu veranlasst wurden, selbst zu kündigen oder aber einem Aufhebungsvertrag zuzustimmen, weil ihnen suggeriert wurde, dass sich so ihre Arbeitsplätze erhalten lassen. Der Betriebserwerber schloss dann neue Arbeitsverträge, welche deutlich schlechtere Bedingungen für die Arbeitnehmer enthielten und zudem auch frei von etwaigen Besitzständen aus dem alten Arbeitsverhältnis war.[280]

d. Änderungs- und Erlassverträge

Nach der ständigen Rechtsprechung des Bundesarbeitsgerichts gewährt § 613a BGB Schutz vor einer Veränderung des Arbeitsvertragsinhalts im Zusammenhang mit einem Betriebsübergang ohne sachlichen Grund.[281] Durch § 613a Abs. 1 BGB soll verhindert werden, dass eine Betriebsveräußerung zum Anlass genommen wird, die erworbenen Besitzstände der Arbeitnehmer abzubauen.[282] Dabei soll sich der Betriebsübergang weder auf den Bestand noch auf den Inhalt des Arbeitsverhältnisses nachteilig auswirken.[283] Der Schutzzweck des § 613a Abs. 1 Satz 1 BGB ist also nicht ausschließlich auf den Erhalt des Arbeitsplatzes bei einem Betriebsübergang und die Sicherung der Fortdauer des Arbeitsverhältnisses gerichtet. Aus § 613a Abs. 1 Satz 1 BGB folgt zugleich, dass der Betriebserwerber in die Rechte und Pflichten aus den im Zeitpunkt des Übergangs bestehenden Arbeitsverhältnissen eintritt. Damit gewährt § 613a Abs. 1 Satz 1 BGB auch einen Schutz des Inhalts der Arbeitsverhältnisse.[284] Demnach stellt eine Vereinbarung zwischen dem Arbeitnehmer und dem Betriebsveräußerer oder dem in Aussicht genommenen Betriebserwerber eine zur Unwirksamkeit nach § 134 BGB führende Umgehung des § 613a Abs. 1 BGB dar, wenn es Grund und Ziel der Vereinbarung ist zu verhindern, dass der künftige Betriebserwerber

---

279 Ausf. *Moll*, in: Schmidt K./Uhlenbruck, Die GmbH in Krise, Sanierung und Insolvenz, 5. Aufl. 2016, Rn. 7.488; *Gossak*, in: Göpfert/Schöne, HdB Arbeitsrecht in Restrukturierung und Insolvenz, 2. Aufl. 2019, § 19 Rn. 17 m.V.a. BAG, Urt. v. 28.4.1987 - 3 AZR 75/86, ZIP 1988, 120 ff.; BAG, Urt. v. 12.5.1992 - 3 AZR 247/91, ZIP 1992, 1408 ff. = AP BetrAVG § 1 Betriebsveräußerung Nr. 14.

280 *Bertram/Künzel*, in: Gottwald/Haas, InsR-HdB, 6. Aufl. 2020, § 103 Rn. 199 m.w.V.

281 BAG, Urt. v. 21.5.2008 - 8 AZR 481/07, AP BGB § 613a Nr. 354 = NZA 2009, 144; BAG, Urt. v. 23.11.2006 - 8 AZR 349/06, AP BGB § 613a Wiedereinstellung Nr. 1 = NZA 2007, 866.

282 BAG, Urt. v. 19.5.2005 - 3 AZR 649/03, BAGE 114, 349 = NZA-RR 2006, 373, 376; BAG, Urt. v. 21.2.2006 - 3 AZR 216/05, BAGE 117, 112 = NZA 2007, 931, 933.

283 BAG, Urt. v. 19.3.2009 - 8 AZR 722/07, BAGE 130, 90 = NJW 2009, 3260, 3261.

284 BAG, Urt. v. 19.3.2009 - 8 AZR 722/07, BAGE 130, 90 = NJW 2009, 3260, 3261.

in sämtliche bestehende Rechte und Pflichten aus dem Arbeitsverhältnis eintritt. Abreden über Verzichte und Vereinbarungen über Verschlechterungen von Arbeitsbedingungen sind als Umgehungstatbestände daraufhin zu kontrollieren, ob bei Anlegung eines strengen Maßstabs sachliche Gründe vorliegen.[285] Begründet wird dies mit der den beteiligten Arbeitnehmern typischerweise fehlenden erforderlichen rechtsgeschäftlichen Entscheidungsfreiheit. Die Arbeitnehmer sehen sich in derartigen Fällen häufig vor die Aussicht gestellt, entweder eine Verschlechterung der Arbeitsbedingungen hinzunehmen oder den Arbeitsplatz ganz zu verlieren.[286] Sachliche Gründe sind deshalb nur insoweit anzuerkennen, wie es darum geht, die Fortsetzung des Betriebs zu sichern.[287]

Entsprechendes gilt auch bei Erlassverträgen. Ein Erlassvertrag ist nach § 134 BGB nichtig, wenn er abgeschlossen wird, um die zwingenden gesetzlichen Rechtsfolgen des § 613a Abs. 1 Satz 1 BGB zu umgehen.[288] Der Schutzzweck des § 613a Abs. 1 Satz 1 BGB erschöpft sich nicht in dem Erhalt des Arbeitsplatzes und in der Sicherung des Fortbestandes des Arbeitsverhältnisses. Das Gesetz schützt auch den Inhalt und die Kontinuität des Arbeitsverhältnisses dadurch, dass es festlegt, dass der Betriebserwerber in die Rechte und Verbindlichkeiten eintritt.

e. Änderungskündigung

Auch mittels Änderungskündigungen können Entlastungen bei Personalkosten, beispielsweise im Wege der Entgeltabsenkung, erreicht werden. Allerdings stellt eine Änderungskündigung, die gleichermaßen von der Bestimmung des § 613a Abs. 4 BGB erfasst ist, einen schwerwiegenden Eingriff in das arbeitsrechtliche Synallagma dar und wird daher von der Rechtsprechung nur ausnahmsweise akzeptiert.[289] Anerkannt ist sie etwa, wenn in einem umfassenden Sanierungsplan dargelegt werden kann, dass ohne die Entgeltreduzierung der Fortbestand des Unternehmens ernsthaft in Gefahr ist.[290]

---

285 BAG, Urt. v. 18.8.2005 - 8 AZR 523/04, AP BGB § 620 Aufhebungsvertrag Nr. 31 = NJW 2006, 938, 940.

286 BAG, Urt. v. 12.05.1992 - 3 AZR 247/91, AP Nr. 14 zu § 1 BetrAVG Betriebsveräußerung Nr. 14 = NZA 1992, 1080.

287 *Moll*, in: Kübler/Prütting/Bork, InsO, 06.2019, § 128 Rn. 70.

288 Vgl. BAG, Urt. v. 19.3.2009 - 8 AZR 722/07, AP Nr. 369 zu § 613a BGB.

289 *Granetzny/Esser*, BB 2019, 1524, 1528.

290 *BAG, Urt. v. 26.6.2008* - 2 AZR 139/07, NZA 2008, 1182; BAG, Urt. v. 20.10.2017 - 2 AZR 783/16 (F), NZA 2018, 440.

f. Übertragung von Personal auf Transfergesellschaften (BQG-Modell)

Gängige Praxis zum Abbau von Personal war lange Zeit auch die Übertragung eines Teils der Arbeitnehmer noch vor dem Betriebsübergang auf eine Beschäftigungs- und Qualifizierungsgesellschaft (sogenanntes BQG-Modell). Bei diesen Transfergesellschaften handelt es sich um Gesellschaften mit eigenständiger Rechtspersönlichkeit, die in der Regel als GmbH organisiert sind.[291]

aa. Praktische Umsetzung des BGQ-Modells

Nach dem BQG-Modell unterzeichnen die Arbeitnehmer des Betriebsveräußerers noch vor dem Betriebsübergang einen sogenannten „dreiseitigen Vertrag“, der sich aus einem Aufhebungsvertrag mit dem Betriebsveräußerer und gleichzeitiger Begründung eines befristeten Arbeitsverhältnisses mit der Transfergesellschaft zusammensetzt.[292] Diese Konstellation stellt nach überwiegender Auffassung deshalb keinen Betriebsübergang nach § 613a BGB dar, weil die Transfergesellschaft keine Betriebsmittel vom Veräußerer und der Erwerber der Betriebsmittel nicht die Arbeitnehmer übernimmt.[293] Beim BQG-Modell handele es sich vielmehr um ein einheitliches Gebilde beschäftigungswirksamer Transfermaßnahmen, insbesondere Outplacement- und Qualifizierungsmaßnahmen.[294]

Zur finanziellen Unterstützung dieser Maßnahmen steht das Instrument der Förderung der Teilnahme an Transfermaßnahmen nach § 110 SGB III zur Verfügung. Dabei erhalten die transferierten Arbeitnehmer unter den Voraussetzungen des § 111 SGB III einen Anspruch auf Transferkurzarbeitergeld.[295]

Nach vollzogenem Wechsel der Arbeitnehmer in die Transfergesellschaft übernimmt der Erwerber die materiellen und gegebenenfalls immateriellen Betriebsmittel vom Veräußerer; da der insolvente Betrieb dann keine Arbeitnehmer mehr hat, kann der Erwerber den Betrieb ohne Rücksicht auf § 613a BGB übernehmen.[296] Dabei steht es dem Erwerber frei, nur ausgewählte

---

291 *Moll*, in: Kübler/Prütting/Bork, InsO, 06.2019, § 128 Rn. 49; *Schmerbach/Staufenbiel*, ZInsO 2009, 458, 466.

292 *Fuhlrott*, BB 2013, 2042; *Granetzny/Esser*, BB 2019, 1524, 1527; *Reischl*, Insolvenzrecht, 5. Aufl. 2020, § 11 Rn. 825.

293 *Hoffmann/Marquardt*, NZI 2017, 513, 515.

294 *Schmerbach/Staufenbiel*, ZInsO 2009, 458, 466.

295 *Schmerbach/Staufenbiel*, ZInsO 2009, 458, 466.

296 *Hoffmann/Marquardt*, NZI 2017, 513, 515.

Arbeitnehmer aus der Transfergesellschaft einzustellen. Für diese dann neu eingestellten Arbeitnehmer liegt kein Betriebsübergang vor.[297]

Ein solches Vorgehen ermöglicht es dem Erwerber, die neu abzuschließenden Arbeitsverhältnisse freier und ohne „Altlasten" zu gestalten. Etwa können die Anzahl der Arbeitnehmer, die Lohnhöhe oder etwaige Befristungen ohne Beachtung der einjährigen Veränderungssperre des § 613a Abs. 1 Satz 2 BGB nach den Bedürfnissen des Betriebserwerbers variiert werden. Ebenfalls findet das Kündigungsschutzgesetz mangels Erfüllung der Wartezeit keine Anwendung auf diese Arbeitnehmer.[298]

bb. Umgehung von § 613a Abs. 4 BGB

Auch bei der Übertragung von Personal auf eine Transfergesellschaft stellt sich die Frage der Umgehung von § 613a Abs. 4 BGB. Gemeint ist der Versuch, ein rechtlich unerlaubtes Ziel auf einem scheinbar gangbaren Weg zu erreichen. Bei der Umgehung einer Norm vermag die Handlung noch dem Wortlaut, nicht aber dem Sinn und Zweck der Norm gerecht werden. Bei der Umgehung ist also nicht nur ein bestimmter Weg zum Ziel, sondern das Ziel selbst verboten.[299]

Nach Auffassung des Bundesarbeitsgerichts stellt das BQG-Modell dann keine unzulässige Umgehung des § 613a Abs. 4 BGB dar, wenn der Aufhebungsvertrag auf das endgültige Ausscheiden der Arbeitnehmer aus dem Betrieb bzw. die endgültige Beendigung des Arbeitsverhältnisses gerichtet ist.[300] Im auf das endgültige Ausscheiden gerichteten Aufhebungsvertrag liegt ein Risikogeschäft für den Arbeitnehmer, das keine Umgehung des § 613a BGB bedeutet.[301] Dies setzt jedoch voraus, dass den Arbeitnehmern keine verbindlichen Einstellungszusagen beim Betriebserwerber für die Zeit nach dem Betriebsübergang erteilt werden und bei den Arbeitnehmern insbesondere keine „rechtlich verdichteten" Einstellungserwartungen erzeugt werden.[302] Insoweit genügt es nach Auffassung

---

297 Vgl. *Gaul/Otto*, NZA 2004, 1301, 1302; *Heinze*, in: FS Uhlenbruck, S. 751, 765 f.; *Krieger/Fischinger*, NJW 2007, 2289; *Lembke*, BB 2004, 773, 776; *Ries*, NZI 2002, 521, 528.

298 *Fuhlrott*, BB 2013, 2042.

299 BAG, Urt. v. 23.11.2006 - 8 AZR 349/06, AP, BGB § 613a Wiedereinstellung 1 = NZA 2007, 866, 868.

300 So bereits BAG, Urt. v. 18.8.2005 - 8 AZR 523/04, BAGE 115, 340 = NZA 2006, 145 Ls. Nr. 1; BAG, Urt. v. 23.11.2006 - 8 AZR 349/06, AP BGB § 613a Wiedereinstellung Nr. 1 = BB 2007, 1054 Ls. Nr. 1 m. BB-Komm. *Müller*, NZA 2007, 866.

301 BAG, Urt. v 10.12.1998 - 8 AZR 676-97, AP BGB § 613a Nr. 187 = NJW 1999, 1884; zust. *Krieger/Fischinger*, NJW 2007, 2289, 2291; *Mengel/Ullrich*, BB 2005, 1109.

302 Vgl. BAG, Urt. v. 18.8.2011 - 8 AZR 312/10 und 8 AZR 313/10, AP Nr. 413 und 414 zu § 613a BGB = ZIP 2011, 2426.

des Bundesarbeitsgerichts, wenn der Arbeitnehmer die in Frage stehende Umgehung von § 613a BGB damit begründet, es sei nach den Gesamtumständen klar gewesen, dass er vom Betriebserwerber eingestellt werde, selbst wenn dies nicht ausdrücklich ausgesprochen wurde.[303] Ein Arbeitsverhältnis mit dem Erwerber ist verbindlich in Aussicht gestellt, wenn dem Arbeitnehmer gleichzeitig mit dem Angebot zum Wechsel in die Transfergesellschaft ein Arbeitsvertrag mit dem Betriebserwerber vorgelegt wird, dessen Annahme sich der Erwerber zwar vorbehält, es sich aber aus den Umständen ergibt, dass der Erwerber den Vertrag annehmen wird.[304] Der Aufhebungsvertrag ist dann nicht auf eine endgültige Beendigung des Arbeitsverhältnisses gerichtet, sondern bezweckt als Umgehung von § 613a BGB lediglich die Beseitigung der Kontinuität des Arbeitsverhältnisses.[305]

Eine Umgehung von § 613a BGB kann es nach Ansicht des Bundesarbeitsgerichts auch darstellen, wenn die Übernahme in eine Transfergesellschaft nur zum Schein vorgeschoben oder offensichtlich bezweckt wird, die Sozialauswahl zu umgehen.[306]

Kontrovers diskutiert wird auch, ob der Erwerber eine Sozialauswahl bei der Einstellung der Arbeitnehmer aus der Transfergesellschaft vornehmen muss oder der Erwerber sich quasi seine „Wunschmannschaft"[307] bzw. „Olympiamannschaft"[308] zusammenstellen kann.

Gleiches gilt für die Frage, ob die Verweildauer in der Transfergesellschaft eine gewisse zeitliche Länge betragen muss.[309] Insoweit hat das Bundesarbeitsgericht den Abschluss eines Aufhebungsvertrages mit dem Insolvenzverwalter und die Begründung eines Arbeitsverhältnisses mit einer Transfergesellschaft für die tatsächliche Dauer von lediglich einem Tag[310] bzw. nach Ablauf einer halben

---

303 BAG, Urt. v. 25.10.2012 - 8 AZR 572/11, AP BGB § 613a Nr. 436 = ZInsO 2013, 946 ff.

304 BAG, Urt. v. 25.10.2012 - 8 AZR 575/11, AP BGB § 620 - Aufhebungsvertrag Nr. 46 = NZA 2013, 203 ff.

305 *Moll*, in: Kübler/Prütting/Bork, InsO, 06.2019, § 128 Rn. 49.

306 Vgl. BAG, Urt. v. 18.8.2005 - 8 AZR 523/04, AP Nr. 31 zu § 620 BGB Aufhebungsvertrag = ZIP 2006, 148 = NZA 2006, 145; BAG, Urt. v. 23.11.2006 - 8 AZR 349/06, AP Nr. 1 zu § 613a BGB Wiedereinstellung = ZIP 2007, 643 = NZA 2007, 866.

307 *Lembke*, BB 2007, 1333, 1338.

308 *Gossak*, in: Göpfert/Schöne, HdB Arbeitsrecht in Restrukturierung und Insolvenz, 2. Aufl. 2019, § 19 Rn. 35.

309 *Fuhlrott*, BB 2013, 2042; *Pils*, NZA 2013, 125, 127 f.; *Thum*, BB 2013, 1525.

310 Vgl. BAG, Urt. v. 18.8.2011 - 8 AZR 312/10 und 8 AZR 313/10, AP Nr. 413 und 414 zu § 613a BGB = ZIP 2011, 2426.

Stunde[311] wegen Umgehung von § 613a BGB als unwirksam angesehen.

cc. Analyse

Die Bemühungen der Praxis zur Umgehung der Rechtsfolgen des § 613a BGB sind bemerkenswert. Zumindest hat das Bundesarbeitsgericht krassen und offensichtlichen Missbrauchsfällen in der Praxis eine Absage erteilt. Erstaunlich ist dabei, dass es für die Frage, ob es sich bei einem Aufenthalt von gerade einmal einer halben Stunde in der Transfergesellschaft um eine Umgehung von § 613a BGB handelt, überhaupt einer höchstrichterlichen Entscheidung bedurfte. Andererseits zeigen derartige Fälle, mit welchen forschen Methoden das Gelingen einer übertragenden Sanierung versucht wird.

Die Intention einer Kündigung nach Erwerberkonzept sollte eine allseitige win-win-Situation sein. Den im insolventen Betrieb beschäftigten Arbeitnehmern sollte ein finanziell attraktiver Ausstieg aus dem Unternehmen ermöglicht werden. Gleichzeitig wurden die Chancen einer Folgebeschäftigung durch entsprechende Qualifizierungsangebote aktiv gefördert.

Erst der in der Praxis zunehmend missbräuchliche Umgang mit den Möglichkeiten zur Umgehung des Betriebsübergangs im Wege des BQG-Modells veranlasste die Rechtsprechung zum Einschreiten.[312] Angesichts der dadurch strenger gewordenen Anforderungen an zulässige BQG-Modelle und das mit ihnen inhärent verbundene Missbrauchspotential zur Vermeidung von Betriebsübergängen, dürfte das Modell nur noch selten zur Anwendung gelangen.[313] Jedenfalls müssen Erwerber und Veräußerer dann die Arbeitnehmer umfassend und korrekt über die Hintergründe des geplanten Erwerbs, die Einschaltung der Transfergesellschaft sowie über Zweck, Folgen und Vor- und Nachteile der Transfergesellschaften informieren, um der Gefahr zu begegnen, dass die Aufhebungsverträge durch einzelne Arbeitnehmer im Nachhinein gemäß der §§ 119, 123 BGB angefochten werden.[314]

---

311 Vgl. BAG, Urt. v. 25.10.2012 - NZA 2013, 203, AP Nr. 46 zu § 620 BGB Aufhebungsvertrag = NZA 2013, 203, Rn. 34 ff.

312 Wie zuvor: BAG, Urt. v. 18.8.2011 - 8 AZR 312/10 und 8 AZR 313/10, AP Nr. 413 und 414 zu § 613a BGB = ZIP 2011, 2426 sowie BAG, Urt. v. 25.10.2012 - NZA 2013, 203, AP Nr. 46 zu § 620 BGB Aufhebungsvertrag = NZA 2013, 203, Rn. 34 ff.

313 So auch *Hoffmann/Marquardt*, NZI 2017, 513, 515.

314 Vgl. BAG, Urt. v. 10.12.1998 - 8 AZR 324/97, BAGE 90, 260 = NZA 1999, 422; BB 2007, 1057, 1059 m. BB-Komm. *Müller.*

Auch wenn die arbeitsgerichtliche Rechtsprechung zumindest krassen Missbrauchsfällen bereits Einhalt geboten hat, belegt die aufgezeigte Entwicklung im Bereich des BQG-Modells den Einfluss des insolvenzrechtlichen Sanierungsprinzips und dessen überzogener Umsetzung in der Praxis. Zwar lassen sich die in der Praxis angestrengten Bemühungen zur Vermeidung eines Betriebsübergangs wohl letztlich auf das anerkannte Ziel einer Unternehmenssanierung zurückführen. Unschön dabei ist, dass die Belange der Arbeitnehmerschaft als Störfaktor wahrgenommen werden und nicht ein gewissenhafter Versuch unternommen wird, das notleidende Unternehmen tatsächlich zu sanieren und so den größtmöglichen Erhalt der Arbeitnehmer zu erreichen. Die aufgezeigten Missbrauchsfälle im Bereich des Einsatzes von Transfergesellschaften offenbaren insoweit die Schattenseite des insolvenzrechtlichen Sanierungsprinzips und dessen praktischer Umsetzung.

g. *Widerspruchslösung*

Ein vergleichsweise neuerer Ansatz, um den Folgen des gesetzlichen Vertragsübergangs zu entgehen, verfolgt die kollektive Ausübung des Widerspruchsrechts der Arbeitnehmer nach § 613a Abs. 4 BGB.[315] Dabei widersprechen alle Arbeitnehmer dem Übergang des Arbeitsverhältnisses durch Erklärung gegenüber dem bisherigen Arbeitgeber oder dem neuen Inhaber.[316] Zwar würden mangels entsprechenden Personalbedarfs nicht alle Mitarbeiter auf Grundlage neuer Arbeitsverträge vom Erwerber übernommen, allerdings ist der Widerspruch auch für die Arbeitnehmer, die der Erwerber nicht übernehmen kann, aufgrund der mit der Übertragung des Betriebs verbundenen Stärkung der Masse vorteilhaft: Zum einen wird durch den Verkauf des Betriebs ein im Vergleich zur Einzelliquidation des Anlagevermögens höherer Erlös erzielt. Zum anderen sinken durch die Übernahme eines Teils der Arbeitnehmer durch den Erwerber die Lohnverbindlichkeiten auf der Passivseite, weshalb auch die beim Veräußerer verbleibenden Arbeitnehmer (finanziell) bessergestellt sind.[317] Um den Druck auf die Arbeitnehmer zu erhöhen, soll der Insolvenzverwalter außerdem keinerlei Angaben dazu machen, welchen Arbeitnehmern bei dem potenziellen Erwerber ein Arbeitsplatz angeboten werden kann.[318] Im Ergebnis kann die übertragende Sanierung dann ohne Übernahme sämtlicher Arbeitnehmer

315 *Willmer/Fuchs/Berner*, NZI 2015, 263.
316 *Willmer/Fuchs/Berner*, NZI 2015, 263, 265 ff.
317 *Mückl/Götte*, ZInsO 2017, 357, 359 f.
318 *Mückl/Götte*, ZInsO 2017, 357, 359 f.

erfolgen und ist schneller und kostengünstiger als eine Kündigung oder der Einsatz einer Transfergesellschaft.[319]

Ob dieses Modell zur Vermeidung des (gesetzlichen) Übergangs der Arbeitsverhältnisse tatsächlich zulässig ist, wurde zwar bislang noch nicht höchstrichterlich entschieden. Allerdings wurden gegen dessen rechtliche Zulässigkeit sowie seine praktische Umsetzbarkeit bereits Bedenken vorgebracht: Der missbräuchliche Einsatz des Widerspruchsrechts verstößt einerseits gegen § 242 BGB,[320] andererseits besteht für die praktische Umsetzung ein (zu) hohes Risiko, weil die betroffenen Arbeitnehmer wegen eines Entscheidungsdilemmas ihr Widerspruchsrecht möglicherweise nicht im Kollektiv ausüben würden bzw. allenfalls in Betrieben mit wenigen Mitarbeitern mit einer einheitlichen Ausübung gerechnet werden kann.[321] Zudem müsste der Verwalter die negativen Folgen der Widerspruchslösung ebenso wie die Sanierungsaussichten vollständig offenlegen, um der Gefahr der Anfechtung der Widerspruchserklärungen nach § 123 Abs. 1 Alt. 1 BGB vorzubeugen.[322] Insgesamt ist die Widerspruchslösung aufgrund der identischen Wertungsgesichtspunkte zur Transfergesellschaft nur schwer mit den Vorgaben des Arbeits- und Insolvenzrecht vereinbar, weshalb anzunehmen ist, dass das Bundesarbeitsgericht die Umsetzung der Widerspruchslösung als Umgehung von § 613a BGB werten wird.[323]

Dies wohl umso eher, wenn man eine Parallele zu den Erwägungen des Bundesarbeitsgerichts zur Unwirksamkeit von Kündigen im Rahmen des BQG-Modells zieht. Denn in beiden Fällen werden die bisherigen Arbeitsverhältnisse mit dem Veräußerer beendet, der Betriebs(-teil) sodann arbeitnehmerfrei übertragen und anschließend ein Teil der Belegschaft zu den Konditionen des Erwerbers von diesem eingestellt.[324] Der einzige Unterschied, dass beim BQG-Modell die Beendigung des Arbeitsverhältnisses durch Abschluss eines

---

319 *Hoffmann/Marquardt*, NZI 2017, 513, 515.

320 Jedenfalls unterliegt sie den Schranken der allgemeinen Rechtsmissbrauchskontrolle gemäß § 242 BGB, vgl. BAG, Urt. v. 30.9.2004 - 8 AZR 462/03, BAGE 112, 124 = ZIP 2005, 132.

321 *Hoffmann/Marquardt*, NZI 2017, 513, 516 ff.

322 *Hoffmann/Marquardt*, NZI 2017, 513, 517; zur Anfechtung bei fehlerhafter Unterrichtungen bei einem feindlichen Betriebsübergang nach § 613a BGB vgl. *Meyer*, NZA 2017, 960, 962.

323 *Hoffmann/Marquardt*, NZI 2017, 513, 516; ebenfalls kritisch zur „Widerspruchslösung“: *Annuß/Lembke/Hangarter* in: Annuß/Lembke/Hangarter, Arbeitsrechtliche Umstrukturierung in der Insolvenz, 3. Aufl. 2016, E. VII. Rn. 971.

324 *Mückl/Götte*, ZInsO 2017, 361.

Aufhebungsvertrags erfolgt, während dies bei der Widerspruchslösung durch den (abgesprochenen) Widerspruch der Arbeitnehmer und die anschließende Kündigung durch den Veräußerer erfolgt, ist wohl gleichermaßen als unzulässige Umgehung von § 613a BGB zu werten.[325] In beiden Fällen wird nämlich eine Weiterbeschäftigung beim Erwerber in Aussicht gestellt. Somit sieht sich die Widerspruchslösung letztlich den gleichen rechtlichen Bedenken ausgesetzt, wie auch das BQG-Modell – ganz abgesehen von den Bedenken einer praktischen Umsetzbarkeit.

Letztlich muss anerkannt werden, dass das Recht zum Widerspruch in erster Linie ein Schutzrecht des Arbeitnehmers ist und Ausfluss der Vertragsfreiheit, damit ihm gegen seinen Willen durch einen Betriebsübergang kein Arbeitgeber aufgezwungen werden kann, den er sich bei Abschluss des Arbeitsvertrags nicht selbst ausgesucht hat.[326]

Vor diesem Hintergrund bleibt abzuwarten, wie sich die Rechtsprechung positionieren wird. Bei aller Sanierungsfreundlichkeit sollten die vorgenannten Umstände ausreichend gewürdigt und respektiert werden. Ungeachtet dessen zeigt bereits die Idee der Widerspruchslösung zur Vermeidung des Betriebsübergangs, die starke Wirkung des insolvenzrechtlichen Sanierungsprinzips auf die Handhabung in der Praxis.

3. *Eingeschränkte Erwerberhaftung*

Der Gesetzgeber war sich darüber bewusst, dass die Haftungsfolgen für den Erwerber die Sanierung generell, also auch außerhalb des eröffneten Insolvenzverfahrens, erheblich erschweren.[327] Im Zuge der Neuregelung des Insolvenzrechts wurde die Regelung in § 419 BGB a.F. zur Haftung des Vermögensübernehmers mit Ablauf des 31. Dezember 1998 ersatzlos aufgehoben.[328]

Diese gesetzgeberische Wertung war zugleich ein starkes Signal in Richtung der zu dieser Zeit bereits praktizierten eingeschränkten Erwerberhaftung nach § 613a Abs. 1 BGB im Insolvenzverfahren, die vor allem der Systematik der Insolvenzordnung gerecht werden soll: Nach ständiger und weitreichender Rechtsprechung haftet der Betriebserwerber gegenüber den übergehenden Arbeitnehmern nach § 613a Abs. 1 Satz 1 BGB nämlich nicht für solche

---

325 So auch *Mückl/Götte*, ZInsO 2017, 361.

326 *Gossak*, in: Göpfert/Schöne, HdB Arbeitsrecht in Restrukturierung und Insolvenz, 2. Aufl. 2019, § 19 Rn. 43.

327 Vgl. BT-Drs. 12/2443 unter B 13 a und S. 97.

328 Art. 33 Nr. 16 EGInsO.

Ansprüche, die vor Verfahrenseröffnung entstanden sind, wenn der Betriebsübergang nach Eröffnung des Insolvenzverfahrens erfolgt.[329]

Hintergrund dieser eingeschränkten Haftung ist der Grundsatz der Gläubigergleichbehandlung im Insolvenzrecht. Weil Arbeitnehmer „gewöhnliche" Insolvenzgläubiger sind, sollen sie nicht gegenüber anderen Gläubigern bevorzugt werden. Denn bei unbeschränkter Haftung des Erwerbers würden die Arbeitnehmer – im Gegensatz zu den übrigen Insolvenzgläubigern – eine vollständige Befriedigung ihrer Forderungen erlangen. Dies würde zu einer Bevorzugung in Form eines neuen zahlungskräftigen Schuldners für die bereits entstandenen Ansprüche führen.[330] Diesen Vorteil hätten die übrigen Gläubiger zu finanzieren, weil der Betriebserwerber den Kaufpreis für den Betrieb entsprechend mindern würde.[331] Insoweit genießen die Verteilungsgrundsätze des Insolvenzverfahrens Vorrang.[332] Es muss sichergestellt sein, dass alle Gläubiger gleichmäßig befriedigt werden.[333]

Die Haftungsfreistellung des Betriebserwerbers für die sogenannten „Altverbindlichkeiten" wird im Wege der teleologischen Reduktion[334] der Haftungsfolgen des § 613a BGB damit begründet, dass für den möglichen neuen Betriebsinhaber ein Erwerbsanreiz geschaffen werden soll, um – im Interesse der Arbeitnehmer und auch der (übrigen) Gläubiger – eine übertragende Sanierung und damit eine optimale Verwertung des Schuldnervermögens zu ermöglichen.[335] Die These, die uneingeschränkte Anwendung des § 613a BGB entfalte arbeitsplatzvernichtende Wirkung,[336] wurde empirisch belegt.[337] Verschiedene

---

329 Bereits BAG, Urt. v. 17.1.1980 - 3 AZR 160/79, NJW 1980, 1124; BAG, Urt. v. 16.2.1993 - 3 AZR 347/92, ZIP 1993, 1013.

330 BAG, Urt. v. 4.7.1989 - 3 AZR 756/87, BB 1990, 1204, 1205.

331 BAG, Urt. v. 4.7.1989 - 3 AZR 756/87, BB 1990, 1204, 1205.

332 BAG, Urt. v. 19.10.2004 - 9 AZR 647/03, BB 2005, 1339, 1340; *Lembke*, BB 2007, 1333.

333 BAG, Urt. v. 19.10.2004 - 9 AZR 647/03, BB 2005, 1339, 1340.

334 Von einer teleologischen Reduktion spricht man, wenn der Anwendungsbereich einer Rechtsnorm von der Rechtsprechung so beschränkt wird, dass Sachverhalte, die nach dem Wortlaut der Norm an sich erfasst würden, von der Anwendung der Norm ausgeschlossen werden. Voraussetzung ist, dass die vom Wortlaut umfassten Fälle der inneren Teleologie (= Zielsetzung) des Gesetzes widersprechen. Dies ist anzunehmen, wenn sich die Interessenlage gegenüber anderen vom Wortlaut erfassten Fällen maßgeblich unterscheidet, vgl. ausführlich zur Methodik *Bitter/Rauhut*, JuS 2009, 289.

335 So *Loritz*, RdA 1987, 65, 86 f.; *Lohkemper*, KTS 1996, 1, 26 f.; BAG, Urt. v. 19.5.2005 - 3 AZR 649/03, BAGE 114, 349 = NZA-RR 2006, 373; BAG, Urt. v. 20.9.2006 - 6 AZR 215/06, BAGE 119, 306 = NZA 2007, 335.

336 *Gravenbrucher Kreis*, ZIP 1990, 476, 478.

337 *Drukarczyk*, ZIP 1989, 341 und *Laux*, Betriebsveräußerungen im Konkurs, S. 75 ff.

Untersuchungen gelangten zu dem Befund, dass die uneingeschränkte Geltung von § 613a BGB im Konkurs bzw. in der Insolvenz Betriebsveräußerungen entscheidend erschwert und damit entgegen der *ratio legis* Betriebsstilllegungen fördert.[338]

Maßgeblicher Stichtag für die Abgrenzung der Haftung bzw. zur Einordnung von Arbeitnehmeransprüchen als Insolvenzforderung nach § 38 InsO ist der Zeitpunkt der Insolvenzeröffnung. Der Erwerber haftet somit nicht nur für die erst nach dem Betriebsübergang, sondern auch für die im Zeitpunkt zwischen Insolvenzeröffnung und Betriebsübergang entstandenen bzw. erdienten Ansprüche und Anwartschaften.[339]

Nachdem der deutsche Gesetzgeber keine besonderen Regelungen für den Betriebsübergang während eines Insolvenzverfahrens vorgesehen hat und Art. 5 Abs. 2 der Betriebsübergangsrichtlinie[340] es für diesen Fall ermöglicht, dass die vor der Eröffnung des Insolvenzverfahrens fälligen Verbindlichkeiten des Veräußerers aufgrund von Arbeitsverträgen oder Arbeitsverhältnissen nicht auf den Erwerber übergehen, stehen der teleologischen Reduktion der Norm zumindest keine europarechtlichen Bedenken entgegen.

4. Erwägungen zur Ausweitung des Haftungsprivilegs

Teilweise wird vertreten, das Haftungsprivileg des Erwerbers beim Erwerb eines Unternehmens aus der Insolvenz sei bei tatsächlich eingetretener oder angezeigter Masseunzulänglichkeit[341] sogar noch auszuweiten.[342] Die Fürsprecher weisen darauf hin, dass die Masseunzulänglichkeit eine „Insolvenz in der

---

338 So auch *Lohkemper*, ZIP 1999, 1251, 1255 m.V.a. *Drukarczyk*, ZIP 1989, 341; *Laux*, Betriebsveräußerungen im Konkurs, S. 75 ff.

339 *Lembke*, BB 2007, 1333; *Annuß/Lembke/Hangarter*, in: Annuß/Lembke/Hangarter, Arbeitsrechtliche Umstrukturierung in der Insolvenz, 3. Aufl. 2016, B. II Rn. 16.; *Menke*, BB 2003, 1133, 1140 der für den Erwerber auf die Möglichkeit zur Vereinbarung einer entsprechenden Freistellungsverpflichtung hinweist.

340 Richtlinie 2001/23/EG des Rates vom 12.3.2001, ABlEG L 82/16 v. 22.3.2001, S. 16.

341 Masseunzulänglichkeit liegt vor, wenn sich nach Eröffnung eines Insolvenzverfahrens herausstellt, dass die Insolvenzmasse zwar zur Kostendeckung, nicht aber zur Erfüllung der Masseverbindlichkeiten ausreicht (§ 208 InsO).

342 *Willemsen*, Anm. zu BAG, Urt. v. 4.12.1986 - 2 AZR 246/86, AP Nr. 56 zu § 613a BGB; *Annuß*, in: Staudinger, Neub. 2019, § 613a BGB Rn. 364 der bei Masseunzulänglichkeit eine Beschränkung der Erwerberhaftung auf Neumasseverbindlichkeiten i.S.d. § 209 Abs. 2 InsO befürwortet; für eine Ausweitung der Haftungsbeschränkung außerdem *Moll*, in: Kübler/Prütting/Bork, InsO, 06.2019, § 128 InsO, Rn. 9.

Insolvenz" darstelle, die eine Haftung nach besonderen Verteilungsprinzipien auslöse (§§ 208, 209 InsO). Dies wiederum würde auch eine Beschränkung der Haftung des Erwerbers rechtfertigen. Auch das Hauptargument des Bundesarbeitsgerichts einer gleichmäßigen Gläubigerbefriedigung gewinne im Fall der Masseunzulänglichkeit an Gewicht, da eine unbeschränkte Erwerberhaftung nach § 613a BGB den „Verteilungsschlüssel" des § 209 InsO über den Mechanismus der Kaufpreisreduzierung verfälschen würde.[343]

Im Grundsatz wurde eine Haftungsbeschränkung für Ansprüche aus der Zeit nach Insolvenzeröffnung von der Rechtsprechung zwar bereits abgelehnt.[344] Allerdings wurde dabei ausdrücklich offen gelassen, ob eine Ausweitung des Haftungsprivilegs im Fall der Masseunzulänglichkeit möglich ist.[345] Insofern kann nicht ausgeschlossen werden, dass das Bundesarbeitsgericht bei passender Gelegenheit die Haftungsbeschränkung des Erwerbers für den Fall der Masseunzulänglichkeit ausweitet. Zumal eine solche Ausweitung mit der Betriebsübergangsrichtlinie vereinbar wäre.[346]

B. Individualarbeitsrechtliche Ausprägungen des Sanierungsprinzips

In der Insolvenz des Arbeitgebers ist die Geltung arbeitsrechtlicher Bestimmungen zugunsten insolvenzrechtlicher (Verteilungs-)Grundsätze eingeschränkt. Wie aufgezeigt wurde, schränkt das Bundesarbeitsgericht im Wege einer teleologischen Reduktion der Haftungsfolgen des § 613a BGB die Haftung des Betriebserwerbers ein, wenn dieser den Betrieb in der Insolvenz übernimmt. Die teilweise gravierenden individualarbeitsrechtlichen Folgen des hierin zum Ausdruck kommenden Sanierungsprinzips lassen sich insbesondere an nachfolgenden Arbeitnehmeransprüchen aufzeigen und diskutieren.

---

343 Vgl. *Willemsen*, Anm. zu BAG, Urt. v. 4.12.1986 - 2 AZR 246/86, AP Nr. 56 zu § 613a BGB unter II.3.b).

344 BAG, Urt. v. 19.5.2005 - 3 AZR 649/03, BAGE 114, 349 = NZA-RR 2006, 373 wobei das BAG dies noch für die Konkursordnung angenommen hat, vgl. BAG, Urt. v. 4.12.1986 - 2 AZR 246/86, BAGE 53, 380 = NZA 1987, 460 = NJW 1987, 1966.

345 BAG, Urt. v. 19.5.2005 - 3 AZR 649/03, BAGE 114, 349 = NZA-RR 2006, 373, 377.

346 Vgl. EuGH, Beschl. v. 28.1.2015 - C-688/13 („Gimnasio Deportivo San Andrés"), ECLI:EU:C:2015:46 = NZA 2015, 287.

I. Betriebliche Altersversorgung

Aufgrund der enormen finanziellen Belastung für den Erwerber ist die Haftung für Ansprüche aus betrieblicher Altersversorgung eine der zentralen Fragen im Kontext einer übertragenden Sanierung. Als Rechtsfolge des § 613a BGB gehen die Arbeitsverhältnisse der im Zeitpunkt des Betriebsübergangs aktiven (nicht hingegen der bereits ausgeschiedenen) Arbeitnehmer auf den Erwerber über. Hinsichtlich der Verbindlichkeiten aus der Zusage einer betrieblichen Altersversorgung kommt dem Erwerber ebenfalls die Haftungsbeschränkung zugute. Infolge der teleologischen Reduktion des Bundesarbeitsgerichts zur Haftung von Ansprüchen, die vor dem Betriebsübergang erdient worden sind, gelangt die Regelung des § 613a Abs. 1 Satz 1 BGB wegen der vorrangigen Bestimmungen der Insolvenzordnung insoweit nicht zur Anwendung, als der Betriebserwerber nicht für diejenigen Versorgungsanwartschaften haftet, die auf der vor Eröffnung des Insolvenzverfahrens erbrachten Betriebszugehörigkeit des Arbeitnehmers beruhen (sogenannter *Past-Service*).[347] Für diese Verpflichtungen steht grundsätzlich der Pensionssicherungsverein gemäß §§ 7 ff. BetrAVG als Träger der gesetzlichen Insolvenzsicherung für betriebliche Altersversorgung ein. Der Erwerber hingegen haftet lediglich für den Teil der Betriebsrentenansprüche, die nach Eröffnung des Insolvenzverfahrens entstanden sind (sogenannter *Future-Service*).[348] Erdiente Betriebsrentenansprüche bzw. Rentenanwartschaften werden mit Verfahrenseröffnung zu Insolvenzforderungen nach § 38 InsO. Die Haftungsbeschränkung des Erwerbers gilt dabei nicht nur, wenn die betrieblichen Altersversorgunganspruche aus individualrechtlichen Versorgungszusagen stammen, sondern auch dann, wenn es sich um Ansprüche aus Betriebsvereinbarungen handelt.[349]

Maßgeblicher Abgrenzungsstichtag ist der Stichtag des Insolvenzeröffnungsbeschlusses nach § 27 InsO.[350] Sprachlich nicht ganz korrekt ist es daher, wenn es heißt, der Betriebserwerber schulde nur „die bei ihm erdiente Versorgungsleistung", er also bei Eintritt des Versorgungsfalls nur für den Teil des Versorgungsanspruchs aufzukommen habe, der auf die Beschäftigungszeiten nach dem Betriebsübergang zurückzuführen ist.[351] Tatsächlich tritt der Erwerber in die Versorgungszusage ab dem Stichtag der Insolvenzeröffnung ein.

347 *Granetzny/Esser*, BB 2019, 1524, 1527.

348 BAG, Urt. v. 19.5.2005 - 3 AZR 649/03, BB 2006, 943, 946.

349 BAG, Urt. v. 15.1.2002 - 1 AZR 58/01, BB 2002, 1967, 1968; *Lembke*, BB 2007, 1333, 1334.

350 BAG, Urt. v. 19.5.2005 - 3 AZR 649/03, BB 2006, 943, 946.

351 *Lembke*, BB 2007, 1333, 1334.

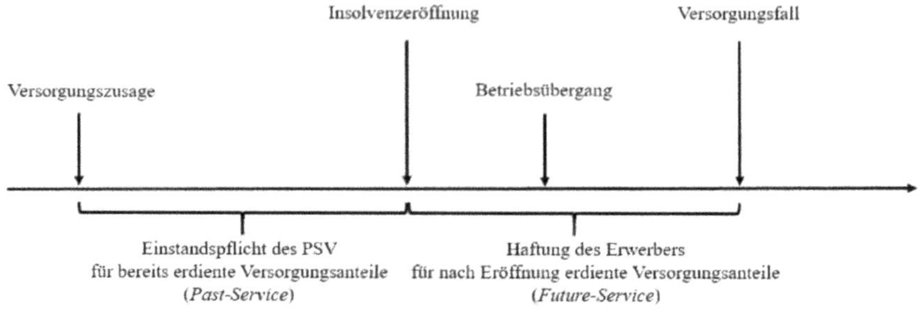

Abb. d. Verf.: Haftungsverteilung bei der betrieblichen Altersversorgung

1. Haftungslücken bei der übertragenden Sanierung

Zwar entsteht durch die Anwendung der Haftungsbeschränkung auf die betriebliche Altersversorgung den Arbeitnehmern vermeintlich kein Nachteil, weil die Versorgungsleistungen vom Pensionssicherungsverein erbracht bzw. von der Haftung des Erwerbers erfasst werden. Bei genauerer Betrachtung bestehen jedoch Deckungslücken für den Arbeitnehmer. Denn bei der Berechnung der Betriebsrente (für die der Pensionssicherungsverein einzustehen hat) wird nach § 7 Abs. 2 Satz 6 BetrAVG nur das zum Zeitpunkt der Eröffnung des Insolvenzverfahrens maßgebliche Gehalt zugrunde gelegt (sogenannte Veränderungssperre oder Festschreibeeffekt). Folglich bleiben spätere Gehaltserhöhungen bei Zahlungen durch den Pensionssicherungsverein außer Betracht.[352] Vor allem bei dynamischen Endgehaltszusagen, die zur Bestimmung der endgültigen Versorgungsleistung auf das zuletzt bezogene Gehalt des Arbeitgebers abstellen, können Versorgungslücken durch das Zurückbleiben von Past-Service-Anwartschaften entstehen. Den Differenzbetrag kann der Arbeitnehmer lediglich als Insolvenzforderung zur Insolvenztabelle anmelden.[353]

Eine weitere Haftungslücke entsteht, wenn der Arbeitnehmer bei Eröffnung des Insolvenzverfahrens noch über keine nach den Vorschriften des Betriebsrentengesetzes (§ 1b Abs. 1 BetrAVG in Verbindung mit § 30f Abs. 1 Satz 1 Nr. 1 BetrAVG) gesetzlich unverfallbare Anwartschaft verfügt und ihm deshalb bei Eintritt des Versorgungsfalls kein Anspruch gegen den Pensionssicherungsverein zusteht.[354] Hintergrund ist, dass der Pensionssicherungsverein nur für

---

352 *Granetzny/Esser*, BB 2019, 1524, 1527.

353 Vgl. *Granetzny/Esser*, BB 2019, 1524, 1527.

354 *Polloczek/Rein*, NZI 2019, 65, 66.

Versorgungsanwartschaften haftet, wenn diese gesetzlich unverfallbar sind (§ 7 Abs. 2 BetrAVG).

Das Bundesarbeitsgericht hält – in Ansehung der aufgezeigten Haftungslücken – an der privilegierten Haftung des Betriebserwerbers fest.[355] Nach Auffassung des Senats sei es für die Haftung des Betriebserwerbers unerheblich, ob den Pensionssicherungsverein im konkreten Fall eine Eintrittspflicht trifft. Die bis zur Insolvenzeröffnung erworbenen Anwartschaften seien jedenfalls Insolvenzforderungen nach § 38 InsO, die – im Falle der fehlenden Eintrittspflicht des Pensionssicherungsvereins – weiter nur zur Insolvenztabelle anzumelden sind.[356]

Aus Arbeitnehmersicht ist diese Rechtsauffassung nur schwer nachzuvollziehen. Trotz offenkundiger Haftungslücken, die zu signifikanten Einbußen in der Altersversorgung führen können, hält das Bundesarbeitsgericht (ausnahmslos) am Vorrang der insolvenzrechtlichen Verteilungsgrundsätze fest. Selbst Mechanismen der Insolvenzsicherung – hier über den Pensionssicherungsverein – schaffen an dieser Stelle keinen ausreichenden Schutz und betroffenen Arbeitnehmer bleibt nur die oftmals aussichtslose Anmeldung ihrer Forderung zur Insolvenztabelle.

2. *Insolvenzrisiken beim Durchführungsweg der betrieblichen Altersversorgung*

Zu den aufgezeigten Haftungslücken kommt hinzu, dass sich der Versicherungsschutz durch den Pensionssicherungsverein grundsätzlich nach der Art des gewählten Durchführungsweges für die betriebliche Altersversorgung bestimmt. Dabei sind nur die Direktzusage, die Unterstützungskasse sowie der Pensionsfonds gegen die Insolvenz des die betriebliche Altersversorgung zusagenden Arbeitgebers über den Pensionssicherungsverein gesichert.[357]

Ausnahmen zum (Insolvenz-)Schutz der betrieblichen Altersversorgung bestehen nicht. So stellen ausreichende Rückstellungen des Arbeitgebers zur Bedienung der Versorgungsverpflichtungen lediglich einen Bilanzposten dar, die den Arbeitnehmern bei der Insolvenz keine besonderen Aus- bzw. Absonderungsrechte bieten.[358] Auch eine bestehende Rückdeckungsversicherung

---

355 BAG, Urt. v. 22.12.2009 - 3 AZR 814/07, BAGE 133, 50 = NZA 2010, 568, 569; BAG, Urt. v. 19.5.2005 - 3 AZR 649/03, BAGE 114, 349 = NZA-RR 2006, 373, 376.

356 BAG, Urt. v. 22.12.2009 - 3 AZR 814/07, BAGE 133, 50 = NZA 2010, 568, 569; BAG, Urt. v. 19.5.2005 - 3 AZR 649/03, BAGE 114, 349 = NZA-RR 2006, 373, 376.

357 Eingeschränkt auch die Direktversicherung, vgl. § 7 Abs. 1 BetrAVG.

358 *Wisskirchen/Bissels*, BB 2009, 2142, 2146.

bietet den Versorgungsempfängern keinen Insolvenzschutz, sondern sichert den Arbeitgeber nur gegen sein Erfüllungsrisiko ab. Sie verschafft den Mitarbeitern kein Recht auf Inanspruchnahme einer anderen, der Insolvenz des Arbeitgebers nicht unterfallenden Haftungsmasse.[359]

II. Insolvenzspezifisches Schicksal einzelner Entgeltansprüche

Das insolvenzrechtliche Sanierungsprinzip und seine arbeitsrechtlichen Implikationen lassen sich exemplarisch auch anhand der nachfolgenden Entgeltansprüche aufzeigen.

1. Arbeitsentgelt

Hinsichtlich des Bezugs von Arbeitsentgelt vollzieht sich die Abgrenzung von Insolvenzforderungen und Masseforderungen danach, ob der Arbeitnehmer seine Leistung vor oder nach dem Stichtag der Insolvenzeröffnung zu erbringen hat.[360] Dem liegt zugrunde, dass der Zeitpunkt der Leistung grundsätzlich bestimmt, inwieweit die Leistung der Masse zugutekommt. Forderungen des Arbeitnehmers wegen rückständigen Entgelts für Leistungen aus der Zeit vor Eröffnung des Insolvenzverfahrens sind Insolvenzforderungen im Sinne von § 38 InsO. In der Insolvenz des Arbeitgebers sind dessen Mitarbeiter mit ihren Lohn- und Gehaltsforderungen für den Zeitraum bis zur Verfahrenseröffnung somit Insolvenzgläubiger.[361] Aus der Qualität der Forderung im Rang nach § 38 InsO und der aufgezeigten Haftungsbeschränkung des Betriebserwerbers folgt, dass auch im Falle eines Betriebsübergangs der Erwerber nicht mit diesen Forderungen belastetet wird.

Zum Schutz des vorleistungspflichtigen Arbeitnehmers vor dem Lohnausfallrisiko bei Zahlungsunfähigkeit des Arbeitgebers hat der Beschäftigte einen Anspruch gegen die Bundesagentur für Arbeit auf die Zahlung von Insolvenzgeld. Geregelt ist diese Leistung in §§ 165 – 172 SGB III.[362] Sie beruht der Sache nach auf der in das SGB III integrierten Insolvenzgeld-Versicherung, deren Mittel durch eine monatliche Umlage von den Arbeitgebern aufgebracht werden.[363] Der Gesetzgeber hat damit die Richtlinie 2008/94/EG des Europäischen

---

359 *Wisskirchen/Bissels*, BB 2009, 2142, 2146.
360 Für viele: *Moll*, in: Kübler/Prütting/Bork, InsO, 09.2020, § 113 Rn. 13.
361 *Lau/Schlicht*, in: Röger, Insolvenzarbeitsrecht, 1. Aufl. 2018, § 2 Rn. 69.
362 Vormals §§ 183–189a a. F. SGB III.
363 Einzelheiten hierzu in §§ 358-361 SGB III.

Parlaments und des Rates vom 22. Oktober 2008 über den Schutz der Arbeitnehmer bei Zahlungsunfähigkeit des Arbeitgebers[364] umgesetzt.

Mit dem Insolvenzgeld sollen Ansprüche auf Arbeitsentgelt für einen Zeitraum von bis zu drei Monaten, die wegen Zahlungsunfähigkeit des Arbeitgebers nicht erfüllt worden sind, gesichert werden. Damit dient diese Leistung vor allem dem Schutz vor Lohnausfall; weiterhin soll die Bereitschaft der Arbeitnehmer erhöht werden, trotz nicht gezahlten Arbeitsentgelts einstweilen weiter zu arbeiten; das kann der Sanierung des Unternehmens und der Erhaltung von Arbeitsplätzen dienen.[365]

Der Zahlungsanspruch entsteht allerdings nicht bereits mit Stellung des Insolvenzantrages, sondern erst mit Eröffnung des Insolvenzverfahrens, durch die die Zahlungsunfähigkeit des Arbeitgebers – ungeachtet des Eröffnungsgrundes – unwiderleglich vermutet wird.[366] Er bezieht sich auf rückständige Ansprüche des Arbeitnehmers gegen den Arbeitgeber auf Arbeitsentgelt für die vergangenen drei Monate des Arbeitsverhältnisses vor Eröffnung des Insolvenzverfahrens. Zu dem bei der Zahlung von Insolvenzgeld zu berücksichtigenden Arbeitsentgelt zählen alle Ansprüche des Arbeitnehmers, die erarbeitet und vom Arbeitgeber nicht abgegolten wurden.[367] Nicht zu berücksichtigen sind Ansprüche auf Arbeitsentgelt, die der Arbeitnehmer wegen der Beendigung des Arbeitsverhältnisses oder für die Zeit nach der Beendigung des Arbeitsverhältnisses hat.[368]

Die Höhe des Anspruchs entspricht grundsätzlich als Lohnersatzleistung dem vollem noch ausstehenden Nettoentgelt. Der Anspruch ist in seiner Höhe auf die Beitragsbemessungsgrenze der allgemeinen Rentenversicherung beschränkt. Der Arbeitnehmer hat den Antrag auf Insolvenzgeld innerhalb einer Ausschlussfrist von zwei Monaten nach dem rechtserheblichen Insolvenzereignis[369] bei der Agentur für Arbeit zu stellen.[370] Nach Antragstellung gehen die Forderungen

---

364 ABlEG L 283/36 v. 28.10.2008.

365 *Seewald*, in: KassKomm, SGB I, § 19 Rn. 51.

366 *Wisskirchen/Bissels*, BB 2009, 2142, 2147.

367 Zum Beispiel Arbeitslohn, Urlaubsgeld, Ersatz von Reisekosten und Spesen.

368 Wie beispielsweise Urlaubsabgeltungsansprüche, vgl. BSG, Urt. v. 20.2.2002 - B 11 AL 71/01 R, AP SGB III § 184 Nr. 1 = NZA-RR 2003, 209.

369 Der Eröffnung des Insolvenzverfahrens gleichgestellt ist die Abweisung mangels Masse sowie die vollständige Beendigung der Betriebstätigkeit, wenn bis zu diesem Zeitpunkt ein Antrag auf Eröffnung des Insolvenzverfahrens noch nicht gestellt worden ist und ein Insolvenzverfahren offensichtlich mangels Masse auch nicht in Betracht kommt.

370 § 324 Abs. 3 SGB III.

des Arbeitnehmers gegen den Arbeitgeber auf die Bundesagentur für Arbeit über.[371] Soweit Ansprüche nicht über das Insolvenzgeld abgedeckt werden, bleiben Arbeitnehmer aber Insolvenzgläubiger und erhalten allenfalls eine quotale Befriedigung am Ende des Insolvenzverfahrens.

Somit profitiert der Betriebserwerber bei einem Betriebsübergang nach § 613a BGB von der Qualifizierung der Arbeitnehmer als Insolvenzgläubiger. Die Anwendung der gesetzlichen Regelungen mag stringent sein. Letztlich führt dies allerdings dazu, dass umlagefinanzierte Mittel[372] im Falle des Betriebsübergangs aus der Insolvenz zu einer individuellen Entlastung des Erwerbers führen. Anzuerkennen ist die Idee des Insolvenzgeldes, nämlich die kurzfristige Absicherung der Lebensgrundlage von der Insolvenz ihres Arbeitgebers betroffener Mitarbeiter, durchaus. Bei einem Betriebsübergang aus der Insolvenz führt dieser Umstand – entsprechend den Wertungen des insolvenzrechtlichen Sanierungsprinzips – zu einer weiteren finanziellen Entlastung des Betriebserwerbers. Würden die insolvenzgeldfähigen Lohnansprüche nicht als Insolvenzforderungen nach § 38 InsO qualifiziert und der Erwerber für etwaige Lohnforderungen haften, würde die übertragende Sanierung mitunter scheitern. Gleiches würde gelten, wenn etwa ein Erstattungsanspruch der Arbeitsagentur in Höhe des geleisteten Insolvenzgeldes gegen den Erwerber bestehen würde bzw. die Arbeitsagentur Regress beim Erwerber nehmen könnte.

Damit dient das Insolvenzgeld neben seiner primären Funktion als Sicherheit für rückständige Lohn- und Gehaltsforderung in gewisser Weise auch als Sanierungsinstrument. Genau wie der Umstand, dass nicht insolvenzgeldfähige Lohn- und Gehaltsrückstände gegenüber dem Betriebserwerber nicht geltend gemacht werden können, fördert nämlich letztlich auch die Gewährung von Insolvenzgeld faktisch den Erfolg einer übertragenden Sanierung.

Dabei gilt vor allem die Vorfinanzierung des Insolvenzgeldes als größte Hilfe für eine erfolgreiche Sanierung.[373] Mit ihr gelingt es, das Unternehmen von Personalkosten zu entlasten und somit vorhandene liquide Mittel zu schonen und gleichzeitig die Arbeitsmotivation der Mitarbeiter zu erhalten.[374] Der

371 § 169 SGB III.

372 Die Rechtsgrundlage der Insolvenzgeld-Umlage bilden die §§ 358 bis 362 SGB III.

373 So jedenfalls die Umfrageergebnisse der ZIS Mannheim/Euler Hermes Kreditversicherung Studie zu den Sanierungschancen für insolvente Unternehmen aus 2007, dort S. 7, abrufbar unter https://www.uni-mannheim.de/media/Einrichtungen/zis/Studien/studie_2007_wirtschaft_konkret.pdf (zuletzt abgerufen am 8.11.2020).

374 Ausführlich zur Insolvenzgeldvorfinanzierung als Sanierungsinstrument: *Hunold*, NZI 2015, 785.

sogenannte Insolvenzgeldeffekt ist für das insolvente Unternehmen beachtlich und wesentlicher Faktor für die Aufrechterhaltung des Geschäftsbetriebes im Eröffnungsverfahren. Zwar wird das Insolvenzgeld von der Bundesagentur für Arbeit nur bevorschusst, sodass ihr ein Erstattungsanspruch gegen das Unternehmen erwächst. Jedoch handelt es sich hierbei um eine Insolvenzforderung im Sinne des § 38 InsO, die zur Insolvenztabelle anzumelden ist und bei Abschluss des Insolvenzverfahrens quotal befriedigt wird. Vor diesem Hintergrund verwundert es nicht, dass von einigen Insolvenzverwaltern gefordert wird, den Insolvenzgeldzeitraum zu verlängern.[375]

2. *Sanierungsstunden*

Das insolvenzrechtliche Sanierungsprinzip erfährt auch bei sogenannten Sanierungsstunden und ihrer insolvenzrechtlichen Behandlung eine starke Ausprägung. Zur Veranschaulichung dient der Sanierungstarifvertrag der Philipp Holzmann AG vom 10. April 2000 als Beispiel. In dessen Präambel hieß es, dass auf Grund der existenzbedrohenden wirtschaftlichen Krise des Konzerns und zur Vermeidung eines Insolvenzverfahrens sowie zur Sicherung der Arbeitsplätze eine Sanierung des Konzerns erforderlich ist.[376] Dazu sind Beiträge der Anteilseigner, Gläubigerbanken, Kreditversicherer und des Pensionssicherungsvereins sowie für die Zeit vom 1. Februar 2000 bis 31. Juli 2001 (Sanierungszeit) der Arbeitnehmer notwendig. Konkretisiert wurde der Sanierungsbeitrag der Arbeitnehmer dann in § 2 des Sanierungstarifvertrages. Hierin hieß es, dass die Arbeitnehmer in der Sanierungszeit verpflichtet sind, über die nach den jeweils anwendbaren Tarifverträgen geltende regelmäßige tägliche oder wöchentliche Arbeitszeit hinaus wöchentlich fünf Arbeitsstunden („Sanierungsstunden“) zu erbringen, die einem individuell arbeitnehmerbezogenen Sanierungsarbeitszeitkonto gutgeschrieben werden. Jede Sanierungsstunde ist für die Gutschrift auf dem Sanierungsarbeitszeitkonto entsprechend den allgemeinen tarifvertraglichen Bestimmungen als Mehrarbeitsstunde zu bewerten.

Die im Anschluss an seine Kündigung gegen die spätere Insolvenzverwalterin erhobene Leistungsklage eines ehemaligen Arbeitnehmers der Philipp Holzmann AG auf Zahlung von Entgelt für die angesammelten Sanierungsstunden

---

375 So plädieren jedenfalls 46 % der Befragten der Studie zu Insolvenzen in Zeiten der Finanzkrise, 2009 des ZIS Mannheim/Euler Hermes Kreditversicherung, dort S. 8, abrufbar unter https://www.uni-mannheim.de/media/Einrichtungen/zis/Studien/studie_2009_wirtschaft_konkret.pdf (zuletzt abgerufen am 8.11.2020).

376 Abgedruckt in LAG Sachsen, Urt. v. 29.11.2007 - 8 Sa 230/07, BeckRS 2009, 54519.

wurde als unbegründet abgewiesen. Nach Auffassung des Senats bestand nach dem vereinbarten Sanierungstarifvertrag bei einem Scheitern der Sanierung kein Vergütungsanspruch für die geleisteten Sanierungsarbeitsstunden.[377]

Das gleiche Schicksal ereilte einen Arbeitnehmer der R-Apparatebau GmbH, dessen Leistungsklage gegen den späteren Insolvenzverwalter auf Zahlung der Vergütung für die vor Insolvenzeröffnung geleistete Mehrarbeit auf Grundlage eines Sanierungstarifvertrages vom erkennenden Senat ebenfalls als unbegründet abgewiesen wurde.[378] Dabei sollte der vereinbarte Sanierungstarifvertrag dazu dienen, eine aktuelle Gefährdung der wirtschaftlichen Bestandsfähigkeit der Schuldnerin abzuwenden und ihre Arbeitsplätze zu sichern. Als Sanierungsbeitrag der Arbeitnehmer wurden bis zu vier Stunden wöchentlich ohne Entgeltausgleich vereinbart.

Grundtenor beider Entscheidungen war, dass die geleisteten Sanierungsstunden als Insolvenzforderungen im Sinne des § 38 InsO qualifiziert wurden. Als Kernargument wurde angeführt, dass die vor der Insolvenzeröffnung auf Grundlage eines Sanierungstarifvertrages geleistete Mehrarbeit und der so erdiente Entgeltanspruch im Falle einer betriebsbedingten Kündigung bei Scheitern der Sanierungsbemühungen nicht als Masseverbindlichkeit zu qualifizieren ist, denn sie käme dem eröffneten Verfahren nicht zugute bzw. stehe wegen der Zäsur der Insolvenzeröffnung in keinem synallagmatischen Verhältnis zu der nach Insolvenzeröffnung erbrachten Arbeitsleistung.[379]

Zur Verdeutlichung:

Nach § 55 Abs. 1 Nr. 1 InsO sind Masseverbindlichkeiten solche Verbindlichkeiten, die durch Handlungen des Insolvenzverwalters oder in anderer Weise durch die Verwaltung, Verwertung und Verteilung der Insolvenzmasse begründet werden, ohne zu den Kosten des Verfahrens zu gehören. Von dieser Vorschrift werden insbesondere Arbeitsverhältnisse erfasst, die der Insolvenzverwalter in seiner Funktion als Partei kraft Amtes selbst begründet.[380] Werden Ansprüche durch Vereinbarungen des Schuldners vor Insolvenzeröffnung begründet, handelt es sich demgegenüber auch für den Zeitraum nach Insolvenzeröffnung nicht um Masseverbindlichkeiten im Sinne von § 55 Abs. 1 Nr. 1 InsO.[381] Wurde

---

377 BAG, Urt. v. 8.10.2008 - 5 AZR 8/08, BAGE 128, 119 = NZA 2009, 98.

378 BAG, Urt. v. 21.2.2013 - 6 AZR 406/11, AP InsO § 55 Nr. 19 = NZI 2013, 546.

379 BAG, Urt. v. 21.2.2013 - 6 AZR 406/11, AP InsO § 55 Nr. 19 = NZI 2013, 546.

380 BAG, Urt. v. 21.2.2013 - 6 AZR 406/11, Rn. 23, AP InsO § 55 Nr. 19 = NZI 2013, 546, 548.

381 Vgl. BAG, Urt. v. 27.9.2007 - 6 AZR 975/06, Rn. 16, BAGE 124, 150 = AP InsO § 38 Nr. 5; BAG, Urt. v. 27.4.2006 - 6 AZR 364/05, Rn. 15, BAGE 118, 115 = AP InsO § 38

das Arbeitsverhältnis also nicht vom Insolvenzverwalter begründet, sondern bestand es bereits vor Insolvenzeröffnung, ist der Anwendungsbereich des § 55 Abs. 1 Nr. 1 InsO nicht eröffnet.

Nach § 55 Abs. 1 Nr. 2 Alt. 2 InsO zählen zu den Masseverbindlichkeiten auch Verbindlichkeiten aus gegenseitigen Verträgen, soweit deren Erfüllung für die Zeit nach Eröffnung des Insolvenzverfahrens erfolgen muss. Hierunter fallen alle Entgeltansprüche, die aus der Beschäftigung von Arbeitnehmern durch den Insolvenzverwalter nach Verfahrenseröffnung erwachsen und alle sonstigen Ansprüche, die sich aus dem bloßen Fortbestand des Arbeitsverhältnisses ergeben.[382] Ist im Arbeitsverhältnis ein regelmäßiges Arbeitsentgelt vereinbart, entstehen die Entgeltansprüche mit den Zeitabschnitten, nach denen die Vergütung zu bemessen ist (§ 614 Satz 2 BGB). Fallen die Zeitabschnitte in die Zeit nach Insolvenzeröffnung, handelt es sich um Masseverbindlichkeiten im Sinne von § 55 Abs. 1 Nr. 2 Alt. 2 InsO.[383] Im systematischen Zusammenhang mit § 108 Abs. 3 InsO sind nur solche Leistungsansprüche mit Entgeltcharakter als Masseforderungen anzuerkennen, die in einem zumindest partiellen Gegenseitigkeitsverhältnis zu der erbrachten Arbeitsleistung stehen.[384]

Diese insolvenzrechtliche Abgrenzung der Entgeltansprüche und ihre Einordnung als Insolvenzforderungen im Sinne der §§ 38, 108 Abs. 3 InsO lässt sich auf das in § 1 Satz 1 InsO ausgedrückte Ziel des Insolvenzverfahrens zurückführen, wonach alle Gläubiger des Schuldners gemeinschaftlich zu befriedigen sind.[385] Die Insolvenzordnung sieht – in Abkehr zur ehemals geltenden Konkursordnung[386] – nicht vor, dass Arbeitnehmer generell gegenüber anderen Gläubigern bevorzugt werden. Die Regelung der vorweg zu berichtigenden Masseverbindlichkeiten in § 55 InsO hat Ausnahmecharakter; die Entstehung von Masseverbindlichkeiten soll begrenzt werden. Die Privilegierung von Ansprüchen auf Arbeitsentgelt ist lediglich dann gerechtfertigt, wenn die Verbindlichkeiten

---

Nr. 3 BAG, Urt. v. 19.1.2006 - 6 AZR 529/04, Rn. 16, BAGE 117, 1 = AP InsO § 55 Nr. 13.

382 BAG, Urt. v. 21.2.2013 - 6 AZR 406/11, Rn. 27, AP InsO § 55 Nr. 19 = NZI 2013, 546, 548.

383 Vgl. BAG, 27.9.2007 - 6 AZR 975/06, Rn. 18, BAGE 124, 150 = AP InsO § 38 Nr. 5; BAG, Urt. v. 19.1.2006 - 6 AZR 529/04, Rn. 18, BAGE 117, 1 = AP InsO § 55 Nr. 13.

384 Vgl. BAG, Urt. 27.9.2007 - 6 AZR 975/06, Rn. 20, BAGE 124, 150 = AP InsO § 38 Nr. 5.

385 BAG, Urt. v. 21.2.2013 - 6 AZR 406/11, AP InsO § 55 Nr. 19 = NZI 2013, 546.

386 Die Konkursmasse diente zwar ebenfalls der Befriedigung aller gemeinschaftlichen Gläubiger, wobei aber die gemeinschaftliche Befriedigung keine gleichmäßige Befriedigung bedeutete, sondern der Rangfolge des § 61 KO folgte.

Gegenleistungen für Arbeitsleistungen sind, die der Masse nach Eröffnung des Insolvenzverfahrens zugutegekommen sind.[387]

Die dargestellte insolvenzrechtliche Abgrenzung mag systematisch nachvollziehbar sein. Allerdings ändert dies nichts an der Tatsache, dass sich infolge der hieraus erwachsenden rechtlichen Konsequenzen das insolvenzrechtliche Sanierungsprinzip einmal mehr zulasten der Arbeitnehmer auswirkt, wenn selbst Sanierungsstunden zu Insolvenzforderungen werden. Immerhin dient die überobligatorische Mehrarbeit des Arbeitnehmers der Aufrechterhaltung und Fortführung des Unternehmens mit dem Ziel der Sanierung. Die bloß stichtagsbezogene Forderungsabgrenzung greift an dieser Stelle zu kurz.[388]

3. *Arbeitszeitkonten*

Ein ähnliches Schicksal wie das der Sanierungsstunden ereilt das Guthaben auf Arbeitszeitkonten. Denn solche Guthaben werden den Zeiträumen der tatsächlichen Arbeitsleistung zugeordnet. Bestehende Arbeitszeitkonten werden zum Stichtag der Insolvenzeröffnung „eingefroren".[389] Weist das Arbeitszeitkonto zum Eröffnungstag Überstunden aus, sind die entsprechenden Ansprüche des Arbeitnehmers folglich Insolvenzforderungen nach § 38 InsO.[390] Dies gilt im Übrigen auch für mögliche Mehrarbeitszuschläge.[391] Noch nicht einmal vom Arbeitgeber auf einem besonderen Bankkonto für die Abgeltung von Arbeitszeitguthaben der Arbeitnehmer bereitgestellte Gelder unterliegen in der Insolvenz der Aussonderung zugunsten der Arbeitnehmer, wenn der Arbeitgeber selbst Inhaber des Kontos ist.[392] Somit übernimmt auch der Erwerber im Falle eines Betriebsübergangs im Sinne des § 613a BGB kein Guthaben auf Arbeitszeitkonten; dies jedenfalls dann nicht, wenn das angesparte Zeitguthaben aus der der Zeit vor Insolvenzeröffnung resultiert.

Ist das Arbeitszeitkonto hingegen im Minus geführt, bleibt der Anspruch gegen den Arbeitnehmer auf Nacharbeit der Minusstunden erhalten, wenn eine Vorschussleistung des insolventen Arbeitgebers an den Arbeitnehmer vorliegt, die Letzterer noch nicht zurückgewährt hat.[393] Bei Minusstunden ist deshalb

---

387 BAG, Urt. v. 21.2.2013 - 6 AZR 406/11, AP InsO § 55 Nr. 19 = NZI 2013, 546.

388 Vgl. zur Theorie der Sanierungsforderung als Lösungsvorschlag in Kap. 6.

389 *Schöne*, in: Kübler, HRI, 3. Aufl. 2018, § 55 Rn. 23.

390 BAG, Urt. v. 24.9.2003 - 10 AZR 640/02, BAGE 108, 1 = NZI 2005, 122.

391 *Schöne*, in: Kübler, HRI, 3. Aufl. 2018, § 55 Rn. 24.

392 BAG, Urt. v. 24.9.2003 - 10 AZR 640/02, BAGE 108, 1 = NZI 2005, 122.

393 BAG Urt. v. 26.1.2011 - 5 AZR 819/09, BAGE 137, 38 = ZIP 2011, 1022; BAG, Urt. v. 13.12.2000 - 5 AZR 334/99, AP BGB § 394 Nr. 31 = NZA 2002, 390.

genau zu prüfen, warum diese entstanden sind. Befand sich der Arbeitgeber etwa im Annahmeverzug, war eine Minusbuchung im Arbeitszeitkonto nicht zulässig und es besteht kein Anspruch auf Nacharbeit oder anderweitigen Ausgleich.[394] Konnte der Arbeitnehmer dagegen allein entscheiden, ob, wann und wieviel er arbeitet, ist die volle Vergütungszahlung trotz Unterschreitung der geschuldeten Arbeitszeit eine Vorschussleistung, die auszugleichen ist.[395] Ist der Ausgleich eines negativen Arbeitszeitkontos durch den Arbeitnehmer nicht mehr möglich, weil beispielsweise das Arbeitsverhältnis beendet wurde, kann der Insolvenzverwalter seine Ansprüche durch Verrechnung mit noch offenen Vergütungsansprüchen des Arbeitnehmers durchsetzen.[396]

Diese äußerst sanierungsfreundliche Interpretation der Zäsurwirkung der Insolvenzeröffnung durch die Rechtsprechung zulasten der Arbeitnehmer zeigt erneut, wie das insolvenzrechtliche Sanierungsprinzip in das Arbeitsrecht Einzug hält. Damit dem Arbeitnehmer im Fall der Insolvenz des Arbeitgebers der Wert des Guthabens nicht gänzlich verloren geht, schreibt der Gesetzgeber in § 7e SGB IV zumindest für Langzeitkonten ab einer bestimmten Größe eine Sicherung für den Insolvenzfall vor.[397] Voraussetzung der Insolvenzsicherung ist, dass ein Anspruch auf Insolvenzgeld nicht besteht und das Wertguthaben des Beschäftigten einschließlich des darin enthaltenen Gesamtsozialversicherungsbeitrages einen Betrag in Höhe der monatlichen Bezugsgröße übersteigt.[398] In einem Tarifvertrag oder auf Grund eines Tarifvertrages in einer Betriebsvereinbarung kann ein abweichender Betrag vereinbart werden.[399]

Mit § 7e Abs. 2 SGB IV wird das Qualitätsniveau der Insolvenzsicherung festgelegt: Das Wertguthaben ist unter Ausschluss der Rückführung von einem Treuhänder oder einer vergleichbaren Stelle zu führen. Da Wertguthaben nicht insolvenzfest abgesichert sind, wenn der Arbeitgeber lediglich ein separates Konto anlegt, dies jedoch weiterhin in seinem Vermögen steht,[400] erfolgt die Insolvenzsicherung meistens durch ein Treuhandmodell (häufig bezeichnet als „CTA-Modell“[401]), in Form einer einseitigen oder doppelseitigen Treuhand.

---

394 *Schöne*, in: Kübler, HRI, 3. Aufl. 2018, § 55 Rn. 25.

395 *Schöne*, in: Kübler, HRI, 3. Aufl. 2018, § 55 Rn. 25.

396 *Schöne*, in: Kübler, HRI, 3. Aufl. 2018, § 55 Rn. 25.

397 Vgl. ausführlich zum Insolvenzschutz: *Rittweger*, in: BeckOK Sozialrecht, 59. Edition, SGB IV § 7e Insolvenzschutz, Rn. 1 ff.

398 Vertiefend: *Rolfs*, in: ErfK, 20. Aufl. 2020, § 7e SGB IV Insolvenzschutz.

399 Vgl. bspw. BAG, Urt. v. 19.3.2014 - 10 AZR 750/13, AP TVG § 1 Tarifverträge: Gerüstbau Nr. 6 = NJOZ 2015, 223.

400 BAG, Urt. v. 24.9.2003 - 10 AZR 640/02, BAGE 108, 1 = NZA 2004, 980.

401 CTA steht dabei für Contractual Trust Arrangement.

Neben der vollständigen Führung der Wertguthaben durch Dritte werden auch andere gleich geeignete Sicherungsformen zugelassen. Versicherungsmodelle, schuldrechtliche Verpfändungs- und Bürgschaftsmodelle mit ausreichender Sicherung gegen Kündigung werden in § 7e Abs. 2 Satz 2 SGB IV als Beispiele genannt.[402]

Tritt mangels hinreichenden Insolvenzschutzes eine Verringerung oder der Verlust des Wertguthabens ein, kann der Arbeitnehmer nach § 7 e Abs. 7 SGB IV vom Arbeitgeber Ersatz des entstandenen Schadens verlangen. Da im Insolvenzfall des Arbeitgebers die Arbeitnehmer und Sozialversicherungsträger ihre Ansprüche mangels Werthaltigkeit regelmäßig nicht realisieren können, haftet der Arbeitgeber bzw. seine organschaftlichen Vertreter persönlich für etwaige Wertguthaben und Beiträge, wenn kein ausreichender Insolvenzschutz besteht.[403] Durch die persönliche Haftung des Geschäftsführers oder Vorstandes soll verhindert werden, dass sich die Sicherungspflichtigen hinter einer juristischen Person verstecken können.[404] Schließlich stellt § 7e Abs. 8 SGB IV nunmehr[405] auch ein Schutzgesetz im Sinne des § 823 Abs. 2 BGB dar, um eine Verschuldenshaftung der Handelnden zu begründen.[406] Auf Altersteilzeitverträge findet diese Organhaftung jedoch keine Anwendung.[407]

Dieser (zumindest für Langzeitkonten) eingeführte Schutzmechanismus ist aus arbeitsrechtlicher Sicht zu begrüßen. Anzumerken ist dabei, dass erneut auf Sozialrechtsebene versucht wird, zumindest in Teilen eine Kompensation dafür zu finden, dass die Unternehmenssanierung nicht gefährdet wird und das insolvenzrechtliche Sanierungsprinzip somit voll zum Tragen kommt. Eher ermöglicht man eine persönliche (Durchgriffs-)Haftung auf die mit der Geschäftsführung betrauten Organe, als dass eine Privilegierung der Arbeitnehmeransprüche oder gar eine mögliche Haftung des Betriebserwerbers in Betracht gezogen wird.

---

402 *Wahlig/Esskandari*, in: Grobys/Panzer-Heemeier, StichwortKommentar Arbeitsrecht, Arbeitszeitkonto, 3. Aufl. 2019, Rn. 32.

403 *Rittweger*, in: BeckOK Sozialrecht, 59. Edition, SGB IV, § 7e Rn. 9.

404 *Rittweger*, in: BeckOK Sozialrecht, 59. Edition, SGB IV, § 7e Rn. 9.

405 Die Vorläuferbestimmung in § 7d Abs. 1 SGB IV a.F. wurde nicht als Schutzgesetz i.S.v. § 823 Abs. 2 eingeordnet.

406 *Wahlig/Esskandari*, in: Grobys/Panzer-Heemeier, StichwortKommentar Arbeitsrecht, Arbeitszeitkonto, 3. Aufl. 2019, Rn. 38 m.w.V.

407 Vgl. BAG, Urt. v. 23.2.2016 - 9 AZR 293/15, AP ATG § 8a Nr. 9 = ZIP 2016, 885 = NJW 2016, 2204.

4. *Sonderzuwendungen*

Bei der vielfältigen Ausgestaltung von Sonderzuwendungen erfolgt regelmäßig eine zeitanteilige Zuordnung in Insolvenzforderung oder Masseverbindlichkeit. Dabei sind stets der vereinbarte Bezugszeitraum und die Zielrichtung der Zahlung maßgeblich:[408]

Sofern es sich bei der Sonderzuwendung um Arbeitsentgelt im engeren Sinn handelt, weil es sich unmittelbar auf die Arbeitsleistung im Bezugszeitraum bezieht und damit als Vergütungsbestandteil (Sonderzahlung mit Entgeltcharakter) verdient wird, schuldet der Betriebserwerber im Sinne des § 613a BGB die Sonderzuwendung nur *pro rata temporis* für die nach Insolvenzeröffnung liegende Zeit des Bezugszeitraums.[409] Der auf den Zeitraum vor Insolvenzeröffnung entfallende Anteil ist nur als Insolvenzforderung zu befriedigen.[410]

Handelt es sich bei der Sonderzuwendung hingegen um Arbeitsentgelt im weiteren Sinne, welches in keinem unmittelbaren Austausch zur Arbeitsleistung im Bezugszeitraum steht, sondern nur vom Bestand des Arbeitsverhältnisses oder der Erfüllung bestimmter Voraussetzungen abhängt,[411] haftet der Betriebserwerber für die gesamte Sonderzuwendung.[412] Es fehlt am Synallagma von Arbeitsleistung und Vergütungsanspruch.[413] Als Abgrenzungsmerkmal dient folglich die Unmittelbarkeit des Austauschverhältnisses von Arbeitsleistung und Vergütung bzw. Sonderzuwendung.

Es muss also stets die Zweckrichtung der jeweiligen Sonderzuwendung ermittelt werden. Allerdings kann sich die Abgrenzung zwischen Sonderzahlung mit Entgeltcharakter und Arbeitsentgelt im weiteren Sinne im Einzelfall äußerst schwierig gestalten.[414] Letzteres ist jedenfalls immer dann anzunehmen, wenn

---

408 Vgl. BAG, Urt. v. 12.9.2013 - 6 AZR 913/11, AP Nr. 1 zu § 134 InsO = ZIP 2014, 139; BAG, Urt. v. 12.9.2013 - 6 AZR 953/11, AP Nr. 20 zu § 55 InsO = ZIP 2013, 2414.

409 *Lembke*, BB 2007, 1333, 1335.

410 Vgl. *Andres*, in: Nerlich/Römermann, InsO, 41. EL April 2020, § 55 Rn. 104; *Bäuerle*, in: Braun, InsO, 8. Aufl. 2020, § 38 Rn. 21; *Bertram/Künzel*, in: Gottwald/Haas, InsR-HdB, 6. Aufl. 2020, § 105 Rn. 23; *Hefermehl*, in: MünchKomm InsO, 4. Aufl. 2019, Band 2, § 55 Rn. 181; *Sinz*, in: Uhlenbruck, InsO, 15. Aufl. 2019, § 55 Rn. 67; *Lakies*, DB 2014, 1138, 1139; *Lindemann*, ZInsO 2010, 792, 795.

411 Weshalb auch der Zahlungsanspruch erst mit Erfüllung eintritt.

412 BAG, Urt. v. 11.10.1995 - 10 AZR 984/94, BAGE 81, 132 = NZA 1996, 432; *Lembke*, BB 2007, 1333, 1335.

413 BAG, Urt. v. 11.10.1995 - 10 AZR 984/94, BAGE 81, 132 = NZA 1996, 432, 433.

414 Vgl. beispielsweise *Moll*, in: Kübler/Prütting/Bork, InsO, 09.2020, § 113 Rn. 22 zur schwierigen Einstufung einer tariflichen Sonderzahlung eines 13. Monatsgehaltes

eine Leistung – im Sinne einer reinen Gratifikation – nicht von einer Gegenleistung abhängig ist.[415] Typisches Beispiel dieser stichtagsabhängigen Sonderzuwendung ist die sogenannte Halteprämie, die dem Arbeitnehmer für den Fall zugesagt wird, dass er bis zu einem bestimmten Stichtag keine Eigenkündigung erklärt.[416] Hierbei hängt es gewissermaßen vom Zufall ab, ob der maßgebende Stichtag vor Insolvenzeröffnung liegt und es sich dann nur um eine Insolvenzforderung handelt oder die Halteprämie mit nach Insolvenzeröffnung liegendem Stichtag zur Masseforderung wird.

Parallel hierzu vollzieht sich die insolvenzrechtliche Einordnung einer Sonderzuwendung nach angezeigter Masseunzulänglichkeit: Alle arbeitsrechtlichen Sonderzahlungen, das heißt nicht nur solche mit reinem Entgeltcharakter, sondern auch solche zur Belohnung von Betriebstreue oder solche mit „Mischcharakter", unterliegen nach angezeigter Masseunzulänglichkeit § 209 InsO und der dort geregelten insolvenzrechtlichen Reihenfolge zur Befriedigung der Massegläubiger.[417] Nur der auf die Zeit der Arbeitsleistung nach Anzeige der Masseunzulänglichkeit entfallende anteilige Anspruch ist Neumasseverbindlichkeit im Sinne von § 209 Abs. 1 Nr. 2, Abs. 2 Nr. 3 InsO und damit vorrangig zu befriedigen.[418] Zulasten der Arbeitnehmer erfolgt dabei beispielsweise die Einordnung der Jahressonderzuwendung dann nicht als Neumasseverbindlichkeit, wenn neben der Förderung der Betriebstreue auch eine zusätzliche Vergütung der Arbeitsleistung bezweckt ist.[419]

Letztlich profitiert der Betriebserwerber erneut von der Zäsurwirkung der Insolvenzeröffnung und der damit einhergehenden Stichtagsbetrachtung. Etwaige (Haftungs-)Risiken sind abgrenzbar und damit überschaubar. Dies jedenfalls dann, wenn sich die Zweckrichtung der jeweiligen Sonderzuwendung ermitteln lässt.

Die Abgrenzung zwischen solchen Sonderzuwendungen mit Entgeltcharakter und solchen ohne Entgeltcharakter entspricht der Rechtsprechung des Bundessozialgerichts zur Einbeziehung von Vergütungsbestandteilen in die Insolvenzgeldberechnung.[420] Folglich sind Ausfälle von Sonderzuwendungen zumindest

---

m.V.a. LAG Nürnberg, Urt. v. 3.2.2010 - 4 Sa 367/09, ZIP 2010, 1189 = ZInsO 2010, 1952, dazu *Schneider*, EWiR 2010, 649.

415 Vgl. BAG, Urt. v. 18.5.2016 - 10 AZR 233/15, AP ZPO § 850a Nr. 6 = NZA 2016, 840, 841.

416 *Moll*, in: Kübler/Prütting/Bork, InsO, 09.2020, § 113 Rn. 20.

417 BAG, Urt. v. 23.3.2017 - 6 AZR 264/16, BAGE 158, 376 = BB 2017, 1404.

418 BAG, Urt. v. 23.3.2017 - 6 AZR 264/16, BAGE 158, 376 = BB 2017, 1404.

419 BAG, Urt. v. 23.3.2017 - 6 AZR 264/16, BAGE 158, 376 = BB 2017, 1404, 1406.

420 BSG, Urt. v. 21.7.2005 - B 11a/11 AL 53/04 R, NZA-RR 2006, 437.

teilweise über das Insolvenzgeld abgedeckt. Einmal mehr gelingt es damit nur im sozialrechtlichen Zusammenspiel, die negativen Ausflüsse des insolvenzrechtlichen Sanierungsprinzips auf die Arbeitnehmer abzufedern.

5. *Leistungsboni*

Nach der Rechtsprechung werden Leistungsboni für die Erreichung bestimmter Ziele innerhalb eines Zeitraums gewährt, auch wenn der Zielerreichungsgrad erst nach Ablauf des Geschäftsjahres ermittelt wird.[421] Setzt die Zahlung des Bonus das Erreichen bestimmter, in einer Zielvereinbarung festzulegender Ziele voraus, richtet sich die Höhe des Bonus nach dem Grad des Erreichens dieser Ziele.[422] Eine solche erfolgsabhängige Vergütung wird als unmittelbare Gegenleistung für die entsprechend der Zielvereinbarung erbrachte Arbeitsleistung geschuldet.[423] Gleichermaßen wird eine Gewinnbeteiligung, soweit eine konkrete zeitlich zuordenbare Leistung belohnt wird, auf den Zeitraum aufgeteilt, für den sie gezahlt wird.[424]

Leistungsboni sind also – entsprechend arbeitsleistungsbezogenen Sonderzuwendungen – insolvenzrechtlich dem Zeitraum zuzuordnen, für den sie als Gegenleistung geschuldet sind. Soweit durch sie vor Verfahrenseröffnung erbrachte Arbeitsleistungen honoriert werden, liegen Insolvenzforderungen im Sinne des § 38 InsO vor.[425]

Damit richtet sich auch die insolvenzspezifische Behandlung von Leistungsboni und Gewinnbeteiligungen nach der Stichtagsbetrachtung. Die (zeit-)anteilige Einstufung als Insolvenz- bzw. Masseforderung geht freilich zulasten der Arbeitnehmer. Das Haftungsrisiko für den Betriebserwerber im Sinne des § 613a BGB wird minimiert, um die übertragende Sanierung nicht zu gefährden. Der vor Insolvenzeröffnung gebrachte Einsatz des betroffenen Mitarbeiters zur Erreichung der vereinbarten Sonderzuwendung wird bestenfalls quotal befriedigt.

---

421 BAG, Urt. v. 14.11.2012 - AZR 793/11, AP InsO § 55 Nr. 17 = NZI 2013, 357, 359.
422 BAG, Urt. v. 14.11.2012 - AZR 793/11, AP InsO § 55 Nr. 17 = NZI 2013, 357, 359.
423 BAG, Urt. v. 18.1.2012 - 10 AZR 667/10, BAGE 140, 239 = NZA 2012, 620, 621.
424 BAG, Urt. v. 21.5.1980 - 5 AZR 337/78, ZIP 1980, 666 = NJW 1981, 77.
425 BAG, Urt. v. 14.11.2012 - AZR 793/11, AP InsO § 55 Nr. 17 = NZI 2013, 357.

III. Urlaubsansprüche

Urlaubsentgelt und Urlaubsgeld sind dem Zeitraum zugeordnet, für den sie bestimmt sind. Demnach stellen Urlaubsansprüche grundsätzlich keine Insolvenzforderung dar, weil sie nicht von einer Arbeitsleistung im Kalenderjahr abhängig sind und nicht monatlich verdient werden.[426] Nur sofern Urlaubstage dem Zeitraum vor Eröffnung des Insolvenzverfahrens zugeordnet werden können, etwa wenn der Urlaub gemäß § 7 Abs. 1 BUrlG bereits zeitlich festgelegt war, stellt die dafür zu zahlende Vergütung eine Insolvenzforderung dar, für die der Betriebserwerber in Sinne des § 613a BGB folglich nicht haftet.[427]

Nicht genommener Urlaub kann zeitlich keiner Arbeitsleistung zugeordnet werden. Deshalb sind offene Urlaubsansprüche bzw. Ansprüche auf Urlaubsentgelt nach Eröffnung des Verfahrens Masseverbindlichkeiten, auch wenn sie rechtlich vor der Eröffnung des Verfahrens entstanden sind.[428] Damit stellen Urlaubsansprüche eine Ausnahme der Haftungsbeschränkung des Erwerbers im Fall der übertragenden Sanierung – gewissermaßen also eine Rückausnahme von der Ausnahme – dar und es verbleibt tatsächlich bei der Grundregel von § 613a BGB. Denn die urlaubsrechtlichen Ansprüche auf bezahlte Freistellung (§ 1 BUrlG) bleiben von der Eröffnung des Insolvenzverfahrens unberührt.[429] Kommt es also zu einem Betriebsübergang in der Insolvenz im Sinne des § 613a BGB, hat der Betriebserwerber für die Erfüllung bestehender Urlaubsansprüche einzutreten. Dies gilt im Übrigen auch für übertragene Urlaubsansprüche und für Ansprüche auf Ersatz für verfallenen Urlaub.[430]

Noch unter der Geltung der Konkursordnung wurde dieses Ergebnis damit begründet, dass sich das Konkursverfahren nur auf Zahlungsverpflichtungen des Gemeinschuldners erstrecke, während die Urlaubserteilung auf eine Handlung des Gemeinschuldners bezogen sei.[431] Zwar wird heute an dieser Begründung nicht mehr festgehalten,[432] trotzdem folgt dasselbe Ergebnis aus § 108 InsO.

---

426 Vgl. BAG, Urt. v. 18.11.2003 - 9 AZR 95/03, AP Nr. 17 zu § 113 InsO = ZInsO 2004, 1325; BAG, Urt. v. 25.3.2003 - 9 AZR 174/02, AP InsO § 55 Nr. 4 = ZIP 2003, 1802.

427 BAG, Urt. v. 18.11.2003 - 9 AZR 347/03, NZA 2004, 654, 656.

428 BAG, Urt. v. 25.3.2003 - 9 AZR 174/02, ZIP 2003, 1802; BAG, Urt. v. 21.6.2005 - 9 AZR 295/04, NZI 2006, 309.

429 BAG, Urt. v. 25.3.2003 - 9 AZR 174/02, NZI 2004, 102; so im Ergebnis bereits BAG, Urt. v. 18.12.1986 - 8 AZR 481/84, NZA 1987, 633.

430 BAG, Urt. v. 18.11.2003 - 9 AZR 95/03 (Ls. 2), BAGE 108, 357 = NZI 2005, 118.

431 BAG, Urt. v. 18.12.1986 - 8 AZR 481/84, NZA 1987, 633.

432 Da nach § 45 InsO der seit dem 1.1.1999 in Kraft getretenen InsO auch Ansprüche auf Handlungen Insolvenzforderungen sind, sofern sie nicht unvertretbar sind.

Denn nach § 108 Abs. 1 InsO bleibt das Arbeitsverhältnis bestehen und Ansprüche hieraus werden nach § 108 Abs. 3 InsO nur dann Insolvenzforderungen, wenn es sich um solche für die Zeit vor Eröffnung handelt.[433] Dazu gehören Urlaubsansprüche gerade nicht, da sie auf Freistellung von der Arbeitsleistung bei Fortzahlung der Bezüge gerichtet sind, nicht von einer Arbeitsleistung im Kalenderjahr abhängig und damit nicht monatlich verdient werden.[434] Deshalb ist auch keine Zuordnung auf die Zeit vor oder nach dem Zeitpunkt der Eröffnung der Insolvenz möglich.[435] Urlaub ist demnach keine Gegenleistung für eine bestimmte Arbeitsleistung.[436]

Weshalb die arbeitsgerichtliche Rechtsprechung bei der Frage nach der Behandlung von Urlaubs(abgeltungs)ansprüchen zugunsten der Arbeitnehmer entscheidet, erschließt sich jedenfalls in einer Gesamtschau der ergangenen „Sanierungsrechtsprechung" nicht. Schließlich erschwert es in der Praxis ohne Frage die Übernahmeverhandlungen, weil potentielle Erwerber sich mitunter hohen Urlaubsforderungen ausgesetzt sehen und entsprechende Forderungen der Arbeitnehmer im Rahmen der Kaufpreisfindung versuchen einzupreisen. Damit verringert sich gleichermaßen die für die übrigen Gläubiger zur Verfügung stehende Teilungsmasse und konterkariert infolge der Privilegierung der entsprechenden Arbeitnehmerforderungen den insolvenzrechtlichen Gläubigergleichbehandlungsgrundsatz.

Naheliegend bzw. zu vermuten wäre gewesen, dass offene Urlaubsansprüche – ähnlich wie Sonderzuwendungen – ebenfalls *pro rata temporis* in Insolvenz- bzw. Masseforderungen aufzuteilen sind, um die übertragende Sanierung nicht zu gefährden. Regelmäßig bemisst sich der (Jahres-)Urlaub nach dem Beschäftigungsjahr. Eine zeitanteilige Aufteilung der Urlaubsansprüche zum Stichtag der Insolvenzeröffnung unter Berücksichtigung bereits genommenen Urlaubs dürfte deshalb auch in der Praxis zu bewerkstelligen sein.[437]Der aus der Zeit vor Insolvenzeröffnung zeitanteilig verbliebene Urlaub wäre konsequenterweise als Insolvenzforderung zu qualifizieren.

Aus arbeitsrechtlicher Sicht ist die strikte Anwendung der Grundaussage des § 613a BGB als Folge der Einstufung von Urlaubsansprüchen als

433 *Lembke*, BB 2007,1333, 1335.
434 *Lembke*, BB 2007, 1333, 1335.
435 BAG, Urt. v. 25.3.2003 - 9 AZR 174/02, BAGE 105, 345 = NZI 2004, 102.
436 BAG, Urt. v. 18.11.2003 - 9 AZR 95/03, BAGE 108, 357 = NZI 2005, 118.
437 Beispielsweise durch eine monatliche Zuordnung der den Mitarbeitern jeweils zustehenden Urlaubstage.

Masseforderungen zu begrüßen. Letztlich zeigt die rechtliche Behandlung der Urlaubsansprüche bei der übertragenden Sanierung aus der Insolvenz, dass die Haftungsbeschränkung des Erwerbers nicht zwingend ist und sich eine differenzierte Betrachtung durchaus begründen lässt.

IV. Altersteilzeit

Die Durchführung der Altersteilzeit kann auf verschiedene Arten erfolgen, wobei das Kontinuitäts-Modell und das Block-Modell die in der Praxis üblichen Methoden darstellen.[438] Im Kontinuitäts-Modell wird die wöchentliche oder monatliche Arbeitszeit während der gesamten Altersteilzeit herabgesetzt. Im Block-Modell erfolgt die Verringerung der Arbeitszeit, indem einer Arbeitsphase, während der ein Arbeitnehmer regulär arbeitet, eine im Normalfall ebenso lange Freistellungsphase folgt.[439] Im Rahmen beider Modelle erhält der Arbeitnehmer ein seiner verminderten Arbeitszeit angepasstes Arbeitsentgelt sowie einen zusätzlichen Aufstockungsbetrag in Höhe von mindestens zwanzig Prozent des Regelarbeitsentgeltes für die Altersteilzeitarbeit.[440]

Die Durchführung der Altersteilzeit im Block-Modell ist im sanierungsbedingten Transaktionskontext besonders brisant und demonstriert den Einfluss des insolvenzrechtlichen Sanierungsprinzips.

1. Entgeltansprüche in der Freistellungsphase

Der Arbeitnehmer tritt durch seine ungekürzte Arbeitsleistung in der Arbeitsphase des Block-Modells in Vorleistung.[441] Damit erwirbt er im Umfang seiner Vorleistung einen Anspruch auf die spätere Zahlung der Bezüge und einen entsprechenden Anspruch auf Freistellung von der Arbeitspflicht.[442] Bei dem während der Freistellungsphase durch den Arbeitgeber zu erbringenden Entgelt handelt es sich folglich um eine in der Fälligkeit hinausgeschobene Vergütung

---

438 Vertiefend und mit Beispielen *Hinrichs*, in: Röger, Insolvenzarbeitsrecht, 1. Aufl. 2018, § 3 Rn. 90 ff; vgl. auch *Löwisch/Rieble*, in: Löwisch/Rieble, Tarifvertragsgesetz, 4. Aufl. 2017, § 1 Rn. 1846 ff.

439 *Froehner*, NZA 2012, 1405; *Zobel*, in: Uhlenbruck, InsO, 15. Aufl. 2019, § 22, Rn. 141.

440 *Froehner*, NZA 2012, 1405; *Zobel*, in: Uhlenbruck, InsO, 15. Aufl. 2019, § 22, Rn. 141.

441 *Kubusch* in: Graf-Schlicker, InsO, 5. Aufl. 2020, § 113 Rn. 12; *Hefermehl*, in: MünchKomm InsO, 4. Aufl. 2019, § 55 Rn. 175.

442 *Froehner*, NZA 2012, 1405, 1406; vgl. auch *Pape/Schaltke* in: Kübler/Prütting/Bork, InsO, 09.2020, § 55 InsO Rn. 177.

für die während der Arbeitsphase geleistete Arbeitszeit, die zuvor nur in verringertem Umfang vergütet worden ist.[443]

Auch im Rahmen eines vereinbarten Block-Modells richtet sich die Einordnung der Vergütungsansprüche des Arbeitnehmers als Insolvenz- oder Masseforderung danach, wann die Arbeitsleistung tatsächlich erbracht wurde. Nach der Rechtsprechung des Bundesarbeitsgerichts kommt es darauf an, ob die Arbeitsleistung des Arbeitnehmers in der Ansparphase vor oder nach der Insolvenzeröffnung erbracht wurde. Unbeachtlich ist hingegen, wann der Arbeitnehmer die Zahlungen verlangen kann, denn auf die Fälligkeit einer Forderung kommt es im Hinblick auf ihre insolvenzrechtliche Einordnung als Insolvenzforderung oder Masseverbindlichkeit gerade nicht an.[444]

Wurde die Arbeitsleistung somit vor Insolvenzeröffnung erbracht, ist der zeitlich in die Freistellungsphase verlagerte Entgeltanspruch des Arbeitnehmers nur eine einfache Insolvenzforderung.[445] Lediglich der nach Insolvenzeröffnung erdiente Anteil stellt eine Masseverbindlichkeit dar, die sich gegen die Insolvenzmasse bzw. den Betriebserwerber richtet.[446]

Damit handelt es sich bei den Ansprüchen des Arbeitnehmers im Rahmen der Freistellungsphase nach Insolvenzeröffnung ausnahmslos um einfache Insolvenzforderungen, wenn die Arbeitsphase im Block-Modell vor Eröffnung des Insolvenzverfahrens bereits vollständig abgeschlossen war. Nur wenn die Arbeitsphase nach Insolvenzeröffnung noch andauert, stellt auch das Entgelt, das während der Freistellungsphase spiegelbildlich zu diesem Zeitraum der Arbeitsphase zu leisten ist, eine Masseverbindlichkeit dar.[447]

Das strikte Festhalten an den besonderen Verteilungsgrundsätzen des Insolvenzrechts kann somit auch bei der Durchführung von Altersteilzeit zu weitreichenden Konsequenzen führen: Hat der betroffene Arbeitnehmer mit seinem Arbeitgeber Altersteilzeit im Block-Modell vereinbart und erarbeitet er sich während der Arbeitsphase im vereinbarten Umfang seine Bezüge für die

---

443 BAG, Urt. v. 19.10.2004 - 9 AZR 647/03, AP InsO § 55 Nr. 5 = BB 2005, 1339.

444 BAG, Urt. v. 23.2.2005 - 10 AZR 600/03, AP InsO § 108 Nr. 1 = NZA 2005, 1016 (Ls.); BAG, Urt. v. 19.10.2004 - 9 AZR 647/03, AP InsO § 55 Nr. 5 = BB 2005, 1339; a.A. die Vorinstanz LAG Düsseldorf, Urt. v. 22.10.2003 - 12 Sa 1202/03, NZA-RR 2004, 288, 290.

445 BAG, Urt. v. 19.10.2004 - 9 AZR 645/03, NZA 2005, 527.

446 BAG, Urt. v. 19.10.2004 - 9 AZR 645/03, NZA 2005, 527.

447 BAG, Urt. v. 30.10.2008 - 8 AZR 54/07, AP BGB § 613a Nr. 357 = NZA 2009, 432; vgl. auch *Bäuerle*, in: Braun, InsO, 8. Aufl. 2020, § 38 Rn. 22; *Mues*, in: FK-InsO, 9. Aufl. 2018, Anhang zu § 113 Rn. 334.

Freistellungsphase, erhält er im Insolvenzfall – auch im Falle eines Betriebsübergangs – allenfalls eine Insolvenzquote.

Das Bundesarbeitsgericht begründet seine Entscheidung im Wesentlichen wieder damit, dass die besonderen Verteilungsgrundsätze des Insolvenzrechts als Spezialregelung vorgehen.[448] Ebenfalls wiederkehrendes Argument ist, dass durch diese Handhabe Betriebsübernahmen in der Insolvenz erleichtert werden.[449]

Fraglich ist, weshalb in dieser Konstellation an dem vorgenannten Grundsatz der gleichmäßigen Gläubigerbefriedigung festgehalten werden muss. Teilweise wurde bereits eine Haftung des Betriebserwerbers hinsichtlich der Altersteilzeitarbeitsentgeltansprüche befürwortet.[450] So wird die Auffassung vertreten, dass dem Betriebserwerber keine Haftungserleichterung für Ansprüche auf Altersteilzeitarbeitsentgelt während der Freistellungsphase zugutekommen soll, wenn die Arbeitsphase vor Insolvenzeröffnung bereits abgeschlossen war. Insoweit verstoße die Rechtsprechung des Bundesarbeitsgerichts gegen Art. 5 Abs. 2 lit. a) der Betriebsübergangsrichtlinie[451], wonach eine Haftungserleichterung nur für „vor dem Übergang" bzw. „vor der Eröffnung des Insolvenzverfahrens" fällige Verbindlichkeiten des Veräußerers gestattet werde. Ansprüche auf Altersteilzeitvergütung während der Freistellungsphase würden – unabhängig davon, dass sie in der Arbeitsphase entstanden sein mögen – monatlich während der Freistellungsphase fällig. Soweit sie nach dem Betriebsübergang fällig werden, erlaubt Art. 5 Abs. 2 lit. a) der Richtlinie nicht, sie vom Übergang auszunehmen.[452]

Diese sehr nachvollziehbare Argumentation hielt der revisionsrechtlichen Nachprüfung, wonach die Vergütungsansprüche aus einem Altersteilzeitverhältnis, die in ihrer Fälligkeit während der Freistellungsphase grundsätzlich hinausgeschoben sind, nach § 41 Abs. 1 InsO mit Eröffnung des Insolvenzverfahrens fällig werden, nicht stand.[453] Sinn des Insolvenzverfahrens ist es, das gesamte Vermögen des Schuldners unter allen Gläubigern zu verteilen, weshalb auch noch nicht fällige Forderungen zu berücksichtigen sind. Ungeachtet dessen führt die Rechtsprechung des Bundesarbeitsgerichts faktisch zu einer weiteren enormen

---

448 BAG, Urt. v. 19.10.2004 - 9 AZR 645/03, NZA 2005, 527.

449 BAG, Urt. v. 17.1.1980 - 3 AZR 160/79, BAGE 32, 326 = NJW 1980, 1124 f.

450 Vgl. hierzu LAG Hessen, Urt. v. 23.8.2006 - 8 Sa 1744/05, BeckRS 2007, 40912.

451 Richtlinie 2001/23/EG des Rates vom 12.3.2001, ABlEG L 82/16 v. 22.3.2001.

452 LAG Hessen, Urt. v. 23.8.2006 - 8 Sa 1744/05, BeckRS 2007, 40912.

453 BAG, Urt. v. 30.10.2008 - 8 AZR 54/07, AP BGB § 613a Nr. 357 = NZA 2009, 432, 435.

Entlastung des Betriebserwerbers zur Förderung der übertragenden Sanierung des Unternehmens. Trotzdem ist es einmal mehr der betroffene Arbeitnehmer, der das Insolvenzrisiko seines Arbeitgebers tragen muss und trotz Betriebsübergangs seine Ansprüche auf Altersteilzeitvergütung einbüßt.

Zwar wird für den Bereich der Altersteilzeit eine spezielle Insolvenzsicherung im Altersteilzeitgesetz gesetzlich vorgeschrieben. Konkret sind – wegen der geringeren Werthaltigkeit der Entgeltforderungen im Insolvenzfall – die Ansprüche des Arbeitnehmers gemäß § 8a Abs. 1 AltTZG „in geeigneter Weise" gegen das Risiko der Zahlungsunfähigkeit des Arbeitgebers abzusichern, wenn sein Wertguthaben den Betrag des Dreifachen des Regelarbeitsentgelts nach § 6 Abs. 1 AltTZG einschließlich des darauf entfallenden Arbeitgeberanteils am Gesamtsozialversicherungsbeitrag übersteigt.[454] Hinsichtlich der Form der Insolvenzsicherung der Ansprüche des Arbeitnehmers wird dem Arbeitgeber weitgehend freie Hand gelassen.[455] Grundsätzlich soll die Sicherung das gesamte bereits erdiente, aber noch nicht an den Arbeitnehmer ausgezahlte Arbeitsentgelt erfassen.[456]

Zulasten der Arbeitnehmer wirkt sich dabei aus, dass nach dem in § 8a Abs. 1 Satz 1 Halbs. 2 AltTZG klar zum Ausdruck kommenden Willen des Gesetzgebers[457], die in § 7e Abs. 7 Satz 2 SGB IV angeordnete Haftung der Organe des Arbeitgebers auf Wertguthaben aus Altersteilzeit im Blockmodell keine Anwendung finden.[458] Auch den Insolvenzverwalter trifft im eröffneten Verfahren keine Pflicht zur Absicherung des Guthabens, da die Nichtbegleichung einer durch den Insolvenzverwalter begründeten Masseverbindlichkeit bereits zu einer persönlichen Haftung nach §§ 60, 61 InsO führen kann.[459]

Somit besteht bei Altersteilzeitansprüchen auch auf Sozialrechtsebene nicht wirklich ein „doppelter Boden" und den betroffenen Arbeitnehmern bleibt am Ende nur die Anmeldung ihrer Forderung zur Insolvenztabelle. Das insolvenzrechtliche Sanierungsprinzip wirkt sich abermals negativ für die Arbeitnehmer aus.

---

454 *Froehner*, NZA 2012, 1405, 1408.

455 Vgl. LAG Schleswig-Holstein, Urt. v. 9.11.2010 - 5 Sa 469/09, BeckRS 2011, 65092; *Koller-van Delden*, DStR 2008, 1835.

456 *Rolfs*, in: ErfK, 20. Aufl. 2020, § 8a ATG Rn. 4; *Baldringer/Jordans*, ArbuR 2005, 429, 431.

457 Vgl. BT-Drs. 16/10289, S. 11.

458 BAG, Urt. v. 23.2.2016 - 9 AZR 293/15, AP ATG § 8a Nr. 9 = ZIP 2016, 885 = NJW 2016, 2204.

459 So *Froehner*, NZA 2012, 1405, 1408.

2. *Vorzeitige Beendigung des Altersteilzeitverhältnisses im Block-Modell*

In der Freistellungsphase ist durch den Insolvenzverwalter eine betriebsbedingte Kündigung nicht möglich.[460] Aufgrund eines fehlenden dringenden betrieblichen Erfordernisses besteht auch ohne Insolvenz kein betriebsbedingter Kündigungsgrund. Die Besonderheiten des Insolvenzverfahrens rechtfertigen keine abweichende Beurteilung.[461] Das Arbeitsverhältnis des Altersteilzeitarbeitnehmers bleibt bis zur Beendigung bestehen, wenn er sich in der Freistellungsphase befindet. Zumindest dem Grunde nach bleiben die Vergütungsansprüche erhalten, wenngleich deren Werthaltigkeit äußerst zweifelhaft sein dürfte.

Bei einer betriebsbedingten Kündigung während der Arbeitsphase lässt sich hingegen der Wegfall eines Beschäftigungsbedürfnisses begründen. Allerdings stellt sich dann das Problem der Rückabwicklung. Schließlich hat der Altersteilzeitarbeitnehmer in der Arbeitsphase voll gearbeitet, allerdings nur eine geringere Vergütung bezogen.[462]

Bei der Frage der Kompensation dieses „Störfalles"[463], hier in Form eines Differenzausgleichsanspruches aus Rückabwicklung, ist wieder die Einordnung der Ansprüche in die Zeit vor und nach Eröffnung des Insolvenzverfahrens ausschlaggebend. Wie auch die Vergütungsansprüche anderer Arbeitnehmer sind die Vergütungsansprüche vor Eröffnung des Insolvenzverfahrens einfache Insolvenzforderungen. Demnach besteht im sogenannten Störfall zwar dem Grunde nach eine Rückabwicklungsmöglichkeit. Allerdings aufgrund der Einordnung dieser Ansprüche als Insolvenzforderung eben mit äußerst zweifelhafter Werthaltigkeit.[464]

V. Abfindungsansprüche

Neben der Kündigung ist auch der Abschluss von Aufhebungsverträgen ein probates Mittel, rechtssicher ein Arbeitsverhältnis zu beenden. Der Arbeitnehmer gibt seinen Arbeitsplatz auf und erhält im Gegenzug eine Abfindung.

---

460 BAG, Urt. v. 5.12.2002 - 2 AZR 571/01, AP Nr. 125 zu § 1 KSchG 1969 Betriebsbedingte Kündigung = ZInsO 2003, 480.

461 *Schrader/Straube*, ZInsO 2005, 234, 236.

462 *Schrader/Straube*, ZInsO 2005, 234, 237.

463 So wörtlich: BAG, Urt. v. 16.3.2004 - 9 AZR 267/03, NZA 2005, 784.

464 Vertiefend: *Froehner*, NZA 2012, 1405.

Oft kommt es vor, dass das später insolvente Unternehmen schon in der Krise Personalanpassungsmaßnahmen getroffen hat.[465] Dabei sind Abfindungsansprüche aus Aufhebungsverträgen, die vor der Eröffnung des Insolvenzverfahrens von der Schuldnerin abgeschlossen worden sind, Insolvenzforderungen gemäß § 38 InsO, auch wenn die Beendigung des Arbeitsverhältnisses erst nach Insolvenzeröffnung eintritt.[466] Der schuldrechtliche Anspruch entsteht nämlich bereits mit dem Abschluss des Rechtsgeschäfts.[467] Zudem stellt die Abfindung keine Gegenleistung für erbrachte Arbeitsleistung dar, sondern sie bezweckt – ähnlich wie eine Sozialplanabfindung nach § 112 BetrVG – einen zukunftsbezogenen Ausgleich für die durch den Arbeitsplatzverlust entstehenden Nachteile.[468]

Nur sofern der Anspruch auf Zahlung einer Abfindung vom Insolvenzverwalter begründet wird, handelt es sich um eine Masseverbindlichkeit im Sinne von § 55 Abs. 1 Nr. 1 InsO.[469]

Entsprechendes gilt bei einer gerichtlich zugesprochenen Abfindung nach §§ 9, 10 KSchG . Wurde dem Arbeitnehmer noch vom Insolvenzschuldner vor Eröffnung des Insolvenzverfahrens gekündigt, ist der Abfindungsanspruch eine Insolvenzforderung. Hat dagegen der Insolvenzverwalter sozialwidrig gekündigt, handelt es sich bei der Abfindung um eine Masseverbindlichkeit.[470]

Handelt es sich bei dem Abfindungsanspruch um eine Insolvenzforderung und hat der Arbeitnehmer mit Abschluss des Aufhebungsvertrags schon seinen Teil der Leistung – nämlich die Aufgabe des Arbeitsplatzes bzw. künftiger Lohnbezüge – erbracht, jedoch die Abfindung als Gegenleistung nicht in der vereinbarten Höhe erhalten, stellt sich die Frage nach dem Schicksal des Aufhebungsvertrags.[471] Denkbar wäre, dass der Arbeitnehmer den Aufhebungsvertrag nach § 123 BGB wegen arglistiger Täuschung anficht, wenn der Aufhebungsvertrag nebst der Zusage der Abfindungszahlung geschlossen wurde, obwohl bereits

---

465 Hierzu: *Gossak*, in: Göpfert/Schöne, HdB Arbeitsrecht in Restrukturierung und Insolvenz, 2. Aufl. 2019, § 19 Rn. 19 ff.

466 Vgl. BAG, Urt. v. 27.4.2006 - 6 AZR 364/05, ZInsO 2007, 835.

467 *Moll*, in: Kübler/Prütting/Bork, InsO, 09.2020, § 113 Rn. 24.

468 Vgl. BAG, Urt. v. 27.9.2007 - 6 AZR 975/06, ZIP 2008, 374.

469 Vgl. BAG, Urt. v. 12.6.2002 - 10 AZR 180/01, ZIP 2002, 1495.

470 Vgl. *Andres*, in: Nerlich/Römermann, InsO, 41. EL. April 2020, § 55, Rn. 113; *Bäuerle*, in: Braun, InsO, 8. Aufl. 2020, § 38 Rn. 18; *Bertram/Künzel*, in: Gottwald/Haas, InsR-HdB, 6. Aufl. 2020, § 105 Rn. 37 ff.; vgl. auch *Bremen*, in: Graf-Schlicker, InsO, 5. Aufl. 2020, § 55 Rn. 59; *Hefermehl*, in: MünchKomm InsO, 4. Aufl. 2019, Band 2, § 55 Rn. 189; *Mues*, in: FK-InsO, 9. Aufl. 2018, Anhang zu § 113 Rn. 301 f.

471 *Schöne*, in: Kübler, HRI, 3. Aufl. 2018, § 55 Rn. 198.

sicher vorhersehbar war, dass das Unternehmen alsbald insolvent sein wird und die vereinbarte Abfindung nicht gezahlt werden kann. Alternativ könnte der Arbeitnehmer den Rücktritt vom Aufhebungsvertrag erklären. Zu der Frage, ob ein Rücktrittsrecht vom Aufhebungsvertrag während des Insolvenzeröffnungsverfahrens besteht und bis zu welchem Zeitpunkt es auszuüben ist, hat das Bundesarbeitsgericht bereits Stellung bezogen.[472] Hiernach kommt ein Rücktritt vom Aufhebungsvertrag nicht in Betracht, wenn der Abfindungsanspruch rechtlich nicht mehr durchsetzbar ist. Das ist der Fall, wenn der Schuldner die Abfindung nicht mehr zahlen durfte, weil im Rahmen des Insolvenzeröffnungsverfahrens das Insolvenzgericht einen Zustimmungsvorbehalt des Insolvenzverwalters angeordnet hat. Darüber hinaus steht der Durchsetzbarkeit des Abfindungsanspruchs die *dolo-agit*-Einrede entgegen. Der Arbeitnehmer fordert mit der Abfindungszahlung eine Leistung, die er alsbald nach § 143 Abs. 1 InsO wegen Anfechtbarkeit der Abfindungszahlung nach §§ 129 ff. InsO zur Insolvenzmasse zurückzugewähren hätte. Aus den gleichen Erwägungen scheidet auch ein Rücktritt von einem Prozessvergleich über die Beendigung des Arbeitsverhältnisses gegen Zahlung einer Abfindung aus, wenn der Abfindungsanspruch wegen der Insolvenz des Arbeitgebers (nur) Insolvenzforderung ist.[473]

Aus den vorgenannten Erwägungen folgt, dass ein Rücktritt des Arbeitnehmers vom Aufhebungsvertrag im eröffneten Verfahren wenig zielführend erscheint, wenn es sich bei der Abfindungszahlung um eine Insolvenzforderung handelt, weil sie insoweit in ihrer Durchsetzbarkeit den insolvenzrechtlichen Beschränkungen unterliegt.[474]

Ein Abfindungsanspruch nach § 10 KSchG stellt eine Masseverbindlichkeit nach § 55 Abs. 1 Nr. 1 InsO dar, wenn das Auflösungsurteil auf einer unwirksamen Kündigung des Insolvenzverwalters beruht. Wurde das Arbeitsverhältnis hingegen noch vom Insolvenzschuldner selbst gekündigt, so handelt es sich auch bei einer erst nach Verfahrenseröffnung vom Arbeitsgericht durch Urteil dem Arbeitnehmer zugesprochenen Abfindung nach §§ 9, 10 KSchG nur um eine einfache Insolvenzforderung.[475]

472 BAG, Urt. v. 10.11.2011 - 6 AZR 357/10, ZIP 2012, 91; BAG, Urt. v. 10.11.2011 - 6 AZR 583/10, AP BGB § 620 Aufhebungsvertrag Nr. 45; BAG, Urt. v. 10.11.2011 - 6 AZR 342/10, ZInsO 2012, 450.

473 BAG, Urt. v. 11.7.2012 - 2 AZR 42/11, NZA 2012, 1316.

474 *Schöne*, in: Kübler, HRI, 3. Aufl. 2018, § 55 Rn. 198.

475 LAG Rheinland-Pfalz, Urt. v. 19.4.2017 - 4 Sa 329/16, ArbRAktuell 2017, 467.

Insgesamt lässt sich festhalten, dass aufgrund der Qualifizierung des Abfindungsanspruches als Insolvenzforderung der Betriebserwerber von einer Haftung in aller Regel verschont bleibt. Dies jedenfalls im Hinblick auf solche Abfindungsansprüche, die noch auf vom Insolvenzschuldner vor Eröffnung des Insolvenzverfahrens abgeschlossenen Aufhebungsverträgen beruhen. Wieder gelangt man durch eine stichtagsbezogene Forderungsabgrenzung zu dem gewünschten Ziel, den Betriebserwerber nicht mit Forderungen der Arbeitnehmer zu belasten. Bei Abschluss von Aufhebungsverträgen mag zutreffen, dass am (langfristigen) Bestand offenbar gegenseitig kein Interesse mehr bestand, weswegen auch ein Aufhebungsvertrag unterzeichnet wurde. Nichts desto trotz zeigen die ergangene Rechtsprechung und Praxis im Bereich der Abfindungszahlungen einmal mehr, wie sehr man zur insolvenzrechtlichen Sanierung tendiert und Arbeitnehmerbelange unterwandert. Das auf diese Weise gewonnene Ergebnis, nämlich die Entlastung des Betriebserwerbers, steht dabei einmal mehr im Einklang mit den Wertungen des insolvenzrechtlichen Sanierungsprinzips.

VI. Weitere individualrechtliche Ausprägungen

Neben den aufgezeigten Ausprägungen des insolvenzrechtlichen Sanierungsprinzips, zeigen auch nachfolgende Konstellationen dessen Reichweite und Einfluss auf das Individualarbeitsrecht.

1. Wiedereinstellungsanspruch

Grundsätzlich beinhaltet der sogenannte Wiedereinstellungsanspruch den Anspruch auf Neuabschluss eines Arbeitsvertrags unter Übernahme des bisherigen Besitzstands, wenn sich nach wirksamer Kündigung die für die Kündigung maßgeblichen Umstände so ändern, dass der Kündigungsgrund praktisch „entfällt“ bzw. die ausgesprochene Kündigung nicht mehr zulässig wäre. Es handelt sich um ein aus Billigkeitsgründen im Wege der richterlichen Rechtsfortbildung geschaffenes Korrektiv für eine im Kündigungsrecht bestehende Regelungslücke.[476] Der Hauptanwendungsfall ist die Kündigung, wobei in der Praxis der am häufigsten auftretende Fall der Wiedereinstellungsanspruch nach einem Betriebsübergang ist.[477] Entscheidet sich der Arbeitgeber nämlich, einen Betriebsteil stillzulegen, und kündigt er den dort beschäftigten Arbeitnehmern, so kann er zur Wiedereinstellung entlassener Arbeitnehmer verpflichtet sein,

---

476 *Krieger/Willemsen*, NZA 2011, 1128.
477 *Krieger/Willemsen*, NZA 2011, 1128, 1129.

wenn er sich noch während der Kündigungsfrist dazu entschließt, die Betriebsabteilung mit einer geringeren Anzahl von Arbeitnehmern doch fortzuführen.

In der Insolvenz läuft ein solcher Wiedereinstellungsanspruch allerdings ins Leere, wenn der Betriebsübergang nach Ablauf der Frist einer insolvenzbedingten Kündigung erfolgt.[478] Die Rechtsprechung stellte insoweit fest, dass im Insolvenzfall die Zubilligung eines Wiedereinstellungsanspruchs bei Vollzug des Betriebsübergangs nach Ablauf der Kündigungsfrist dem Konzept der Insolvenzordnung widerspräche.[479] Nach dem Bundesarbeitsgericht beruht die Insolvenzordnung nämlich auf dem Konzept, dass die bei oder sogar zur Betriebsveräußerung in der Insolvenz erforderliche Personalreduktion vom eingesetzten Insolvenzverwalter unter erleichterten Bedingungen vorgenommen werden können muss, um die Erwerber nicht entsprechend zu belasten.[480] Ein Wiedereinstellungsanspruch würde die erstrebte Rechtssicherheit unterlaufen, was am Ende zu einem Scheitern einer übertragenden Sanierung führen könnte; gerade für die Gläubiger entfiele so die bestmögliche Verwertungsmöglichkeit.[481] Im Kern liegt der Rechtsprechung damit auch im Bereich des Wiedereinstellungsanspruches wieder die Förderung der Sanierung zugrunde.[482]

2. *Widerspruch nach § 613a Abs. 6 BGB*

Die Arbeitnehmer haben die Möglichkeit, dem Übergang des Arbeitsverhältnisses zu widersprechen. Dies kann dazu führen, dass es nach § 613a Abs. 6 BGB zu einer Rückkehr der Arbeitnehmer zum (insolventen) Veräußerer kommt. Sowohl die Unterrichtungspflicht nach § 613a Abs. 5 BGB als auch das Widerspruchsrecht nach § 613a Abs. 6 BGB gelten im Insolvenzverfahren; die einmonatige Widerspruchsfrist nach § 613a Abs. 6 Satz 1 BGB wird nur durch eine ordnungsgemäße Unterrichtung in Lauf gesetzt.[483]

---

478 BAG, Urt. v. 28.10.2004 - 8 AZR 199/04, NZA 2005, 405, 407; *Krieger/Willemsen*, NZA 2011, 1128, 1131.

479 BAG, Urt. v. 28.10.2004 - 8 AZR 199/04, NZA 2005, 405, 407.

480 *Staufenbiel/Brill*, ZInsO 2015, 173, 176 m.V.a. BAG, Urt. v. 28.10.2004 - 8 AZR 199/04, NZA 2005, 405, 407.

481 *Staufenbiel/Brill*, ZInsO 2015, 173, 176 m.V.a. BAG, Urt. v. 28.10.2004 - 8 AZR 199/04, NZA 2005, 405, 407.

482 Ausführlich: *Moll*, in: Kübler/Prütting/Bork, InsO, 06.2019, § 128 Rn. 76 ff.; *Krieger/Willemsen*, NZA 2011, 1128.

483 BAG, Urt. v. 14.11.2013 - 8 AZR 824/12, AP BGB § 613a Nr. 449 = ZInsO 2014, 1217,1219; vertiefend: *Baeck/Winzer/Kramer*, NZG 2014, 652, 653 f.

Das Risiko des Widerspruchs ist im Insolvenzverfahren allerdings gering, weil sich für die Arbeitnehmer mit dem Arbeitgeberwechsel die wirtschaftliche Aussicht in der Regel verbessern wird.[484] Denn wegen des Übergangs sind zumindest künftige Vergütungsansprüche des Arbeitnehmers zu erwarten, während bei einem Rückfall auf den insolventen Arbeitgeber regelmäßig mit einer sofortigen Kündigung durch den Insolvenzverwalter zu rechnen wäre und hinsichtlich etwaiger Auslauflöhne als Masseverbindlichkeiten unter Umständen auf die Rangfolge des § 209 InsO beschränkt wäre.[485]

3. Änderung von Arbeitsbedingungen

Der Betriebserwerber übernimmt die Arbeitsverhältnisse in dem Zustand, in dem sie sich zum Zeitpunkt des Betriebsübergangs bei dem früheren Betriebsinhaber befunden haben.[486] Dies eröffnet die Möglichkeit, Arbeitsbedingungen auch noch kurz vor dem Stichtag des Betriebsübergangs ohne Veränderungssperre so zu verändern, dass sie den Erwerberwünschen entsprechen und eine übertragende Sanierung attraktiv werden lassen.[487] Dabei sind die praktischen Möglichkeiten des Investors, auf die individualrechtlichen Arbeitsverträge, die kollektiven Arbeitszeitregelungen sowie Tarifverträge noch vor dem Betriebsübergang Einfluss zu nehmen, dann am größten, wenn durch den Betriebsübergang eine ansonsten drohende Schließung des Geschäftsbetriebs vermieden werden kann.[488] Das Sanierungsprinzip drückt sich folglich dadurch aus, dass die Motivation der Übertragung die Einflussnahme auf die Arbeitsbedingungen nicht unzulässig macht.

---

484 *Schöne*, in: Kübler, HRI, 3. Aufl. 2018, § 55 Rn. 154.

485 *Staufenbiel/Brill*, ZInsO 2015, 173, 176; *Schelp*, NZA 2010, 1095, 1099 f.

486 *Gossak*, in: Göpfert/Schöne, HdB Arbeitsrecht in Restrukturierung und Insolvenz, 2. Aufl. 2019, § 19 Rn. 39; *Preis* in: Preis/Temming, Arbeitsrecht - Individualarbeitsrecht, 6. Aufl. 2020, § 71 Rn. 3450; *Koch*, in: Schaub/Koch, Arbeitsrecht von A-Z, 25. Aufl. 2021, Betriebsübergang III. 1.

487 *Gossak*, in: Göpfert/Schöne, HdB Arbeitsrecht in Restrukturierung und Insolvenz, 2. Aufl. 2019, § 19 Rn. 39; krit. *Annuß/Lembke/Hangarter* in: Annuß/Lembke/Hangarter, Arbeitsrechtliche Umstrukturierung in der Insolvenz, 3. Aufl. 2016, B. IV. 4. Rn. 152 f.

488 *Gossak*, in: Göpfert/Schöne, HdB Arbeitsrecht in Restrukturierung und Insolvenz, 2. Aufl. 2019, § 19 Rn. 39.

C. Kollektivarbeitsrechtliche Ausprägungen des Sanierungsprinzips

Neben den exemplarisch ausgewählten individualarbeitsrechtlichen Ausprägungen des insolvenzrechtlichen Sanierungsprinzips, lassen sich dessen einschneidende Auswirkungen auf originär kollektivarbeitsrechtliche Sachverhalte insbesondere an den nachfolgenden Konstellationen aufzeigen.

I. Möglichkeit zur Ablösung von Kollektivvereinbarungen, § 613a Abs. 1 Satz 3 BGB

Bei einem Betriebsübergang im Sinne des § 613a BGB im Rahmen einer übertragenden Sanierung werden die sich aus einem Tarifvertrag bzw. einer Betriebsvereinbarung ergebenden Rechte und Pflichten Inhalt des Arbeitsverhältnisses zwischen dem neuen Arbeitgeber und dem jeweiligen Arbeitnehmer. In Kollektivvereinbarungen geregelte Arbeitsbedingungen werden grundsätzlich in das zugrundeliegende Arbeitsverhältnis transformiert (§ 613a Abs. 1 Satz 2 BGB), soweit sie nicht durch entsprechende Erwerberkollektivvereinbarungen abgelöst werden (§ 613a Abs. 1 Satz 3 BGB).[489] Eine insolvenzspezifische Modifikation findet zunächst nicht statt.[490]

1. Neuer Erwerberkollektivvertrag mit schlechteren Arbeitsbedingungen

Nach früherer Rechtsprechung des Bundesarbeitsgerichts[491] fand im Verhältnis zwischen transformiertem Veräußerer- und neuem Erwerberkollektivvertrag das Günstigkeitsprinzip,[492] wonach von mehreren im Einzelfall anwendbaren Vorschriften die für den Betroffenen günstigere anzuwenden und die ungünstigere verdrängt wird, keine Anwendung.[493] Im zugrundeliegenden Fall ging es um die Geltung eines für den Arbeitnehmer bei seinem ehemaligen Arbeitgeber bestehenden günstigeren (Rahmen-)Tarifvertrag mit Regelungen zu den allgemeinen Arbeitsbedingungen (unter anderem Arbeitszeit, Urlaub, Arbeit an Sonn- und Feiertagen) sowie um einen Tarifvertrag mit Regelungen zur

---

489 *Mückl*, ZInsO 2019, 652, 653.

490 Vgl. BAG, Urt. v. 26.8.2009 - 4 AZR 280/08, ZInsO 2009, 1927 (LS); BAG, Urt. v. 15.1.2002 - 1 AZR 58/01, BB 2002, 1967.

491 BAG, Urt. v. 11.5.2005 - 4 AZR 315/04, BAGE 114, 332 = BB 2005, 2467.

492 *Kreitner*, in: Küttner Personalbuch 2019, 26. Aufl. 2019, Günstigkeitsprinzip, Rn. 1 ff.

493 *Mückl*, ZInsO 2019, 652, 653.

Entlohnung. Da § 613a Abs. 1 Satz 3 BGB jedoch eine Spezialregelung enthalte, welche die Anwendung des Günstigkeitsprinzips ausschließe, galten für den Arbeitnehmer somit die schlechteren Bedingungen.[494] Der klare Gesetzeswortlaut und Gesetzeszweck ließen kein anderes Verständnis zu; bei § 613a Abs. 1 Satz 3 BGB handle es sich um eine Ablösungsregelung.[495]

Konsequenz dieser Rechtsprechung war, dass der Erwerber eines Betriebs(teils) aus der Insolvenz die typischerweise mit erheblichen Kosten verbundenen Kollektivvereinbarungen des Veräußerers durch eigene ablösen konnte, um den Betrieb kostengünstiger fortzuführen.[496]

a. Europarechtlicher Einfluss

Mit seiner Entscheidung in der Rechtssache *Scattolon*[497] stellte der Gerichtshof der Europäischen Union diese vorherrschend nationale Auffassung in Frage. Er entschied, dass die Integration der übergegangenen Arbeitnehmer in die Lohn- und Gehaltsstruktur des Erwerbers mit Unionsrecht vereinbar sein müsse. Die Kürzung des Arbeitsentgelts nach einem Betriebsübergang aufgrund des Dienstalters wurde im entschiedenen Fall als unionsrechtswidrig erachtet. Zwar darf nach Auffassung des Gerichtshofs der Europäischen Union der Erwerber hinsichtlich der Berechnung des Arbeitsentgelts der von einem Übergang betroffenen Arbeitnehmer ab dem Zeitpunkt des Übergangs die in dem bei ihm geltenden Kollektivvertrag vorgesehenen Arbeitsbedingungen – einschließlich derjenigen über das Arbeitsentgelt – anwenden. Allerdings müssen die gewählten Modalitäten einer solchen Integration der übergegangenen Arbeitnehmer in die Lohn- und Gehaltsstruktur mit dem Ziel der Unionsvorschriften über den Schutz der Rechte übergegangener Arbeitnehmer vereinbar sein. Dieser Schutz besteht im Wesentlichen darin, zu verhindern, dass sich die Lage der übergegangenen Arbeitnehmer „allein aufgrund des Betriebsübergangs gegenüber der Lage verschlechtert, in der sie sich vor dem Übergang befanden."[498]

Die Entscheidung wurde teilweise dahingehend interpretiert, dass der Gerichtshof der Europäischen Union die Auffassung vertrete, dass im Falle von

494 BAG, Urt. v. 11.5.2005 - 4 AZR 315/04, BAGE 114, 332 = BB 2005, 2467; BAG, Urt. v. 20.4.1994 - 4 AZR 342/93, DB 1994, 2629.

495 BAG, Urt. v. 11.5.2005 - 4 AZR 315/04, BAGE 114, 332 = BB 2005, 2467.

496 *Mückl*, ZInsO 2019, 652, 653 m.w.V.

497 EuGH, Urt. v. 6.9.2011 - C-108/10 8 („Scattolon"), Slg. 2011 I-7491 = NZA 2011, 1077.

498 EuGH, Urt. v. 6.9.2011 - C-108/10 8 („Scattolon"), Slg. 2011 I-7491 = NZA 2011, 1077.

Erwerberkollektivverträgen nun doch ein kollektiver Günstigkeitsvergleich[499] erfolgen müsse. Umstritten war, ob seiner Entscheidung ein allgemeines unionsrechtliches Verschlechterungsverbot[500] zu entnehmen oder die Entscheidung lediglich einzelfallspezifisch zu verstehen sei und nur ein Gebot der Gleichbehandlung bei der Anwendung der ablösenden Norm beschreiben würde.[501]

Überwiegend wurde vertreten, dass eine Abkehr vom Ablöseprinzip dem Wortlaut des Art. 3 Abs. 3 der Betriebsübergangsrichtlinie[502] widersprechen würde und daher nicht anzunehmen sei, dass die *Scattolon*-Entscheidung eine Abkehr von der bisherigen Rechtsprechung des Bundesarbeitsgerichts zur Folge habe.[503]

Die Diskussion belebend, folgte auf die Entscheidung in der Rechtssache *Scattolon* die Entscheidung in der Rechtssache *Unionen*[504]. Nach Auffassung des Gerichtshofs der Europäischen Union folgt aus Art. 3 Abs. 3 der Betriebsübergangsrichtlinie die Pflicht des Erwerbers zur Aufrechterhaltung der die Arbeitsbedingungen betreffenden Klauseln aus dem beim Veräußerer geltenden Kollektivvertrag zugunsten der übernommenen Arbeitnehmer (auf einen Zeitraum von einem Jahr ab dem Unternehmensübergang beschränkt), sofern der Erwerber zum Zeitpunkt des Übergangs bereits durch einen anderen Kollektivvertrag gebunden ist, der damit auf die übernommenen Arbeitnehmer Anwendung findet.

---

499 Zum Günstigkeitsvergleich: *Kreitner*, in: Küttner Personalbuch 2019, 26. Aufl. 2019, Günstigkeitsprinzip, Rn. 11 ff.

500 Hinter dem unionsrechtlichen Verschlechterungsverbot verbirgt sich der Gedanke, dass sich im Fall einer Ablösung kollektivrechtlicher Vereinbarungen (hier in Folge des Betriebsübergangs nach § 613a BGB) die Arbeitsbedingungen für die übergegangenen Arbeitnehmer nicht allein aufgrund des Betriebsübergangs verschlechtern dürfen.

501 *Sittard/Flockenhaus*, NZA 2013, 652; *Winter*, RdA 2013, 36; *Willemsen*, RdA 2012, 291; offenlassend: *Preis*, in: ErfK, 18. Aufl. 2018, § 613a BGB Rn. 125; *Willemsen/Müller-Bonanni*, in: Henssler/Willemsen/Kalb, Arbeitsrecht, 8. Aufl. 2018, § 613a BGB Rn. 271; *Sagan*, EuZA 2012, 247; zweifelnd: *Steinau-Steinrück*, NJW-Spezial 2012, 434, 435; *Leder/Rodenbusch*, EWiR 2011, 737, 738.

502 Richtlinie 2001/23/EG des Rates v. 12.3.2001, ABlEG L 82/16 v. 22.3.2001.

503 LAG SchlH, Urt. v. 26.9.2018 - 3 Sa 231/17, BeckRS 2018, 30751; LAG SchlH, Urt. v. 26.9.2018 - 3 Sa 224/17, BeckRS 2018, 30752; so auch LAG Niedersachsen, Urt. v. 25.5.2018 - 3 Sa 1334/16 B, BeckRS 2018, 21563 LAG Niedersachsen, Urt. v. 11.9.2018 - 3 Sa 1273/16 B, BeckRS 2018, 31775; Ausführlich: *Mückl*, ZIP 2012, 2373.

504 EuGH, Urt. v. 6.4.2017 - C-336/15 („Unionen“), ECLI:EU:C:2017:276 = NZA 2017, 585.

Der Gedanke eines unionsrechtlichen Verschlechterungsverbots trat nunmehr deutlich hervor. Somit war auch das bisherige Verständnis der Rechtsprechung des Gerichtshofs der Europäischen Union zu den Grenzen der Ablösbarkeit von Kollektivvereinbarungen im Rahmen eines Betriebs(teil)übergangs durch die deutschen Arbeitsgerichte und die wohl überwiegende Auffassung in der Literatur in Frage gestellt.[505]

b. Nationaler Standpunkt

Schließlich setzte das Bundesarbeitsgericht der Diskussion um die nationalen Auswirkungen der ergangenen Entscheidungen des Gerichtshofs der Europäischen Union mit seiner Entscheidung vom 23. Januar 2019 ein Ende. Nach Auffassung des Senats löst § 613a Abs. 1 Satz 3 BGB die beim Betriebsveräußerer durch Regelungen eines Tarifvertrags unmittelbar und zwingend geregelten Rechte und Pflichten der Arbeitsverhältnisse durch die für dieselben Regelungsgegenstände bestehenden tarifvertraglichen Regelungen, an die der Betriebserwerber und der Arbeitnehmer gebunden sind (kongruente Tarifgebundenheit), ab.[506] Die Ablösung erfolgt dabei grundsätzlich unabhängig davon, ob sich für die übergegangenen Arbeitsverhältnisse die Arbeitsbedingungen verbessern oder verschlechtern. Nach Auffassung des Bundesarbeitsgerichts folgt aus der Entscheidung des Gerichtshofs der Europäischen Union in der Rechtssache *Scattolon* kein allgemeines Verschlechterungsverbot.[507]

Letztlich machte das Bundesarbeitsgericht mit seiner Entscheidung deutlich, dass es auch nach der vielbeachteten *Scattolon*-Entscheidung des Gerichtshofs der Europäischen Union bei bestehender kongruenter Tarifbindung an seiner Auffassung festhält, wonach auch eine Ablösung durch einen verschlechternden Tarifvertrag möglich ist.

c. Stellungnahme

Richtig mag sein, dass infolge der vorgenannten Entscheidung des Bundesarbeitsgerichts der Praxis die schwierig zu beantwortenden Abgrenzungsfragen erspart bleiben, welche tarifvertragliche Regelung sich im Zweifel für den Arbeitnehmer als die günstigere erweist.[508] Auch mag die Entscheidung des

---

505 Ausführlich *Mückl*, ZInsO 2019, 652.

506 BAG, Urt. v. 23.1.2019 - 4 AZR 445/17, AP BGB § 613a Nr. 476 = ZIP 2019, 1081.

507 BAG, Urt. v. 23.1.2019 - 4 AZR 445/17, AP BGB § 613a Nr. 476 = ZIP 2019, 1081 (amtl. LS).

508 *Fuhlrott*, GWR 2019, 202.

Bundesarbeitsgerichts folgerichtig sein, um Arbeitnehmer bei einem Betriebsübergang gegenüber sonstigen Konstellationen der Veränderung der Tarifwerke nicht ungerechtfertigt besser zu stellen.

Festzustellen ist andererseits einmal mehr, dass sich die ergangene Entscheidung des Bundesarbeitsgerichts in seine auch ansonsten überaus sanierungsfreundliche Rechtsprechung einreiht. Die Auffassung, wonach im Falle konkurrierender Tarifgebundenheit gerade nicht das Günstigkeitsprinzip gilt, ermöglicht es dem Betriebserwerber, dem übernommenen Arbeitnehmer die im Erwerberbetrieb vorherrschenden Arbeitsbedingungen aufzuerlegen. Dies eben sogar dann, wenn sich die neuen Arbeitsbedingungen als allgemeinhin schlechter herausstellen.

In seiner Argumentation verweist das Bundesarbeitsgericht im Wesentlichen auf seine bisherige Entscheidung, wonach es eines kollektivrechtlich begründeten Mindeststandards beim Betriebsübergang nach § 613a Abs. 1 Satz 3 BGB dann nicht bedürfe, wenn ein für das Arbeitsverhältnis aufgrund kongruenter Tarifgebundenheit des Erwerbers und des Arbeitnehmers legitimierter Mindeststandard vorhanden sei.[509] Dieser könne, so wörtlich, für den Arbeitnehmer auch ungünstigere Arbeitsbedingungen vorsehen.[510] Den umstrittenen Entscheidungen des Gerichtshofs der Europäischen Union lägen einzelfallbezogene Besonderheiten zugrunde, die den Grundsatz der Ablösung von Tarifverträgen unberücksichtigt ließen.[511] Damit sei die Rechtslage im Hinblick auf die Entscheidungen zur Zulässigkeit der Ablösung von Kollektivvereinbarungen im Sinne eines *acte eclaire*[512] geklärt.[513]

Weshalb sich das Bundesarbeitsgericht so deutlich äußerte, bleibt dem Rechtsanwender verborgen. Jedenfalls lässt sich aus der Eindeutigkeit der Entscheidung folgern, dass künftige Betriebsübergänge im Rahmen übertragender Sanierungen weiterhin erwerberfreundlich ausgestaltet und Sanierungen somit weiter gefördert werden. Damit bleibt – aus arbeitsrechtlicher Sicht nicht

509 BAG, Urt. v. 22.4.2009 - 4 AZR 100/08, BAGE 130, 237 = AP BGB § 613 a Nr. 371.

510 Vgl. BAG, Urt. v. 22.4.2009 - 4 AZR 100/08, Rn. 31, BAGE 130, 237 = AP BGB § 613 a Nr. 371.

511 BAG, Urt. v. 23.1.2019 - 4 AZR 445/17, Rn. 44, AP BGB § 613a Nr. 476 = ZIP 2019, 1081.

512 Hierbei handelt es sich um eine Ausnahme von der Vorlagepflicht für den Fall, dass die gestellte Frage tatsächlich bereits in einem gleichgelagerten Fall Gegenstand einer Vorabentscheidung gewesen ist, vgl. *Karpenstein*, in: Grabitz/Hilf/Nettesheim/Karpenstein, Das Recht der Europäischen Union, 71. EL August 2020, Art. 267 AEUV Rn. 56.

513 BAG, Urt. v. 23.1.2019 - 4 AZR 445/17, Rn. 48, AP BGB § 613a Nr. 476 = ZIP 2019, 1081.

nachvollziehbar – festzuhalten, dass die Ablösung von Kollektivvereinbarungen auch zulasten der betroffenen Arbeitnehmer möglich ist. Ein weiteres sanierungsförderndes Privileg für den Betriebserwerber und ein eindeutiger Beleg dafür, wie sich das insolvenzrechtliche Sanierungsprinzip auch auf kollektivarbeitsrechtlicher Ebene entfaltet und zum Tragen kommt.

2. *Veräußererkollektivvertrag nach Erwerberkonzept*

Trotz des Umstandes, dass es in Folge der Entscheidung des Bundesarbeitsgerichts vom 23. Januar 2019[514] bei der bisherigen Bewertung verbleibt, wonach die Ablösung bei konkurrierender Tarifgebundenheit unabhängig davon erfolgt, ob sich für die übergegangenen Arbeitsverhältnisse die Arbeitsbedingungen verbessern oder verschlechtern, wurden bereits alternative Lösungen vorgeschlagen, um das im Rahmen übertragender Sanierungen gewünschte wirtschaftliche Ergebnis einer kostengünstigeren Tarif- und Betriebsvereinbarungslandschaft beim Erwerber weiterhin sicherzustellen. Zwar werden diese nun wohl nicht zur Anwendung gelangen, trotzdem veranschaulichen sie exemplarisch, mit welchen rechtsdogmatischen Ansätzen versucht wird, dem insolvenzrechtlichen Sanierungsprinzip Rechnung zu tragen.

Besonders hervorzuheben ist dabei der Vorschlag, die vom Bundesarbeitsgericht zur „Veräußererkündigung nach Erwerberkonzept"[515] entwickelten Grundsätze auf die Fälle der Ablösung von Kollektivvereinbarungen zu übertragen.[516] Hiernach sei in Erwägung zu ziehen, dass der Insolvenzverwalter nach dem kollektivrechtlichen Sanierungskonzept des Erwerbers die Ablösung der betriebswirtschaftlich nicht vertretbaren Kollektivvereinbarungen vor dem Übergang herbeiführt. Mit anderen Worten: Ein Veräußerertarifvertrag nach Erwerbermodell.

Ungeachtet der praktischen Notwendigkeit muss sich die Zulässigkeit dieser Gestaltungsmöglichkeit an der Frage messen lassen, ob die Ablösung der Kollektivvereinbarungen durch den Insolvenzverwalter vor dem Betriebsübergang eine unzulässige Umgehung von § 613a BGB darstellen würde.

Für eine unzulässige Umgehung spricht der Vergleich zum Abschluss eines individualrechtlichen Erlassvertrages[517], dessen Abschluss vor dem Betriebsteilübergang bereits für unzulässig erklärt wurde.[518] Allerdings hinkt dieser

514 BAG, Urt. v. 23.1.2019 - 4 AZR 445/17, AP BGB § 613a Nr. 476 = ZIP 2019, 1081.
515 BAG, Urt. v. 20.3.2003 - 8 AZR 97/02, ZInsO 2003, 1057.
516 So *Mückl*, ZInsO 2019, 652, 654 f.
517 *Mückl*, ZInsO 2019, 652, 654.
518 BAG, Urt. v. 19.3.2009 - 8 AZR 722/07, BAGE 130, 90 = NJW 2009, 3260.

Vergleich, da nach der Konzeption in § 613a Abs. 1 Satz 2 bis 4 BGB individualrechtliche Ansprüche stärker geschützt sind als kollektivrechtliche Ansprüche, weshalb auch die vom Bundesarbeitsgericht zu arbeitsvertraglichen Ansprüchen entwickelten Grundsätze von vornherein nicht auf Kollektivvereinbarungen übertragbar sind.[519]

Vor dem Hintergrund der eindeutigen Entscheidung des Bundesarbeitsgerichts zur Ablösung bei konkurrierender Tarifgebundenheit[520] wird die vorbeschriebene Gestaltungsmöglichkeit zur Ablösung von Kollektivvereinbarungen in der Praxis nicht zur Anwendung gelangen. Trotzdem zeigen die insoweit entwickelten Theorien, welche Reichweite die Rechtsprechung des Bundesarbeitsgerichts im Transaktionskontext haben kann. Die zwar anerkannte, aber vom Verfasser schon kritisch gesehene Veräußererkündigung nach Erwerberkonzept dient nun sogar noch als Vorbild für – vermeintlich – gleichgelagerte Fälle. Dass es sich bei der Erwerberkonzeptkündigung um eine Rechtsprechung handelt, die faktisch zu einer Kompetenzumverteilung führt und auf empfindliche Weise Arbeitnehmerschutzvorschriften umgeht, scheint ohne Belang zu sein.

II. Der Sanierungstarifvertrag

Die Ausprägungen des insolvenzrechtlichen Sanierungsprinzips lassen sich auch am Beispiel eines Sanierungstarifvertrags aufzeigen. Zwar ist der Begriff des Sanierungstarifvertrags gesetzlich nicht geregelt, dennoch hat er sich für Firmentarifverträge oder unternehmensbezogene Verbandstarifverträge etabliert, mit denen die Tarifparteien zum Zwecke der Sanierung eines Unternehmens von einem normativ geltenden Flächentarifvertrag (Regelfall) oder sonstigen Tarifwerk (firmenbezogener Verbandstarifvertrag oder sogar Firmentarifvertrag) abweichen, welche mit derselben Gewerkschaft abgeschlossen wurden.[521]

1. Ziele von Sanierungstarifverträgen

Wie bereits aufgezeigt wurde, werden Sanierungstarifverträge oftmals abgeschlossen, um bereits das Entstehen einer schwereren Krise des Unternehmens zu verhindern. Typischerweise zielt ihr Regelungsinhalt auf eine Kostensenkung oder mehr Flexibilität beim Einsatz der Mitarbeiter zur Steigerung der

---

519 *Mückl*, ZInsO 2019, 652, 654; zum unterschiedlichen Schutzniveau: LAG SchlH, Urt. v. 26.9.2018 - 3 Sa 231/17, BeckRS 2018, 30751, Rn. 87.

520 BAG, Urt. v. 23.1.2019 - 4 AZR 445/17, AP BGB § 613a Nr. 476 = ZIP 2019, 1081.

521 *Hoffmann-Remy*, in: Röger, Insolvenzarbeitsrecht, 1. Aufl. 2018, § 8 Rn. 48 m.w.V.

Produktivität. Nach Eröffnung des Insolvenzverfahrens ist ihr Zweck meist darauf gerichtet, ein Sanierungskonzept zu unterstützen und eine Zerschlagung des insolventen Unternehmens zu verhindern bzw. die Unternehmensattraktivität für den Erwerber zu steigern.

2. *Mögliche Inhalte von Sanierungstarifverträgen*

Es gibt eine Vielzahl von Möglichkeiten, Arbeitsbedingungen in einem Sanierungstarifvertrag zu regeln. In der Praxis haben sich im Kontext von übertragenden Sanierungen in der Krise insbesondere die nachfolgenden klassischen tariflichen Regelungen herausgebildet.

a. *Modifizierungen des Entgeltgefüges*

Die Absenkung tariflicher Entgelte wird nur selten durchsetzbar sein. Erfolgversprechender ist es daher, bestimmte Prozentsätze der Vergütung nicht zum Fälligkeitstermin auszuzahlen, sondern als Erfolgsbeteiligung im Falle einer gelungenen Sanierung des Unternehmens nachträglich den Arbeitnehmern zu gewähren (sogenannter Besserungsschein nach dem Vorbild des § 7 Abs. 4 Satz 5 BetrAVG).[522] Die Herausforderung besteht in diesem Modell darin, die Schwellenwerte festzulegen, ab deren Überschreitung die Erfolgsbeteiligung auszuzahlen ist und das Unternehmen als saniert gilt.

Eine weitere Stellschraube ist es, anstehende Erhöhungen der tariflichen Entgelte auszusetzen, also zu verschieben.[523] Darüber hinaus können Sonderzahlungen oder Einmalzahlungen, wie beispielsweise Weihnachtsgeld und zusätzliche Urlaubsvergütung bzw. Urlaubsgeld, für die Laufzeit des Tarifvertrags ganz entfallen.[524] Ein Sanierungstarifvertrag kann auch bereits entstandene tarifliche Ansprüche rückwirkend beseitigen, soweit die betroffenen Arbeitnehmer nicht auf den Fortbestand dieser Ansprüche vertrauen durften.[525]

---

522 *Schöne*, in: Kübler, HRI, 3. Aufl. 2018, § 55 Rn. 69; zur Entgeltflexibilisierung und arbeitsrechtlichen Gestaltungsmöglichkeiten durch einen Besserungsschein vgl. auch *Otto/Walk*, BB 2010, 373 ff.

523 *Schöne*, in: Kübler, HRI, 3. Aufl. 2018, § 55 Rn. 69; *Heise/Schwald*, NZA 2009, 753, 756.

524 *Schöne*, in: Kübler, HRI, 3. Aufl. 2018, § 55 Rn. 69; *Schöne* in: Göpfert/Schöne, HdB Arbeitsrecht in Restrukturierung und Insolvenz, 2. Aufl. 2019, § 14 Rn. 39; teilweise als Sparmaßnahme im „Paket“ bzw. „Paketlösung“ bezeichnet, vgl. *Heise/Schwald*, NZA 2009, 753, 756.

525 Vgl. BAG, Urt. v. 22.10.2003 - 10 AZR 152/03, BAGE 108, 176 = NZA 2004, 444 im Falle von Weihnachtsgeld.

b. *Bereitstellung eines zusätzlichen unentgeltlichen Arbeitszeitvolumens*

Inhalt eines Sanierungstarifvertrages kann auch sein, dass die Arbeitnehmer bei guter Auslastung des Unternehmens ein Arbeitszeitvolumen unentgeltlich zur Verfügung stellen.[526] Damit kann bei Auslastungsspitzen im gewünschten Umfang auf die benötigte zusätzliche Arbeitszeit der Beschäftigten zurückgegriffen werden, die dann entweder gar nicht vergütungspflichtig ist oder bei der zumindest keine Mehrarbeitszuschläge anfallen.[527]

c. *Flexibilisierung der Arbeitszeit*

Bei akuter Unterauslastung und absehbarer Mehrauslastung – beispielsweise in Folge einer zeitnahen Übertragung des Geschäftsbetriebs – besteht die Möglichkeit, den Abbau von Mehrarbeitsstunden und den Aufbau von Minusstunden zu gestalten.[528]

Andererseits ist eine Erhöhung der Arbeitszeit ohne Lohnausgleich denkbar, wenn das Unternehmen so stark ausgelastet ist, dass Mehrarbeit anfällt oder Neueinstellungen vorgenommen werden müssten.[529] In diesem Fall kann durch eine befristete Erhöhung der Arbeitszeit ohne oder mit nur teilweisem Lohnausgleich ein wirtschaftlicher Vorteil für das Unternehmen generiert werden.

d. *Kündigungsschutz als Gegenleistung*

Als Gegenleistung für Verzichtsbeiträge der Arbeitnehmer wird in der Regel der Verzicht auf den Ausspruch betriebsbedingter Kündigungen während der Laufzeit des Sanierungstarifvertrags vereinbart. Entweder wird tariflich ein genereller Verzicht auf betriebsbedingte Kündigungen vereinbart oder zumindest genau geregelt, in welchen Ausnahmefällen eine Kündigung überhaupt zulässig ist.[530]

Es ist den Gewerkschaften bekannt, dass ein tariflich vereinbarter Verzicht auf den Ausspruch betriebsbedingter Kündigungen im Hinblick auf § 113 Satz 1 InsO weitgehend wertlos ist.[531] Sollen die Arbeitnehmer vor betriebsbedingten Kündigungen wirksam geschützt werden, wird die Gewerkschaft regeln wollen, dass

---

526 *Schöne*, in: Kübler, HRI, 3. Aufl. 2018, § 55 Rn. 70.

527 Wobei das Mitbestimmungsrecht des Betriebsrats gemäß § 87 Abs. 1 Nr. 3 BetrVG zu beachten ist, wenn keine abschließende tarifliche Regelung besteht.

528 *Schöne*, in: Kübler, HRI, 3. Aufl. 2018, § 55 Rn. 71.

529 *Schöne*, in: Kübler, HRI, 3. Aufl. 2018, § 55 Rn. 70.

530 *Löwisch/Rieble*, in: Löwisch/Rieble, Tarifvertragsgesetz, 4. Aufl. 2017, § 1 Rn. 2366; *Hoffmann-Remy*, in: Röger, Insolvenzarbeitsrecht, 1. Aufl. 2018, § 8 Rn. 504 ff.

531 *Schöne*, in: Kübler, HRI, 3. Aufl. 2018, § 55 Rn. 74.

die Kündigung der Zustimmung des Betriebsrats bedarf. Denkbar ist auch, die Wirksamkeit der Kündigung von der Zustimmung der Gewerkschaft abhängig zu machen. Dieses Zustimmungserfordernis wird auch durch § 113 Satz 1 InsO nicht durchbrochen.[532] Ist ein Zustimmungserfordernis des Betriebsrats für die Wirksamkeit einer Kündigung tariflich vereinbart, soll nach Auffassung des Bundesarbeitsgerichts die Zustimmung des Betriebsrats dann nicht erforderlich sein, wenn im Fall der Insolvenz wegen Betriebsstilllegung allen Mitarbeitern betriebsbedingt gekündigt werden muss.[533] In diesem Fall verfehlt der vereinbarten Sanierungstarifvertrag offensichtlich seine Zielsetzung, die in der Beschäftigungssicherung der Mitarbeiter als Ausgleich für die Verbilligung des Faktors Arbeit liegt.[534] Muss der Betrieb in der Insolvenz stillgelegt werden und demzufolge allen Arbeitnehmern gekündigt werden, wird deren Beschäftigung nicht mehr gesichert, weshalb ein tarifvertraglich geregeltes Zustimmungserfordernis des Betriebsrats einschränkend dahingehend auszulegen ist, dass die Zustimmung nicht erforderlich ist.[535]

3. Ausdruck des insolvenzrechtlichen Sanierungsprinzips

Sanierungstarifverträge sind oft Bestandteil einer übertragenden Sanierung, da Erwerber in den Verhandlungen zum Erwerb des Unternehmens regelmäßig deren Abschluss fordern.[536] Zum Erhalt des Unternehmens kann hierin vereinbart werden, dass Arbeitnehmer Sanierungsbeiträge leisten. Hierbei handelt es sich in aller Regel um die Zustimmung zu Tarifabsenkungen, Verzichte auf Sonderzahlungen oder den Ausschluss von Urlaubsgeld. Von Seiten des Erwerbers werden als Gegenleistung Investitionszusagen oder Gewinnbeteiligungen bei positiver Geschäftsentwicklung in Aussicht gestellt.

---

532 *Annuß*, in: Henssler/Willemsen/Kalb, Arbeitsrecht, 9. Aufl. 2020, § 113 InsO Rn. 2; *Linck*, in: Kayser/Thole, HK-InsO, 10. Aufl. 2020, § 113 Rn. 17; a.A. LAG Düsseldorf v. 18.11.2015 - 4 Sa 478/15, ZIP 2016, 737 wonach das Zustimmungserfordernis des Betriebsrats und der Gewerkschaft vom Sonderkündigungsrecht des Verwalters nach § 113 Satz 1 InsO dann verdrängt wird, wenn keine Verfahrensregelung zur Herbeiführung einer Entscheidung über die Zustimmung des Betriebsrats oder der Gewerkschaft besteht.

533 BAG, Urt. v. 19.1.2000 - 4 AZR 911/98, BeckRS 2009, 68954.

534 BAG, Urt. v. 19.1.2000 - 4 AZR 911/98, BeckRS 2009, 68954.

535 BAG, Urt. v. 19.1.2000 - 4 AZR 911/98, BeckRS 2009, 68954.

536 *Röger*, in: Röger, Insolvenzarbeitsrecht, 1. Aufl. 2018, §8 Rn. 210 und § 9 Nr. 4 mit Muster.

Natürlich spielt die insolvenzbedingte Sondersituation, in der sich das schuldnerische Unternehmen befindet, bei den Abschlussverhandlungen eine maßgebliche Rolle. Je dringlicher die übertragende Sanierung gelingen soll, desto eher wird man bei oftmaliger Alternativlosigkeit zu Zugeständnissen bereit sein. Es liegt auf der Hand, dass die Verhandlungsposition auf Erwerberseite in diesem Fall deutlich stärker ist und somit Verhandlungsergebnisse erreicht werden (können), die zugunsten der Erwerber und zulasten der betroffenen Arbeitnehmer ausschlagen. Das insolvenzrechtliche Sanierungsprinzip kommt somit auch im Rahmen des Abschlusses von Sanierungstarifverträgen als maßgebliches Abwägungskriterium zum Tragen.

III. Die Sanierungsbetriebsvereinbarung

Eine Alternative zum Abschluss eines Sanierungstarifvertrages ist der Abschluss einer Sanierungsbetriebsvereinbarung zwischen dem betroffenen Unternehmen und dem Betriebsrat. Sanierungsbetriebsvereinbarungen bieten im Vergleich zu Sanierungstarifverträgen den Vorteil, dass sie alle Arbeitnehmer des Betriebs und nicht lediglich die Gewerkschaftsmitglieder erfassen.[537]

1. Handlungsoptionen

Die Handlungsoptionen im Bereich von Sanierungsbetriebsvereinbarungen sind infolge gesetzlicher Regelungssperren und des Vorrangs tariflicher Regelungen (§ 77 Abs. 3 BetrVG) jedoch deutlich eingeschränkter. Hiernach können insbesondere Entgeltreglungen, die durch Tarifvertrag geregelt sind oder üblicherweise geregelt werden, grundsätzlich nicht Gegenstand einer Betriebsvereinbarung sein. Dennoch können sich über Betriebsvereinbarungen durchaus notwendige Einsparungen erzielen lassen.

Klassische Handlungsmöglichkeiten für Sanierungsbetriebsvereinbarungen sind dann etwa die Aussetzung oder Aufhebung von freiwilligen Betriebsvereinbarungen über bestimmte Arten von Sonderzahlungen (bspw. Jubiläumsgelder), Kürzung oder Einstellung der Gewährung von Beihilfen in sozialen Notlagen, Kürzung oder Einstellung von Zuschüssen des Arbeitgebers zur Verpflegung der Mitarbeiter oder die Beendigung der Unterstützung sonstiger betrieblicher Sozialeinrichtungen.[538] Derartige Einsparungen vermögen für sich genommen zwar

---

537 *Mückl*, in: Mückl/Fuhlrott/Niklas/Otto/Schwab, Arbeitsrecht in der Umstrukturierung, 4. Aufl. 2017, Kap. 6, B. II. Ziff. 4.

538 *Schöne*, in: Kübler, HRI, 3. Aufl. 2018, § 55 Rn. 92.

in der Regel keinen Sanierungserfolg bewirken, sondern müssen durch andere Sanierungsbeiträge ergänzt werden, sie sind aber gegebenenfalls ein wichtiger Baustein und vor allem auch ein deutliches Signal an (potentielle) Investoren für die Bereitschaft der Belegschaft, die Sanierung mitzutragen.[539]

2. Würdigung

Wie bei Sanierungstarifverträgen ist auch beim Abschluss von Sanierungsbetriebsvereinbarungen die Sondersituation des Insolvenzverfahrens der entscheidende Faktor. Je eher die betroffenen Mitarbeiter das Gelingen der übertragenden Sanierung anstreben, desto eher wird man arbeitnehmerseitig zu Einschnitten bereit sein. Gewissermaßen dokumentiert die Betriebsvereinbarung die Hoffnung auf den Fortbestand des Unternehmens unter neuer Führung. Ungeachtet dessen haben die Mitarbeiter den Sanierungsbeitrag und das Ausfallrisiko zu tragen. Es findet keine Vergleichsrechnung statt, um zu prüfen, ob der Erwerber grundsätzlich in der Lage ist, die bisherigen Arbeitnehmeransprüche zu tragen. Denkbar wäre eine Art Staffelung der Handlungsoptionen, die mit zunehmender Intensität höherer Rechtfertigung bedürfen. Im Extremfall dient der Abschluss der Betriebsvereinbarung in allererster Linie dazu, das notleidende Unternehmen so attraktiv wie möglich zu restrukturieren. Hinsichtlich der Frage, ob der Erwerber finanziell in der Lage wäre, die bisherigen Verpflichtungen zu tragen, erfolgt keine Bonitätsprüfung. Aus Angst vor dem Scheitern der Sanierung werden Einsparungen zulasten der Arbeitnehmer vereinbart.

IV. Interessenausgleich bei Betriebsänderung

Unternehmenssanierungen bedingen meist auch grundlegende betriebliche Änderungen. Entsprechende Restrukturierungsmaßnahmen lösen in der Regel arbeitsrechtlichen Handlungsbedarf auf kollektivrechtlicher Ebene aus. Handelt es sich bei diesen Maßnahmen um eine Betriebsänderung, ist das betriebsverfassungsrechtliche Interessenausgleichs- und Sozialauswahlverfahren einzuhalten.

1. Betriebsänderung, § 111 BetrVG

Wann eine betriebliche Restrukturierungsmaßnahme betriebsverfassungsrechtlich eine Betriebsänderung darstellt, beurteilt sich auch im Insolvenzfall nach § 111 BetrVG. Es müssen seitens des Insolvenzverwalters Maßnahmen geplant

---

539 *Mückl*, in: Mückl/Fuhlrott/Niklas/Otto/Schwab, Arbeitsrecht in der Umstrukturierung, 4. Aufl. 2017, Kap. 6, B. II. Ziff. 7.

sein, die wesentliche Nachteile für die Belegschaft oder erhebliche Teile der Belegschaft zur Folge haben können.[540]

Nach der unwiderlegbaren Vermutung des § 111 Satz 2 BetrVG sind Betriebsänderungen die Einschränkung oder Stilllegung des ganzen Betriebs oder wesentlicher Betriebsteile, die örtliche Verlegung des gesamten Betriebs oder wesentlicher Betriebsteile, der Zusammenschluss mit anderen Betrieben oder die Spaltung von Betrieben, grundlegende Änderungen der Betriebsorganisation, des Betriebszwecks oder der Betriebsanlagen sowie die Einführung grundlegend neuer Arbeitsmethoden und Fertigungsverfahren. In Zusammenschau mit § 112a BetrVG können Betriebsänderungen auch allein in der Entlassung eines Teils der Arbeitnehmer bestehen, wobei die Angaben in § 17 KSchG entsprechend herangezogen werden.[541] Der Betriebsübergang als solcher ist hingegen keine Betriebsänderung.[542]

2. *Insolvenzbedingter Interessenausgleich*

Liegt eine Betriebsänderung vor, kann unter Einbeziehung des Betriebsrates ein Interessenausgleich vereinbart werden. Inhaltlich geht es dabei um die Frage, wie die berechtigten Belange der Arbeitnehmer im Zuge der anstehenden betrieblichen Maßnahmen berücksichtigt werden können. Es geht also um das „Ob", das „Wann" und das „Wie" der Betriebsänderung, wobei der Interessenausgleich – anders als etwa der Sozialplan – nicht erzwingbar ist.[543]

a. *Modifikation nach § 125 InsO*

Der Interessenausgleich hat insolvenzarbeitsrechtlich folgende wesentliche Bedeutungen: Ist eine Betriebsänderung geplant und kommt ein Interessenausgleich zustande, in dem die Arbeitnehmer, denen gekündigt werden soll, namentlich bezeichnet sind (sogenannte Namensliste) so gilt gemäß § 125 InsO das Kündigungsschutzgesetz mit einigen entscheidenden Modifikationen.[544]

---

540 *Schöne*, in: Kübler, HRI, 3. Aufl. 2018, § 55, Rn. 96.

541 BAG, Urt. v. 7.8.1990 - 1 AZR 445/89, AP BetrVG 1972 § 111 Nr. 34 = NZA 1991, 113.

542 *Hamacher*, in: Nerlich/Römermann, InsO, 41. EL April 2020, § 125 Rn. 10.

543 BAG, Urt. v. 19.1.1999 - 1 AZR 342/98, AP BetrVG 1972 § 113 Nr. 37 = NZA 1999, 949, 952; BAG, Beschl. v. 28.8.1991 - 7 ABR 72/90, AP ArbGG 1979 § 85 Nr. 2 = ZIP 1992, 950; *Schöne*, in: Kübler, HRI, 3. Aufl. 2018, § 55 Rn. 119.

544 *Schöne*, in: Kübler, HRI, 3. Aufl. 2018, § 55 Rn. 120; vgl. auch *Peters-Lange*, in: Gagel, SGB II/SGB III, 80. EL Februar 2021, Vor. § 165 Rn. 35 ff.

aa. Beweislastumkehr

Gemäß § 125 Abs. 1 Satz 1 Nr. 1 InsO wird einerseits der betriebsbedingte Kündigungsgrund (widerleglich) vermutet. Somit verschiebt sich die Darlegungs- und Beweislast im Kündigungsschutzprozess. Nicht mehr der Arbeitgeber hat gemäß § 1 Abs. 2 Satz 4 KSchG die Tatsachen zu beweisen, die die Kündigung bedingen, sondern es obliegt dem Arbeitnehmer darzulegen und zu beweisen, dass die Kündigung sozial ungerechtfertigt ist.[545] Dem Arbeitnehmer obliegt damit die Beweis- und Darlegungslast, dass dringende betrieblichen Erfordernisse nicht einer Weiterbeschäftigung in dem Betrieb entgegenstehen, wobei Unklarheiten zu seinen Lasten gehen.[546]

Genau genommen muss der von dem Betriebserwerber nach dem Betriebsübergang gekündigte Arbeitnehmer bei Zustandekommen eines Interessenausgleichs im Sinne des § 125 InsO den Vollbeweis dafür erbringen, dass die Kündigung seines Arbeitsverhältnisses nicht auf einem Sanierungskonzept beruht, sondern einen Verstoß gegen § 613a Abs. 4 Satz 1 BGB darstellt. Im Zusammenspiel mit § 128 InsO[547] muss er mithin eine doppelte Vermutung entkräften: Einerseits, dass die Kündigung seines Arbeitsverhältnisses nicht wegen des Betriebsübergangs erfolgt ist und andererseits, dass die Kündigung nicht durch dringende betriebliche Erfordernisse bedingt ist.[548] Dies wird ihm in aller Regel nicht gelingen.

bb. Eingeschränkter Überprüfungsmaßstab

Zudem kann nach § 125 Abs. 1 Satz 1 Nr. 2 Halbs. 1 InsO die Sozialauswahl nur noch auf grobe Fehlerhaftigkeit überprüft werden. Diese Regelung reduziert den Umfang der gerichtlichen Überprüfung und senkt zugleich den Prüfungsmaßstab. Dadurch wird der Beurteilungsspielraum des Arbeitgebers bei der sozialen Auswahl zugunsten einer vom Insolvenzverwalter und Betriebsrat vereinbarten

---

545 *Schöne*, in: Kübler, HRI, 3. Aufl. 2018, § 55 Rn. 121; *Leder*, in: Münchener HbB Arbeitsrecht, 4. Aufl. 2018, Band. 4, § 350 Rn. 5.

546 BAG, Urt. v. 7.5.1998 - 2 AZR 536/97, BAGE 88,363 = NZA 1998, 933, 934; *Hamacher*, in: Nerlich/Römermann, InsO, 41. EL April 2020, § 125 Rn. 35; *Lakies*, BB 1999, 206, 207.

547 Vgl. zur Förderung der Sanierung das Zusammenspiel von § 125 InsO mit § 128 InsO sogleich unter b.

548 Vgl. LAG Hamm, Urt. v. 25.11.2004 - 4 Sa 1120/03, LAGE § 125 InsO Nr. 5 = ZInsO 2005, 616; *Gallner*, in: ErfK, 20. Aufl. 2020, § 128 InsO Rn. 2; *Hamacher*, in: Nerlich/Römermann, InsO, 41. EL April 2020, § 128 Rn. 75.

betrieblichen Gesamtlösung erweitert.[549] Eine Sozialauswahl ist nur dann unwirksam, wenn ihr Ergebnis grob fehlerhaft ist, wobei selbst ein mangelhaftes Auswahlverfahren zu einem (zufällig) richtigen, jedenfalls nicht fehlerhaften Auswahlergebnis führen kann.[550]

cc. Ausgewogene Personalstruktur

Im Rahmen der insolvenzspezifischen Sozialauswahl normiert § 125 Abs. 1 Satz 1 Nr. 2 Halbs. 2 InsO ausdrücklich, dass sie nicht als grob fehlerhaft anzusehen ist, wenn eine ausgewogene Personalstruktur erhalten bleibt oder geschaffen wird.

Zu beachten ist, dass der Begriff der Personalstruktur dabei nicht mit dem der Altersstruktur in § 1 Abs. 3 KSchG gleichzusetzen ist, sondern im Hinblick auf die Gesetzesbegründung, nach der dem Schuldner oder dem Erwerber „ein funktions- und wettbewerbsfähiges Arbeitnehmerteam zur Verfügung stehen soll",[551] in einem umfassenderen Sinn zu verstehen ist. Neben dem Alter kommen die Ausbildung und die Qualifikation der Arbeitnehmer im Betrieb und damit die Bildung entsprechender Qualifikationsgruppen und -bereiche in Betracht.[552] Auch Leistungen, Fehlzeiten und bestimmte Verhaltensweisen können einbezogen werden.[553]

§ 125 InsO gestattet zudem nicht nur eine angemessene Personalstruktur zu „erhalten", wie dies etwa in § 1 Abs. 3 KSchG der Fall ist. Vielmehr kann hier eine angemessene Personalstruktur sogar (erstmals) „geschaffen" werden. § 125 InsO ermöglicht es dem Insolvenzverwalter daher, Versäumnisse in der Personalpolitik über die Sozialauswahl zu korrigieren.[554] Nach der Rechtsprechung des Bundesarbeitsgerichts verletzt die Schaffung einer ausgewogenen Altersstruktur durch Bildung von Altersgruppen das unionsrechtliche Verbot der Altersdiskriminierung nicht.[555]

---

549 BAG, Urt. v. 28.8.2003 - 2 AZR 368/02, AP InsO § 125 Nr. 1 = NZA 2004, 432, 433.

550 BAG, Urt. v. 20.9.2012 - 6 AZR 483/11, AP InsO § 125 Nr. 11 = NZI 2013, 52.

551 BT-Drs. 12/7302, S. 172.

552 BAG, Urt. v. 28.8.2003 - 2 AZR 368/02, AP InsO § 125 Nr. 1 = ZIP 2004, 1271, m. Anm. *Moll/Henke,* EWiR 2004, 1233.

553 LAG Sachsen, Urt. v. 16.5.2017 - 3 Sa 630/16, ZInsO 2018, 826.

554 Vgl. hierzu auch LAG Sachsen, 16.5.2017 - 3 Sa 630/16, BeckRS 2017, 133768.

555 BAG, Urt. v. 19.12.2013 - 6 AZR 790/12, BAGE 147, 89 = ZInsO 2014, 730.

b. *Fortgeltung der Vermutungswirkung bei Betriebsveräußerungen*

Für die Fälle der sanierenden Betriebsübernahme ist es anerkannt, dass der Insolvenzverwalter den notwendigen Personalabbau auf Basis eines Erwerberkonzeptes ausführen kann.[556] In diesem Kontext sieht § 128 InsO vor, dass die Vermutungswirkungen der §§ 125 bis 127 InsO nicht nur dem Insolvenzverwalter, sondern auch dem Betriebserwerber zugutekommen, wenn die Betriebsänderung erst nach einer Betriebsveräußerung durchgeführt werden soll. Dies bedeutet, dass bei einem Personalabbau durch den Betriebserwerber nach einer Betriebsveräußerung durch den Insolvenzverwalter vermutet wird, dass die Kündigung der Arbeitsverhältnisse durch dringende betriebliche Bedürfnisse, die einer Weiterbeschäftigung des Arbeitnehmers entgegenstehen, bedingt ist, und dass die Kündigung nicht wegen des Betriebsüberganges erfolgt ist.

Begründet wird die Erweiterung der Vermutungswirkung mit dem besonderen Bedürfnis für eine rasche Klärung von Kündigungsschutzstreitigkeiten, die einer wirtschaftlich zweckmäßigen Betriebsveräußerung nicht entgegenstehen sollen.[557] Ein Arbeitnehmer, der auf Grund von § 128 InsO nicht mehr in Frage stellen kann, dass die Kündigung im Sinne des § 1 Abs. 2 Satz 1 KSchG betriebsbedingt ist, kann sich auch nicht mehr mit Erfolg darauf berufen, dass die Kündigung wegen des Betriebsübergangs erfolgt sei und folglich ein Verstoß gegen § 613 a Abs. 4 Satz 1 BGB vorliegen würde.[558] Damit ergänzt § 128 InsO die haftungsrechtlichen Erleichterungen für den Erwerber[559] und fördert die übertragenden Sanierung in der Insolvenz.[560]

c. *Nachteilsausgleichsansprüche im modifizierten Interessenausgleichsverfahren*

Führt der Verwalter eine Betriebsänderung durch, ohne mit dem Betriebsrat die Herbeiführung eines Interessenausgleichs versucht zu haben, ist er den von der Betriebsänderung nachteilig betroffenen Arbeitnehmern grundsätzlich zum Nachteilsausgleich gemäß § 113 Abs. 3 i. V. m. Abs. 1 und Abs. 2 BetrVG verpflichtet.[561] Zum Versuch eines Interessenausgleichs gehört, dass der Arbeitgeber

---

556 Vgl. in Kap. 3 unter A. III. 2. b.

557 So die Begründung zu § 131 in BT-Drs. 12/2443, S. 150.

558 Vgl. BT-Drs. 12/2443, S. 150.

559 *Ahrens*, in: K. Schmidt, InsO, 19. Aufl. 2016, § 128 Rn. 13.

560 *Hamacher*, in: Nerlich/Römermann, InsO, 41. EL April 2020, § 128 Rn. 62.

561 *Schöne*, in: Kübler, HRI, 3. Aufl. 2018, § 55 Rn. 122; *Granetzny/Esser*, BB 2019, 1524, 1525.

bzw. der Insolvenzverwalter in seiner Funktion als Arbeitgeber bei Nichteinigung mit dem Betriebsrat vor der Erklärung, dass die Verhandlungen gescheitert sind, die Einigungsstelle anrufen muss, § 112 Abs. 2 Satz 2 BetrVG. Diese kann jedoch nicht gegen den Willen des Insolvenzverwalters einen Interessenausgleich beschließen,[562] sondern nur einseitig Vorschläge unterbreiten, die der Verwalter nicht annehmen muss. Es genügt, wenn zumindest eine Sitzung der Einigungsstelle stattgefunden hat, bevor der Verwalter die Verhandlungen über den Interessenausgleich für gescheitert erklären kann, ohne Nachteilsausgleichsansprüche der Arbeitnehmer fürchten zu müssen.[563]

Die Interessenausgleichsverhandlungen können ein erhebliches Verzögerungspotential bergen. Nicht ungewöhnlich ist es, dass sich der Verhandlungsprozess bei größeren Betriebsänderungen über mehrere Monate hinzieht, bevor er entweder erfolgreich abgeschlossen oder für gescheitert erklärt wird.[564] Ein solcher Zeitraum steht dem in jeder Hinsicht zeitkritischen und eilbedürftigen[565] Insolvenzszenario regelmäßig entgegen, weswegen die allgemeinen Regelungen des Betriebsverfassungsgesetzes zum Interessenausgleich in der Insolvenzordnung partiell durchbrochen werden.[566] Aus diesem Grund hält § 122 Abs. 1 InsO die Möglichkeit bereit, die Verhandlungen über einen Interessenausgleich zu beschleunigen, ohne die Sanktion des § 113 Abs. 3 BetrVG befürchten zu müssen. § 122 Abs. 1 InsO dient dem Ziel einer zügigen Abwicklung des Insolvenzverfahrens;[567] auch um die Sanierungschancen für das Unternehmen zu erhöhen, wird tief in die betriebsverfassungsrechtlichen Strukturen für Betriebsänderungen eingegriffen.[568] Konkret kann der Insolvenzverwalter im Falle einer geplanten Betriebsänderung auch ohne vorherige Durchführung eines Interessenausgleichsverfahrens nach § 112 Abs. 2 BetrVG die Zustimmung des Arbeitsgerichts beantragen, wenn ein Interessenausgleich zwischen Insolvenzverwalter und Betriebsrat nicht innerhalb von drei Wochen nach

---

562 Der Grund hierfür liegt darin, dass der Abschluss eines Interessenausgleichs nicht Gegenstand der erzwingbaren Mitbestimmung ist.

563 *Schöne*, in: Kübler, HRI, 3. Aufl. 2018, § 55 Rn. 123.

564 *Granetzny/Esser*, BB 2019, 1524, 1525; *Bertram/Künzel*, in: Gottwald/Haas, InsR-HdB, 6. Aufl. 2020, § 105 Rn. 87.

565 Zu dem im Insolvenzverfahren allgemein geltenden Beschleunigungsgrundsatz und der prinzipiellen Eilbedürftigkeit des Verfahrens vgl. *Pape,* in: Kübler/Prütting/Bork, InsO, 09.2020, § 14 InsO Rn. 57 ff.

566 *Granetzny/Esser*, BB 2019, 1524, 1525.

567 *Wolf*, in: Braun, InsO, 8. Aufl. 2020, § 122 Rn. 1.

568 *Ahrens*, in: K. Schmidt InsO, 19. Aufl. 2016, § 122 InsO, Rn. 1.

Verhandlungsbeginn oder schriftlicher Aufforderung zur Aufnahme von Verhandlungen zustande kommt, obwohl der Insolvenzverwalter den Betriebsrat rechtzeitig und umfassend unterrichtet hat.[569]

Im Hinblick auf das insolvenzrechtliche Sanierungsprinzip kann sich das Interessenausgleichsverfahren wie folgt auswirken: Wenn das Beteiligungsrecht des Betriebsrats bei Betriebsänderungen missachtet und dadurch Nachteilsausgleichsansprüche nach § 113 Abs. 3 BetrVG ausgelöst wurden, sind diese Ansprüche nach dem Zeitpunkt ihres Entstehens zu qualifizieren. Hat der Schuldner vor der Eröffnung des Verfahrens einen Interessenausgleich nicht versucht oder ist von einem solchen abgewichen, handelt es sich um eine Insolvenzforderung.[570] Dies gilt selbst dann, wenn ein vorläufiger schwacher Insolvenzverwalter das Handeln des Schuldners kannte oder gebilligt hat.[571] Nur wenn ausnahmsweise ein starker vorläufiger Verwalter bestellt wurde oder der Verwalter im eröffneten Verfahren pflichtwidrig nach § 113 Abs. 3 BetrVG handelte, sind Nachteilsausgleichsansprüche Masseverbindlichkeiten nach § 55 Abs. 2 Satz 1 InsO.[572]

d. Analyse und Schlussfolgerungen

Der Insolvenzverwalter ergreift im Rahmen seiner Amtsstellung bedeutsame arbeitsrechtliche Maßnahmen, wie etwa den Abschluss eines Interessenausgleichs mit Namensliste. Die Insolvenzordnung hält dabei einige Besonderheiten vor, die eine schnelle, effiziente und rechtssichere Durchsetzung ermöglichen. Die einschlägigen insolvenzrechtlichen Vorschriften modifizieren bzw. überlagern die allgemeineren Regelungen des Kündigungsschutzgesetzes. Dies ermöglicht insbesondere, dass über den Interessenausgleich mit Namensliste im eröffneten Verfahren mit relativer Sicherheit vor unangenehmen arbeitsgerichtlichen Überraschungen die Personalanpassungen im Unternehmen durchgesetzt werden können. Eine solche Namensliste verkürzt etwa die rechtlichen Möglichkeiten des betroffenen Arbeitnehmers erheblich, sich in einem Kündigungsschutzprozess mit Erfolg gegen eine betriebsbedingte Kündigung zur

---

569 *Granetzny/Esser*, BB 2019, 1524, 1525; *Regh*, in: Beck'sches Mandatshandbuch Arbeitsrecht in der Insolvenz, 2. Aufl. 2015, § 10 Rn. 55; vgl. auch *Schmädicke/Fackler*, NZA 2012, 1199.

570 BAG, Urt. v. 4.12.2002 - 10 AZR 16/02, BAGE 104, 94 = NZA 2003, 665; BAG, Urt. v. 7.11.2017 - 1 AZR 708/16, BeckRS 2017, 140723 Rn. 17; *Schöne*, in: Kübler, HRI, 3. Aufl. 2018, § 55 Rn. 125.

571 *Schöne*, in: Kübler, HRI, 3. Aufl. 2018, § 55 Rn. 125.

572 BAG, Urt. v. 7.11.2017 - 1 AZR 186/16, AP BetrVG 1972 § 113 Nr. 59 = ZIP 2018, 848, dazu *Klasen*, EWiR 2018, 349.

Wehr zu setzen.[573] Die §§ 125, 128 InsO ermöglichen somit Rationalisierungsmaßnahmen nicht nur zur Anpassung an die akute wirtschaftliche Lage des Unternehmens, sondern auch zur Sanierung des Unternehmens im Wege eines Betriebsübergangs.[574]

Die aufgezeigten rechtlichen Rahmenbedingungen mögen geeignet sein, ein in die Insolvenz geratenes Unternehmen personell zu verschlanken und dadurch Kosten einzusparen. Bemerkenswert ist, welche fundamentalen Grundsätze – etwa aus dem Kündigungsschutzgesetz – hierzu überwunden werden. Beispielsweise wird es dem betroffenen Arbeitnehmer in den allerseltensten Fällen gelingen, sich erfolgreich dagegen zur Wehr zu setzen, dass sein Name auf der Liste der im Rahmen einer Betriebsänderung zu kündigenden Mitarbeiter steht. Sofern die Sozialauswahl nicht offensichtlich fehlerhaft ist,[575] verbleibt selbst dem Gericht keine Korrekturmöglichkeit. Das insolvenzrechtliche Sanierungsprinzip kommt nach hiesiger Auffassung in § 125 InsO besonders stark zum Ausdruck. Seine normative Verankerung begünstigt einmal mehr vor allem den Betriebserwerber, der nach Umsetzung der Personalmaßnahmen einen bereinigten Personalstamm mit gesenkter Kostenstruktur übernehmen kann. Ein Nachteilsausgleich der betroffenen Mitarbeiter erfolgt – abgesehen von modifizierten Sozialplanansprüchen – nicht. Selbst die Durchsetzung etwaiger Nachteilsausgleichsansprüche ist insoweit modifiziert, als dass es sich hierbei in aller Regel nur um Insolvenzforderungen handelt.

V. Besonderheiten bei Sozialplanansprüchen

Der Sozialplan dient gemäß § 112 Abs. 1 Satz 2 BetrVG dem Ausgleich bzw. der Milderung von wirtschaftlichen Nachteilen, die den Arbeitnehmern infolge einer geplanten Betriebsänderung im Sinne des § 111 BetrVG entstehen.[576] Meist geht es in einem Sozialplan, der nach § 112 Abs. 1 Satz 3 BetrVG die Wirkung einer Betriebsvereinbarung hat, primär um die Frage, ob und gegebenenfalls in welcher Höhe Arbeitnehmer Abfindungen für den Verlust des Arbeitsplatzes erhalten.[577]

---

573 *Gossak*, in: Göpfert/Schöne, HdB Arbeitsrecht in Restrukturierung und Insolvenz, 2. Aufl. 2019, § 19 Rn. 31.

574 *Lembke*, BB 2007, 1333, 1337.

575 So wörtlich BAG, Urt. v. 19. 7. 2012 - 2 AZR 352/11, BAGE 142, 339 = NZA 2013, 86 Rn. 34.

576 *Kania*, in: ErfK, 20. Aufl. 2020, §§ 112, 112a BetrVG Rn. 12.

577 *Schöne*, in: Kübler, HRI, 3. Aufl. 2018, § 55 Rn. 128 f.

1. Modifikationen im eröffneten Insolvenzverfahren

Im eröffneten Insolvenzverfahren sind die Besonderheiten des § 123 InsO zu beachten, der in zweifacher Hinsicht eine Limitierung des Sozialplanvolumens vorsieht. Danach gelten für Abfindungen die absolute Grenze von zweieinhalb Monatsverdiensten und eine relative Grenze von einem Drittel der Insolvenzmasse. Grund dieser Modifikation ist, dass bei Scheitern der Sozialplanverhandlungen die zuständige Einigungsstelle bei der Bestimmung des Inhalts des Sozialplans (und damit der Höhe der Abfindungen) nicht nur die Interessen der Arbeitnehmer[578], sondern auch die wirtschaftliche Leistungsfähigkeit des finanziell notleidenden Unternehmens berücksichtigen muss.[579]

§ 123 InsO gilt nur für nach Eröffnung des Insolvenzverfahrens vereinbarte oder von der Einigungsstelle aufgestellte Sozialpläne. Dabei ist es unerheblich, ob die Betriebsänderung bereits vor oder erst nach dem Insolvenzantrag bzw. der Insolvenzeröffnung geplant und eingeleitet wurde.[580] § 123 InsO gilt auch, wenn die Betriebsänderung bereits vor Insolvenzeröffnung vom Schuldner eingeleitet worden ist. Ausreichend ist vielmehr, dass es sich um eine geplante Betriebsänderung handelt und nach Verfahrenseröffnung der Sozialplan abgeschlossen wird.[581]

Welche Folgen es hat, wenn die absolute Obergrenze des § 123 Abs. 1 InsO überschritten wird, wird in Ermangelung einer eigenständigen Regelung nicht einheitlich beantwortet. Allerdings soll nach ganz herrschender Meinung ein Überschreiten der Obergrenze des § 123 Abs. 1 InsO zur Gesamtnichtigkeit des Sozialplans im Sinne von § 134 BGB und nicht bloß zu einer anteiligen Kürzung aller Sozialplanforderungen auf das rechtlich zulässige Volumen führen.[582] Es kann nämlich nicht davon ausgegangen werden, dass die Betriebsparteien bei einem geringeren Volumen möglicherweise einen anderen Verteilungsschlüssel

578 Die insbesondere in einer möglichst hohen Abfindung liegen.

579 So auch *Granetzny/Esser*, BB 2019, 1524, 1526.

580 *Schöne*, in: Kübler, HRI, 3. Aufl. 2018, § 55 Rn. 133.

581 LAG Hamm, Urt. v. 30.4.2010 - 10 TaBV 7/10, ZIP 2010, 2315; *Caspers*, in: MünchKomm-InsO, 4. Aufl. 2019, § 123 Rn. 13; *Zwanziger*, Das Arbeitsrecht der Insolvenzordnung, 5. Aufl. 2015, § 123 Rn. 11.

582 *Ahrens*, in: K. Schmidt InsO, 19. Aufl. 2016, § 123 InsO Rn. 20 f.; *Bertram/Künzl*, in Gottwald/Haas, InsR-HdB, 6. Aufl. 2020, § 105 Rn. 58; *Gossak*, in: BeckOK InsO, 21. Ed. 15.10.2020, § 123 Rn. 4; a.A. *Moll*, in: Kübler/Prütting/Bork, InsO, 09.2020, § 123 InsO Rn. 94; *Caspers*, in: MünchKomm-InsO, 4. Aufl. 2019, § 123 Rn. 64; *Sessig/Fischer*, ZInsO 2010, 561, 563; *Kohnen/Römer*, ZInsO 2010, 1206, 1208.

gewählt hätten. Sofern die Betriebsparteien bereits im Vorhinein sicherstellen wollen, dass ein mögliches Überschreiten der Obergrenze des § 123 Abs. 1 InsO nicht zur Gesamtnichtigkeit des Sozialplans führt, können sie für diesen Fall Nachbesserungsklauseln vereinbaren.[583] Zur Vermeidung des Risikos der Gesamtnichtigkeit kann sich der Sozialplan auch auf eine Formulierung beschränken, wonach die Obergrenze des § 123 Abs. 1 InsO gilt und sich die Sozialplanforderung des einzelnen Arbeitnehmers in Relation zum Gesamtvolumen des Sozialplans an einem Punktesysteme bemisst.[584]

Wird die relative Grenze überschritten, sieht § 123 Abs. 2 Satz 3 InsO eine anteilige Kürzung vor, was zu einer erheblichen Reduzierung der erwarteten Abfindungen führen kann.[585]

Sozialplanabfindungen in eröffneten Insolvenzverfahren sind in der Regel niedriger als außerhalb einer Insolvenz. Zumindest haben die Arbeitnehmer den Vorteil, dass sie Massegläubiger sind. Sollte bereits vorinsolvenzlich ein Sozialplan zustande gekommen sein, sind Sozialplanforderungen nur Insolvenzforderungen. Zur Vermeidung dieser einschneidenden Konsequenz, kann der Abschluss des Sozialplans jeweils von beiden Betriebsparteien gemäß § 124 Abs. 1 InsO widerrufen werden, wenn er nicht früher als drei Monate vor dem Eröffnungsantrag aufgestellt worden ist. Sozialpläne außerhalb des Drei-Monats-Zeitraums können nicht widerrufen werden. Eine auflösende Bedingung im Sozialplan, wonach der Sozialplan im Zeitpunkt des Eröffnungsantrags entfällt, ist zudem unwirksam, weil damit die Systematik der Insolvenzordnung umgangen würde.[586]

---

583 *Janko/Seidensticker*, in: Röger, Insolvenzarbeitsrecht, 1. Aufl. 2018, § 5, Rn. 165 m.w.V.

584 *Janko/Seidensticker*, in: Röger, Insolvenzarbeitsrecht, 1. Aufl. 2018, § 5, Rn. 166 m.w.V.

585 Eine Überschreitung der relativen Grenze der Sozialplananforderungen ist zwar gemäß § 123 Abs. 2 Satz 2 Halbs. 1 InsO im Rahmen eines Insolvenzplans möglich. Dies scheint allerdings eher eine theoretische Möglichkeit zu sein, weil die sich aus der Überschreitung ergebende Benachteiligung anderer Beteiligter des Insolvenzplans dessen Abschluss gefährden würde, so auch *Schöne*, in: Kübler HRI, 3. Aufl. 2018, § 55 Rn. 134; *Niering*, NZI 2010, 285, 286 mit Beispielen.

586 LAG Niedersachsen, Urt. v. 24.9.2009 - 4 TaBV 44/08, ZIP 2010, 780, m. Anm. *Moll/Krahforst*, EWiR 2010, 335.

2. *Sozialplanansprüche im Transaktionskontext*

Kommt es nach Eröffnung des Insolvenzverfahrens zu einem Betriebsübergang, stellt sich die Frage, inwieweit der Erwerber für Ansprüche der Arbeitnehmer aus einem Sozialplan einzustehen hat.

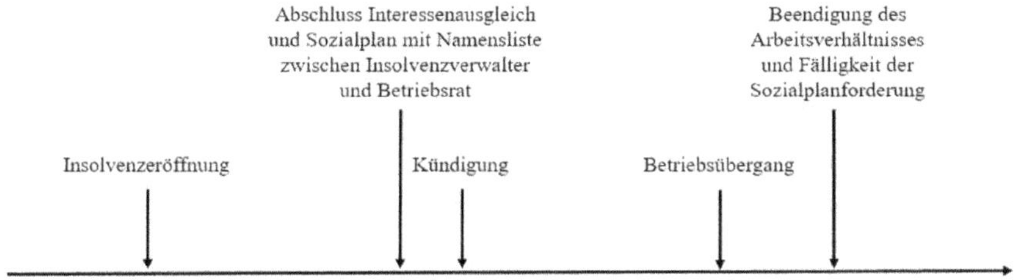

Abb. d. Verf.: Sozialplan nach Insolvenzeröffnung

Das Bundesarbeitsgericht hat die Haftung eines Erwerbers für nach Insolvenzeröffnung begründete Sozialplanansprüche verneint.[587] Zur Begründung wird einmal mehr auf den insolvenzrechtlichen Verteilungsgrundsatz und die hieraus folgende Haftungsbeschränkung des Erwerbers verwiesen.[588]

Die insoweit ergangene höchstrichterliche Rechtsprechung reiht sich in die Kette von Entscheidungen ein, die zwar grundsätzlich die Anwendung des § 613a BGB auch für den Betriebserwerb vom Insolvenzverwalter bejahen, soweit der Schutz des Arbeitsplatzes und die Kontinuität des Betriebsrates in Frage stehen, aber gleichzeitig darauf hinweisen, dass die Insolvenzordnung von dem Grundsatz der Gläubigergleichbehandlung beherrscht ist.[589] Dies bedeutet, dass die Haftung des Betriebserwerbers aus § 613a BGB verdrängt wird, weil die übernommene Belegschaft nicht zulasten der übrigen Insolvenzgläubiger bevorzugt werden soll.

Im Gegensatz zum einstigen § 4 Satz 2 Halbs. 1 des Gesetzes über den Sozialplan im Konkurs- und Vergleichsverfahren (SozplanKOVerglG), wonach selbst

587 BAG, Urt. v. 15.1.2002 - 1 AZR 58/01, BAGE 100, 166 = NZI 2002, 568 (zwar unter Geltung der Konkursordnung jedoch übertragbar auf die Insolvenzordnung).

588 Vgl. auch BAG, Urt. v. 19.5.2005 - 3 AZR 649/03, BAGE 114, 349 = NZA-RR 2006, 373, 376.

589 So bereits *Hess*, BB 2002, 1967, 1970 in seiner Anm. zu BAG, Urt. v. 15.1.2002 - 1 AZR 58/01, BAGE 100, 166 = NZI 2002, 568.

Sozialplanforderungen als Konkursforderungen qualifiziert wurden, normiert § 123 InsO zumindest, dass Sozialplanansprüche, die nach Insolvenzeröffnung begründet wurden, Masseverbindlichkeiten sind. Dennoch verbleibt ein nicht unerhebliches Ausfallrisiko des Arbeitnehmers, weil die Befriedigung der Sozialplanforderungen absolut (vgl. § 123 Abs. 1 InsO) und relativ (vgl. § 123 Abs. 2 Satz 2 InsO) begrenzt sind.

Noch härter trifft es die Arbeitnehmer, wenn der Sozialplan vor dem Insolvenzeröffnungsstichtag abgeschlossen wurde. In diesem Fall wurden die Sozialplanforderungen nicht vom Insolvenzverwalter in seiner Funktion als Arbeitgeber begründet, weshalb es sich bei etwaigen Ansprüchen nur um Insolvenzforderungen im Sinne von § 38 InsO handelt. Eine Haftung des Betriebserwerbers bei einem Betriebsübergang nach § 613a BGB ist insoweit nicht vorgesehen.

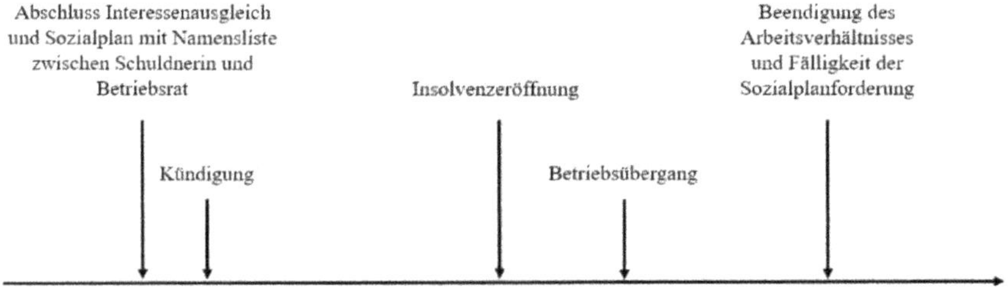

Abb. d. Verf.: Sozialplan vor Insolvenzeröffnung

3. *Arbeitsrechtliche Auswirkungen und Konsequenz*

Festzuhalten ist, dass sich auch im Rahmen von Sozialplänen einige insolvenzspezifische Besonderheiten ergeben. Sofern es sich bei Sozialplanansprüchen der Arbeitnehmer um Masseverbindlichkeiten handelt, sind diese der Höhe nach begrenzt. Wird der Sozialplan vor dem Insolvenzeröffnungsstichtag abgeschlossen, handelt es sich bei etwaigen Ansprüchen um Insolvenzforderungen, für die auch der Betriebserwerber nicht haftet.

Die insolvenzbedingten (normativen) Modifikationen erfolgen in erster Linie zulasten der Arbeitnehmer. Auf der anderen Seite ergänzen sie systematisch das insolvenzrechtliche Sanierungsprinzip dergestalt, als das schuldnerische Unternehmen von Kosten bereinigt und mit jedenfalls überschaubarem Haftungsrisiko für potenzielle Erwerber attraktiv erscheint. Weshalb der Erwerber selbst dann nicht für Sozialplanforderungen aufkommen soll, an deren Begründung er selbst (wenigstens mittelbar) mitgewirkt hat und von denen er in erheblichem Maße profitiert, ist nur schwer nachvollziehbar. Sicher greift das Argument der

Sanierungsförderung. Allerdings muss die Unternehmenssanierung im Wege der übertragenden Sanierung auch im Lichte des Arbeitnehmerschutzes erfolgen. Aus arbeitsrechtlicher Sicht kritisch zu werten ist jedenfalls die Praxis, in welcher der künftige Erwerber zusammen mit dem Insolvenzverwalter und dem Betriebsrat vereinbart, dass eine Übertragung des Unternehmens als Ganzes erfolgt, sofern zuvor entsprechende Personalentlassungen im Wege einer Betriebsänderung erfolgen. Ein solches Vorgehen birgt die Gefahr, dass nur die Leistungsträger im Unternehmen verbleiben und solches Personal, welches hohe finanzielle Aufwendungen verursacht und dabei relativ leistungsschwach agiert, seinen Namen auf der Namensliste wiederfindet. Eine solche übertragende Sanierung als Sanierungserfolg zu werten, steht nicht im Einklang mit dem Arbeitnehmerschutzgedanken.

D. Anerkennung und Kernelemente des Sanierungsprinzips

Aufgrund der aufgezeigten individual- und kollektivarbeitsrechtlichen Ausprägungen und infolge des hohen Maßes seiner Konkretisierung gilt es das insolvenzrechtliche Sanierungsprinzip anzuerkennen. Im Rahmen der Abwägung der im Transaktionskontext widerstreitenden Interessen ist das Sanierungsprinzip besonders deutlich ausgeprägt. Die Analyse der sanierungsfördernden arbeitsgerichtlichen Rechtsprechung im Rahmen der übertragenden Sanierung hat dabei zusammengefasst folgende drei Kernelemente des Sanierungsprinzips zutage gefördert:

I. Erhalt des Unternehmens und seiner wirtschaftlichen Werte

Übergeordnetes Ziel der Sanierung ist der Erhalt des Unternehmens und dessen wirtschaftlicher Werte. Dabei gilt es das Unternehmen als wirtschaftliche Einheit aufrechtzuerhalten und der Unternehmung eine (realistische) zweite Chance am Markt zu eröffnen. Dieser Vorrang der Sanierung entstammt volks- und marktwirtschaftlichen Erwägungen als Ausfluss eines vollzogenen Wertewandels. Hierzu überlagern die jeweils einschlägigen Normen des Insolvenzrechts von dem Sanierungsziel abweichende Regelungen.[590] Unterstützend wirkt das Sanierungsprinzip in Abwägungsfragen und dient als Entscheidungskriterium bei Interessenskonflikten zugunsten der Sanierung.

590 Vgl. hierzu Kap. 2. unter B. III.

II. Abbau von arbeitsrechtlichen Hürden im Transaktionskontext

Die aufgezeigte Entwicklung zugunsten der Unternehmenssanierung verdeutlicht, dass im Rahmen der übertragenden Sanierung kaum noch arbeitsrechtliche Hürden existieren, die einer übertragenden Sanierung im Wege stehen. Jedenfalls schafft das Zusammenspiel der insolvenzrechtlichen Sondervorschriften und der sanierungsfreundlichen Auslegung der arbeitsgerichtlichen Rechtsprechung mannigfaltige arbeitsrechtliche Sanierungsoptionen. Einstige Arbeitnehmerprivilegierungen wurden abgeschafft.[591] Arbeitnehmerschützende normative Vorgaben, insbesondere § 613a BGB, werden von der arbeitsgerichtlichen Rechtsprechung zu Sanierungszwecken teleologisch reduziert.[592] Zur arbeitsrechtlichen Umsetzung konkreter Restrukturierungsmaßnahmen besteht sogar die Möglichkeit der faktischen Mitbestimmung des Betriebserwerbers.[593]

III. Entlastung des Betriebserwerbers

Ebenso offenkundiges Kernelement des Sanierungsprinzips ist die Entlastung des Betriebserwerbers im Rahmen der übertragenden Sanierung. Der Betriebserwerber profitiert bei einem Betriebsübergang aus der Insolvenz neben der Qualifizierung der Arbeitnehmer als Insolvenzgläubiger von der § 613a BGB einschränkenden Erwerberhaftung. Hinzu treten diverse Ableitungen der arbeitsgerichtlichen Rechtsprechung, die argumentativ die Entlastung des Betriebserwerbers zum Zwecke der Sanierung anführen. Wie aufgezeigt wurde, wurde sowohl auf individualarbeitsrechtlicher, als auch auf kollektivarbeitsrechtlicher Ebene der Weg zur Ermöglichung der übertragenden Sanierung weitgehend geöffnet, indem die arbeitsrechtliche Einstandspflicht und Haftungsübernahme des Erwerbers auf ein Minimum reduziert wird. Im Rahmen der hierbei auftretenden Interessenabwägungen nimmt das Sanierungsprinzip nur allzu oft einen gewichtigen Standpunkt ein und gibt eine richtungsweisende Tendenz vor.

---

591 Insbesondere durch die Einstufung von Arbeitnehmerforderungen als Insolvenzforderungen.

592 Vgl. hierzu Kap. 3. unter A. III. 3.

593 So etwa bei der Veräußererkündigung nach Erwerberkonzept, vgl. Kap. 3 unter A. III. 2. b.

IV. Fazit

Wenngleich die dargestellten Kernelemente des Sanierungsprinzips zu würdigen sind, gehen entsprechend einseitige Bestrebungen mit Einschnitten und negativen Auswirkungen in anderen (Rechts-)Bereichen einher. So wirken die umfassenden Reformen und Gesetzesänderungen zum Insolvenzrecht und die etablierte Rechtsprechung zur Förderung der Unternehmenssanierung vor allem in Rechtsgebiete, die jeher eng mit der Konkurs- bzw. der Insolvenzordnung verknüpft sind und zwischen deren Normen Wechselwirkungen bestehen. Dabei ist neben dem Gesellschafts-, dem Steuer- und dem Sozialrecht das Arbeitsrecht in ganz besonderem Maße betroffen. Bei der aufgezeigten Entwicklung hin zum heutigen Sanierungsrecht sind manche dieser Wechselwirkungen durch das Sanierungsprinzip mittlerweile stark einseitig geprägt.

Kapitel 4 Grenzen des Sanierungsprinzips

Die Entwicklung der Konkursordnung hin zur heutigen Insolvenzordnung und deren Interpretation und Umsetzung durch die Rechtsprechung und Praxis ist von einem Wertewandel geprägt. Dieser offenbarte sich bereits mit der Einführung der Insolvenzordnung im Jahre 1999 und manifestiert sich seither. Infolge einer Vielzahl weiterer Gesetze bzw. Gesetzesreformen sowie einer sich immer weiter verdichtenden sanierungsfreundlichen Rechtsprechung, entwickelt(e) sich in Deutschland eine stark ausgeprägte Sanierungskultur. Neben normativ eingeführten Sanierungsinstrumenten, wie beispielsweise der Möglichkeit zur Eigenverwaltung durch den Schuldner oder der Durchführung eines Insolvenzplanverfahrens, hat insbesondere auch die Rechtsprechung einen ganz wesentlichen, wenn nicht sogar den entscheidenden Beitrag zu dieser Entwicklung geleistet.

Besonders deutlich zeigt sich die Entwicklung der Sanierungskultur und ihr rechtsübergreifender Einfluss im Bereich des Arbeitsrechts. Eine Vielzahl (bundes-)arbeitsgerichtlicher Entscheidungen zeigen die Spezialität der Insolvenzordnung und die sich hieraus ergebende (einfachgesetzliche) Normenhierarchie im Sinne eines Über- und Unterordnungsverhältnisses, wonach die einschlägigen Normen der Insolvenzordnung bei entgegenstehendem Arbeitsrecht Geltungsvorrang genießen. Die einschlägigen arbeitsrechtlichen (Sonder-) Vorschriften der Insolvenzordnung überlagern die ansonsten außerhalb des Insolvenzverfahrens geltenden Normen des Arbeitsrechts. Faktisch hat sich die Insolvenzordnung längst zu einem Spezialgesetz entwickelt, dessen Leitgedanke und vorzugswürdiges Verfahrensziel die Unternehmenssanierung geworden ist.

A. Kein kodifiziertes Sanierungsarbeitsrecht

Zu Recht stellt sich vor diesem Hintergrund die Frage, weshalb bislang kein kodifiziertes Sanierungsarbeitsrecht existiert.[594] Hinsichtlich der arbeitsrechtlichen Herausforderungen im Insolvenzverfahren verbleibt es weiter bei dem interdisziplinären Spannungsfeld zwischen dem ohnehin komplexen „gewöhnlichen" Arbeitsrecht und den arbeitsrechtlichen Sondervorschriften der Insolvenzordnung, die im eröffneten Insolvenzverfahren gelten.

---

594 So etwa *Zobel*, BB 2011, 1397.

Zur Beantwortung der Frage bedarf es vorab einer klaren Abgrenzung der sich ähnelnden Begriffe des „Insolvenzarbeitsrechts“ von dem des „Sanierungsarbeitsrechts“ und einer Klarstellung des hiesigen Verständnisses der beiden Begriffsinhalte:

Das Insolvenzarbeitsrecht bezeichnet als Überbegriff die insolvenzrechtlichen Sondervorschriften der §§ 113, 120 bis 128 InsO, die arbeitsrechtliche Erleichterungen für ein in eine Krise geratenes Unternehmen schaffen sollen. Die unter dem Insolvenzarbeitsrecht zusammengefassten Normen verdrängen bzw. modifizieren die außerhalb der Insolvenz geltenden Normen des allgemeinen Arbeitsrechts.[595] Neben den in § 622 BGB geregelten Kündigungsfristen bei Arbeitsverhältnissen fallen hierunter auch entgegenstehende Normen des Kündigungsschutzgesetzes oder des Betriebsverfassungsgesetzes.

Ein kodifiziertes Sanierungsarbeitsrecht hingegen existiert nicht. Wie bereits dargestellt, hatte der deutsche Gesetzgeber bei Einführung der Insolvenzordnung im Jahre 1999 aufgrund der Bereichsausnahme der Betriebsübergangsrichtlinie[596] die Möglichkeit, außerhalb der Vorschriften des Insolvenzarbeitsrechts Regelungen zu schaffen, die die Besonderheiten eines in eine Krise geratenen Unternehmens aufgreifen und möglicherweise dessen Sanierungsfähigkeit stärken. Bis dato wurde hiervon jedenfalls kein Gebrauch gemacht. Vielmehr wurde auf normative Beschränkungen von Arbeitnehmerrechten im eröffneten Insolvenzverfahren verzichtet.

Ob mit den arbeitsrechtlichen Sondervorschriften der Insolvenzordnung der Ausgleich zwischen den Schutzinteressen der Arbeitnehmer und den Interessen der übrigen Gläubiger gelungen ist oder erst eine weitergehende Zurückdrängung des Arbeitsrechts zu einem effektiven, Sanierungen erleichternden und damit letztlich auch den Arbeitnehmern zugutekommenden Insolvenzrecht führen würde, lässt sich nur schwer beurteilen.[597] Die aufgezeigten Ergebnisse lassen jedoch erkennen, dass jedenfalls die Rechtsprechung eine weitergehende Verdrängung entgegenstehender Arbeitnehmerschutzrechte für erforderlich hält, um die Sanierungschancen eines insolventen Unternehmens hinreichend sicherzustellen.

Festzustellen ist, dass sich infolge einer Vielzahl von arbeitsgerichtlichen Entscheidungen gewissermaßen ein von Richterrecht geprägtes und entsprechend

595 Vgl. hierzu Kap. 2 unter B. III. 2.

596 Richtlinie 2001/23/EG des Rates v. 12.3.2001, ABlEG L 82/16 v. 22.3.2001.

597 Offenlassend *Caspers*, in: MünchKomm InsO, 4. Aufl. 2019, Band 2, Vor. §§ 113 bis 128 Rn. 7.

praktiziertes Sanierungsarbeitsrecht etabliert hat. Diese Feststellung wird etwa durch den regelmäßigen Verweis auf die „ständige Rechtsprechung" des Bundesarbeitsgerichts zur Haftungsprivilegierung des Betriebserwerbers hinsichtlich Arbeitnehmerforderungen aus der Zeit vor Insolvenzeröffnung bestätigt. Aber auch die weiteren aufgezeigten Konstellationen, in denen von der Rechtsprechung zulasten der Arbeitnehmer und im Sinne der Sanierung entschieden wurde, bekräftigen einerseits die gewonnene Erkenntnis, bieten andererseits aber auch Anlass zu einer kritischen Würdigung. Es ist der Frage nachzugehen, ob sich möglicherweise über Jahre hinweg und unter Einfluss des insolvenzrechtlichen Sanierungsprinzips ein eigenständiges, von der Rechtsprechung geprägtes Gefüge gebildet hat, das unter den Begriff des Sanierungsarbeitsrechts zusammengefasst werden kann.

Ausgangspunkt dieser Frage ist der Umstand, dass – wie aufgezeigt wurde – in Deutschland bislang keine Normen bzw. kein kodifiziertes Recht existiert, wonach der Betriebserwerber im Falle einer übertragenden Sanierung nicht für sämtliche Arbeitnehmerforderungen haftet. Dennoch, und scheinbar entgegen der Intention des Gesetzgebers, hat sich ein Konsens in der Rechtsprechung zur Erforderlichkeit der Beschränkung der Erwerberhaftung entwickelt, an dem auch die im Rahmen dieser Untersuchung aufgezeigten Konstellationen und hieraus ergehende Folgefragen gemessen werden.

B. Rechtsfortbildung zum Zwecke der Sanierung

Vor dem Hintergrund, dass bislang kein eigenständiges Sanierungsarbeitsrecht geschaffen wurde, verbleibt der Rechtsprechung im insolvenzbedingten Transaktionskontext nur, die getroffenen Entscheidungen auf (anerkannte) insolvenzspezifische Rechtsprinzipien und das hier herausgearbeitete Sanierungsprinzip zu stützen. Im Kontext einer übertragenden Sanierung ist die Sanierungspraktik stets bemüht, potentiellen Interessenten keinerlei Arbeitnehmerforderungen aufzuerlegen und von sämtlichen arbeitsrechtlichen Risiken freizustellen: Offene Lohnforderungen werden zu Insolvenzforderungen,[598] Sanierungsstunden werden nicht entlohnt,[599] Arbeitszeitkonten werden „eingefroren",[600] Sonderzahlungen entfallen,[601] Sozialplanforderungen werden gedeckelt.[602] Die hier nur

598 Vgl. Kap. 3 unter B. II. 1.
599 Vgl. Kap. 3 unter B. II. 2.
600 Vgl. Kap. 3 unter B. II. 3.
601 Vgl. Kap. 3 unter B. II. 4.
602 Vgl. Kap. 3 unter C. V. 2.

beispielhaft aufgezählten negativen Auswirkungen der Eröffnung des Insolvenzverfahrens über das Vermögen ihres Arbeitgebers sind für betroffene Arbeitnehmer von existentieller Bedeutung.

Es drängt sich die Frage auf, ob und gegebenenfalls inwieweit die im Rahmen dieser Untersuchung aufgezeigten Leitentscheidung zu einer Rechtsfortbildung geführt haben. Konkret ist zu hinterfragen, ob das Bundesarbeitsgericht im Rahmen seiner Entscheidungen bei der übertragenden Sanierung aus der Insolvenz seine Kompetenzen überstiegen hat. Um die Frage beantworten zu können, ist zunächst zu prüfen, ab wann eine Rechtsfortbildung angenommen werden kann und welchen Grenzen sie gegebenenfalls unterliegt.

I. Gesetzesauslegung versus Rechtsfortbildung

Rechtsnormen sind abstrakt ausformuliert, weil es nicht gelingen wird, alle möglichen Konflikte im Voraus zu regeln.[603] Deshalb ist es unter anderem Aufgabe der Rechtsprechung, Rechtsnormen auszulegen, Gesetzeslücken zu schließen und gesetzliche Regelungen fortzubilden.

Um allerdings analysieren zu können, in welchem Stadium sich die hier untersuchte Rechtsprechung im Hinblick auf die Umsetzung des insolvenzrechtlichen Sanierungsprinzips tatsächlich befindet, ist vorab zu klären, was genau unter dem Begriff der „Rechtsfortbildung“ zu verstehen ist und anhand welcher Kriterien die Rechtsfortbildung von der bloßen Gesetzesauslegung abzugrenzen ist.[604]

Eine klare Grenzziehung zwischen Gesetzesauslegung und Rechtsfortbildung ist aufgrund des fließenden Übergangs schwierig.[605] Dass jedoch ein Unterschied bestehen muss, folgt aus dem in Art. 20 Abs. 3 GG verankerten Grundsatz, der die Rechtsprechung an Gesetz und Recht bindet.[606] Dieser Grundsatz erscheint in der Tat nur dann sinnvoll, wenn der Rechtsanwender nicht selbst bestimmen kann, wo der Inhalt des Gesetzes endet.[607] Zudem gebietet der Grundsatz der Gewaltenteilung nach Art. 20 Abs. 2 GG eine Kompetenzabgrenzung von

603 Vgl. BVerfG, Beschl. v. 24.2.2015 - 1 BvR 472/14 - BVerfGE 138, 377 = FamRZ 2015, 729 Rn. 39; *Zöllner*, FS 50 Jahre BAG, 2004, S. 1395, 1397; *Knieper*, WiRO 2003, 65.

604 *Linsenmaier*, RdA 2019, 157.

605 *Larenz/Canaris*, Methodenlehre der Rechtswissenschaft, 3. Aufl. 1995, S. 188.

606 *Hillgruber*, JZ 2008, 745, 746; krit. zur Umsetzbarkeit *Hassemer*, ZRP 2007, 213.

607 So auch *Meier/Jocham*, JuS 2016, 392, 393.

Legislative und Judikative. Auslegung und Rechtsfortbildung sind damit nicht identisch, sondern unterschiedliche Rechtsmethoden.[608]

Im Hinblick auf die verfassungsrechtlich gebotene Abgrenzung zwischen Rechtsfortbildung und Gesetzesauslegung, stellt sich die Frage nach geeigneten Abgrenzungskriterien. Hierzu ist das Verhältnis der beiden Rechtsmethoden typisierend in drei Stufen zu unterteilen:[609]

Die erste Stufe bildet dabei jede erstmalige oder von einer früheren Auslegung abweichende Gesetzesauslegung.[610]

Auf zweiter Stufe erfolgt die sogenannte gesetzesimmanente Rechtsfortbildung (*intra legem*).[611] Sie setzt eine planwidrige Regelungslücke[612] (offen oder verdeckt) voraus, die durch Analogien oder durch teleologische Reduktion zu schließen ist.[613]

Die dritte Stufe zeichnet die sogenannte gesetzesübersteigende Rechtsfortbildung (*praeter legem*).[614] Hier bietet das kodifizierte Gesetzesrecht allenfalls rudimentäre Anhaltspunkte für eine generalisierende Rechtsfindung, weshalb aus richterlicher Rechtserkenntnis zunehmend richterliche Rechtsschöpfung wird.[615]

Gerade weil zwischen der Gesetzesauslegung und der Rechtsfortbildung streng zu unterscheiden ist, da anderenfalls der Rechtsanwender den Vorrang des Gesetzes missachten und die Entscheidungen des Gesetzgebers konterkarieren könnte, kommt Letztere überhaupt nur zur Anwendung, wenn die Rechtsordnung Lücken aufweist.[616] Solche können bereits anfänglich bestehen, etwa wenn (Rechts-)Folgen falsch eingeschätzt oder Anwendungsfälle übersehen wurden. Sie können aber auch nachträglich entstehen, etwa wenn Gesetze von Veränderungen der Werteordnung überholt sind und damit keine Antworten mehr auf aktuelle Fragen geben.[617] Aufgabe der Rechtsfortbildung ist daher

608 Vgl. zur Abgrenzung von Gesetzesauslegung zur Rechtsfortbildung *Meier/Jocham*, JuS 2016, 392 f.

609 Vgl. *Larenz/Canaris*, Methodenlehre der Rechtswissenschaft, 3. Aufl. 1995, S. 187 ff.

610 Vgl. *Larenz/Canaris*, Methodenlehre der Rechtswissenschaft, 3. Aufl. 1995, S. 187 ff; so auch *Zöllner*, FS 50 Jahre BAG, 2004, S. 1395, 1398.

611 *Larenz/Canaris*, Methodenlehre der Rechtswissenschaft, 3. Aufl. 1995, S. 191 ff.

612 Zum Begriff der „Regelungslücke" sogleich.

613 *Larenz/Canaris*, Methodenlehre der Rechtswissenschaft, 3. Aufl. 1995, S. 202 ff.

614 *Larenz/Canaris*, Methodenlehre der Rechtswissenschaft, 3. Aufl. 1995, S. 232 ff.

615 Zur letzten Stufe zählt im Zivilrecht insbesondere die Ableitung von Rechtssätzen aus Generalklauseln.

616 *Meier/Jocham*, JuS 2016, 392, 393.

617 *Meier/Jocham*, JuS 2016, 392, 393.

immer die Korrektur legislativer Fehler und Ergänzung von Unvollständigkeiten sowie die Anpassung der gesetzlichen Rechtslage an aktuelle Entwicklungen.[618] Dabei bedarf es der Rechtsfortbildung am ehesten, wenn der Gesetzgeber seinen verfassungsrechtlichen Schutz- und Ausgestaltungspflichten überhaupt nicht nachgekommen ist. Arbeitsrechtliches Paradebeispiel ist das Arbeitskampfrecht, in dem die Gerichte (insbesondere das Bundesarbeitsgericht) tatsächlich als „Ersatzgesetzgeber" tätig werden (müssen).[619] Letztlich beginnt die richterliche Rechtsfortbildung also dort, wo der Regelungswille des Gesetzgebers endet bzw. eine Regelungsentscheidung des Gesetzgebers fehlt.[620]

II. Grenzen zulässiger Rechtsfortbildung

Gelingt die Abgrenzung der Rechtsfortbildung von der bloßen Gesetzesauslegung, bleibt die Frage nach der Grenze zulässiger Rechtsfortbildung am Maßstab des Rechtsstaatsprinzips nach Art. 20 Abs. 3 GG bzw. des Grundsatzes der Gewaltenteilung aus Art. 20 Abs. 2 GG. Stets bewegt sich die Rechtsfortbildung im Spannungsfeld zwischen legitimer Rechtsprechung und unzulässiger richterlicher Rechtsetzung.[621]

Werden die gesetzesimmanente und gesetzesübersteigende Rechtsfortbildung im Grundsatz als zulässig erachtet, gilt dies nicht für jene, die im Widerspruch zum Gesetz steht (*contra legem*).[622] Letztere verlässt nicht nur den Wortlaut, sondern stellt sich gegen die Wertungen des Gesetzgebers.[623] Sie orientiert sich nicht mehr an der immanenten Teleologie des Gesetzes, sondern an einem darüber hinausgehenden Rechtsgedanken.[624] Dies ist dem Rechtsanwender grundsätzlich verwehrt. Ausnahmen sind nur zuzulassen, wenn sie durch höherrangiges Recht erzwungen werden.[625] Richterliche Rechtsfortbildung ist damit nur

618 *Meier/Jocham*, JuS 2016, 392, 393 m.w.V.

619 *Linsenmaier*, RdA 2019, 157 der vollkommen zu Recht auf den wesentlichen Unterschied hinweist, dass die von der Rechtsprechung entwickelten Obersätze nicht dieselbe Bindungswirkung entfalten wie die Gesetze, mit der Folge, dass sie durch die Rechtsprechung geändert werden können.

620 *Bitter/Rauhut*, JuS 2009, 289, 295.

621 *Bitter/Rauhut*, JuS 2009, 289, 298.

622 *Larenz/Canaris*, Methodenlehre d. Rechtswissenschaft, 3. Aufl. 1995, 187 ff. und S. 252 wonach die Rechtsfortbildung *contra legem* quasi auf vierter Stufe, jedenfalls außerhalb des Bereichs zulässiger Rechtsfortbildung, angesiedelt werden könnte; *Kuhn*, JuS 2016, 104 ff.

623 *Schwacke*, Juristische Methodik, 5. Aufl. 2011, 123; *Kuhn*, JuS 2016, 104.

624 *Larenz/Canaris*, Methodenlehre d. Rechtswissenschaft, 3. Aufl. 1995, 232.

625 *Meier/Jocham*, JuS 2016, 392, 394.

zulässig, wenn es an einer gesetzlichen Regelung fehlt und das Schweigen des Gesetzes nicht Ausdruck einer gesetzgeberischen Entscheidung ist, an dieser Stelle keine Regelung zu wollen (sogenannte planwidrige Regelungslücke).[626]

Als treffendes Beispiel unzulässiger Rechtsfortbildung dient die einstige Einordnung von Sozialplanabfindungen als Konkursforderung im Rang vor § 61 Abs. 1 Nr. 1 KO durch das Bundesarbeitsgericht. In dem zugrundeliegenden Beschluss vom 13. Dezember 1978 erkannte der zuständige Senat zunächst, dass die Vorschriften des BetrVG über Interessenausgleich, Sozialplan und Nachteilsausgleich auch im Konkurs des Unternehmens gelten.[627] Sodann wandte sich der erkennende Senat der Frage zu, wie die durch einen Sozialplan begründeten und die sich aus § 113 Abs. 3 i.V.m. Abs. 1 BetrVG ergebenden Abfindungsansprüche konkursrechtlich einzuordnen seien.[628] Der Senat gelangte zu dem Ergebnis, dass die Ansprüche bevorrechtigte Konkursforderungen mit einem Rang vor § 61 Abs. 1 Nr. 1 KO seien, da das Betriebsverfassungsgesetz Ansprüche geschaffen habe, die in das herkömmliche System der Konkursordnung nicht passen würden.[629] Daher sei es Aufgabe des Senats, diese Lücke im Wege der Rechtsfortbildung zu schließen; schließlich hätten die Sozialplanabfindungen existenzielle Bedeutung für den einzelnen Arbeitnehmer, weshalb nur die Einordnung in eine neue, vor allen anderen Konkursforderungen stehende Rangstelle den wirtschaftlichen Wert der Abfindungsansprüche einigermaßen erhalten könne.[630]

Nach Auffassung des Bundesverfassungsgerichts war diese Einordnung von Sozialplanabfindungen mit dem rechtsstaatlichen Grundsatz des Art. 20 Abs. 3 GG nicht in Einklang zu bringen, da die gesetzliche Ordnung des Konkursrechts keinen Anhaltspunkt für dieses Ergebnis bot.[631] Eine gesetzliche Regelungslücke, die es dem Richter erlaube, für bestimmte Forderungen eine Privilegierung außerhalb des geschlossenen Systems der Konkursforderungen vor der Rangstelle

---

626 *Bitter/Rauhut*, JuS 2009, 289, 297.

627 BAG, Beschl. v. 13.12.1978 - GS 1/77 - BAGE 31, 176 = NJW 1979, 774 Teil II der Gründe.

628 BAG, Beschl. v. 13.12.1978 - GS 1/77 - BAGE 31, 176 = NJW 1979, 774 Teil III der Gründe.

629 BAG, Beschl. v. 13.12.1978 - GS 1/77 - BAGE 31, 176 = NJW 1979, 774 Teil III A. der Gründe.

630 BAG, Beschl. v. 13.12.1978 - GS 1/77 - BAGE 31, 176 = NJW 1979, 774 Teil IV B. 2. der Gründe.

631 BVerfG, Beschl. v. 19.10.1983 - 2 BvR 485/80, 2 BvR 486/80, BVerfGE 65, 182, NJW 1984, 475.

des § 61 I Nr. 1 KO zu begründen, bestand gerade nicht.[632] Höherrangiges Recht, was eine solche Rechtsfortbildung ausnahmsweise erzwinge, bestehe ebenfalls nicht. Das Sozialstaatsprinzip des Grundgesetzes enthalte infolge seiner Weite und Unbestimmtheit regelmäßig keine unmittelbaren Handlungsanweisungen, die durch die Gerichte ohne gesetzliche Grundlage in einfaches Recht umgesetzt werden könnten.[633]

In seiner Nachfolgeentscheidung vom 30. April 1984 führte der erkennende Senat ersichtlich resigniert aus, dass Abfindungsansprüche aus einem Sozialplan als einfache Konkursforderungen in vielen Fällen praktisch wertlos seien. Dieser Umstand sei zwar unbefriedigend und entspricht nicht der sozialen Bedeutung der durch das BetrVG neu geschaffenen Sozialplanregelung, allerdings lasse das geltende Recht eine Bevorrechtigung der Abfindungsansprüche nicht zu; dies zu ändern, sei vielmehr dem Gesetzgeber vorbehalten.[634] Schon am 20. Februar 1985 kam der Gesetzgeber diesem Wunsch mit dem Gesetz über den Sozialplan im Konkurs- und Vergleichsverfahren nach.

III. Rechtfertigung von Rechtsfortbildung

Besteht keine planwidrige Regelungslücke, verstößt die Rechtsfortbildung dem Grundsatz nach gegen die Wertungen der positiven Rechtsordnung. Diese vermeintlich klare Vorgabe für die richterlichen Rechtsfortbildung ist jedoch bei genauerer Betrachtung ein „zahnloser Tiger“[635], denn sie ist einer Rechtfertigung zugänglich.[636] So lässt sich eine Rechtsfortbildung über den Plan des Gesetzes hinaus, dem keine eigentliche Regelungslücke zu Grunde liegt, mit teleologischen Argumenten rechtfertigen, um rechtspraktischen Bedürfnissen Genüge zu tun.[637] Die richterliche Rechtsfortbildung kann sich folglich aufgrund der Bedürfnisse des Rechtsverkehrs über die gesetzliche Regelung hinwegsetzen

---

632 BVerfG, Beschl. v. 19.10.1983 - 2 BvR 485/80, 2 BvR 486/80, BVerfGE 65, 182, NJW 1984, 475.

633 BVerfG, Beschl. v. 19.10.1983 - 2 BvR 485/80, 2 BvR 486/80, BVerfGE 65, 182, NJW 1984, 475, 476.

634 BAG, Urt. v. 30.4.1984 - 1 AZR 34/84, BAGE45, 357 = NJW 1984, 2486, zu II. 3. d) der Gründe.

635 So *Drechsler*, ZJS 4/2015, 344, 349.

636 dazu mit Beispielen *Larenz*, Methodenlehre der Rechtswissenschaft, 6. Aufl. 1991, S. 428.

637 So *Drechsler*, ZJS 4/2015, 344, 347 f.

bzw. den Wortlaut einer Norm auf das tragende Telos reduzieren, um die beabsichtigte *ratio legis* adäquat umzusetzen.[638]

Darüber kann es auch rechtspolitische Gründe geben, die für die Notwendigkeit der richterlichen Rechtsfortbildung sprechen. So können richterliche Rechtsfortbildungen gesetzgeberische Entscheidungen vorwegnehmen oder ihnen wenigstens zum guten Teil den Weg bereiten. Der Gesetzgeber kann dann die aus seiner Sicht sinnvollen und gelungenen Teile der Rechtsfortbildung kodifizieren und gegebenenfalls durch Detailregelungen ergänzen.[639] Außerdem kann eine richterliche Rechtsfortbildung gerechtfertigt sein, wenn es der Gesetzgeber – aus welchen Beweggründen auch immer – schlicht unterlässt, eine bestimmte Materie zu regeln.

IV. Analyse der Rechtsfortbildung zur Haftungsbeschränkung des Betriebserwerbers

Hinsichtlich der Frage, ob die von der Rechtsprechung entwickelten Grundsätze – insbesondere bei der teleologischen Reduktion der Haftung für Betriebserwerber bei der übertragenden Sanierung nach § 613a BGB – eine unzulässige Rechtsfortbildung und damit einen Verstoß gegen das Rechts- und Sozialstaatsprinzip nach Art. 20 Abs. 3 GG darstellen, ist zunächst zu prüfen, ob es sich bei der maßgeblichen Rechtsprechung um eine gesetzesimmanente Rechtsfortbildung im Sinne zulässiger Gesetzesauslegung geltenden Rechts handelt (zweite Stufe) oder tatsächlich eine gesetzesübersteigende Rechtsfortbildung (dritte Stufe) erkennbar ist. Eine Einordnung als bloße Gesetzesauslegung (erste Stufe) kann ausgeschlossen werden, da der Insolvenzfall im Wortlaut des § 613a BGB überhaupt keinen Anklang findet. Folglich handelt es sich bei der methodisch fragwürdigen Haftungsbeschränkung des Bundesarbeitsgerichts nicht mehr um bloße Gesetzesanwendung, sondern um einen Akt der Rechtsfortbildung.

1. Keine gesetzesimmanente Rechtsfortbildung

Hinsichtlich der Annahme einer gesetzesimmanenten Rechtsfortbildung auf der zweiten Stufe ist bereits fraglich, ob überhaupt eine insoweit notwendige planwidrige Regelungslücke vorliegt, die es durch die teleologische Reduktion der Haftungsfolgen des § 613a Abs. 1 BGB zu schließen gilt.

---

638 *Drechsler*, ZJS 4/2015, 344, 347.
639 *K. Schmidt*, JZ 2009, 10, 19.

Gemeint ist eine Regelungslücke, die darin besteht, dass eine nach dem Normzweck gebotene Ausnahmeregelung fehlt (sogenannte Ausnahmelücke[640]), deren Schließung im Wege der teleologischen Reduktion den ursprünglich überschießenden Wortlaut begrenzt.[641] Nur im Falle einer solchen Regelungslücke, wäre ein – innerhalb des positiven Rechts liegendes – methodisches Einschreiten der Rechtsprechung zu rechtfertigen.

Nach der hier vertretenen Auffassung existiert mit § 613a Abs. 1 BGB eine gesetzliche Vorschrift, die den Grundfall – nämlich den Übergang der Arbeitsverhältnisse mit allen Rechten und Pflichten auf den Betriebserwerber – unmissverständlich regelt. In Kenntnis der insolvenzrechtlichen Sondersituation und trotz der unionsrechtlichen Bereichsausnahme nach Art. 5 RL 2001/23/EG wurde bislang kein eigenständiges Sanierungsarbeitsrecht, welches von dem gesetzlichen Grundfall nach § 613a BGB abweichende Sonderregelungen enthält, kodifiziert.

Selbst wenn in dieser „Nichtregelung" eine Regelungslücke[642] gesehen werden möchte, fehlt es für eine Anpassung im Wege der teleologischen Reduktion noch immer an deren Planwidrigkeit. Die Planwidrigkeit der Regelungslücke bemisst sich nämlich am Plan des Gesetzgebers, wobei planwidrig mit „versehentlich" gleichzusetzen ist.[643] Setzt die teleologische Reduktion somit einen versehentlich zu weiten Wortlaut voraus, so zielt die Abweichung vom Wortlaut gerade darauf ab, den gesetzgeberischen Willen zu verwirklichen und damit der verfassungsrechtlich vorgeschriebene Bindung der Rechtsprechung an das Gesetz gerecht zu werden.[644] Hat sich der Gesetzgeber für die Regelung oder Nichtregelung eines bestimmten Sachverhalts entschieden, sind die Gerichte grundsätzlich nicht befugt, sich über diese gesetzgeberische Entscheidung durch eine Auslegung der Vorschrift gegen ihren Wortlaut hinwegzusetzen.[645]

---

640 *Rüthers/Fischer/Birk*, Rechtstheorie, 11. Aufl. 2020, Rn. 848, 939.

641 *Bitter/Rauhut*, JuS 2009, 289, 295.

642 Vgl. zum Begriff der „Regelungslücke" zuvor unter B. I.

643 *Kuhn*, JuS 2016, 104.

644 S. etwa BGH, Urt. v. 5.5.2015 - XI ZR 406/13, BGHZ 205, 249 = NJW 2015, 2414 Rn. 30; BGH, Urt. v. 22.5.2012 - XI ZR 290/11, BGHZ 193, 238 = NJW 2012, 2571 Rn. 45; *Larenz/Canaris*, Methodenlehre d. Rechtswissenschaft, 3. Aufl. 1995, 194, 198; *Kuhn*, JuS 2016, 104 m.w.V.

645 BAG, Beschl. v. 11.11.2009 - 7 ABR 26/08, BAGE 132, 232 = NZA 2010, 353; BAG, Urt. v. 5.5.2010 - 7 AZR 728/08, BAGE 134, 233 = NZA 2010, 1025.

2. Gesetzesübersteigende Rechtsfortbildung

Somit ist die Rechtsprechung des Bundesarbeitsgerichts im Bereich der Haftungsbeschränkung für Betriebserwerber bei der übertragenden Sanierung als gesetzesübersteigende Rechtsfortbildung auf der dritten Stufe anzusiedeln. Das kodifizierte Gesetzesrecht – im hiesigen Kontext vor allem § 613a BGB – enthält tatsächlich keinerlei Anhaltspunkte für eine generalisierende Rechtsfindung, weshalb das an dieser Stelle praktizierte Sanierungsarbeitsrecht als richterliche Rechtsschöpfung einzustufen ist. Diese Erkenntnis untermauert die Tatsache, dass sich die richterliche Praxis seit rund vier Jahrzehnten an den vom Bundesarbeitsgericht aufgestellten Haftungsgrundsätzen ausrichtet und darüber hinaus seine gesamte im Kontext hierzu stehende Rechtsfindung an der eigenen Rechtsprechung bemisst.

Über die Frage, ob die gesetzesübersteigende Rechtsfortbildung des Bundesarbeitsgerichts gerechtfertigt werden kann, lässt sich streiten. Im Unterschied zu der dargestellten Entscheidung des Bundesarbeitsgerichts vom 13. Dezember 1978 zu Sozialplanansprüchen als bevorrechtigte Konkursforderung, für deren Einordnung die gesetzliche Ordnung des Konkursrechts keine Anhaltspunkte bot, bezweckt die Insolvenzordnung ausdrücklich den Grundsatz der Gläubigergleichbehandlung. Damit bietet die Insolvenzordnung entsprechende Anhaltspunkte, welche die ergangene Rechtsprechung rechtfertigen könnte und somit der Annahme eines Verstoßes gegen das Rechtsstaats- bzw. Sozialstaatsprinzip entgegenstehen.

Andererseits verstößt die praktizierte Rechtsprechung der beschränkten Erwerberhaftung erkennbar gegen die bisherige Intention des Gesetzgebers, der von der Möglichkeit eines eigenständigen Sanierungsarbeitsrechts bislang keinen Gebrauch gemacht hat. Für eine Rechtsfortbildung *contra legem* spricht auch, dass sich die Haftungsbeschränkung beim Erwerb aus der Insolvenz nicht mehr an der Teleologie des § 613a BGB orientiert, sondern an einem darüber hinausgreifenden Rechtsgedanken, nämlich dem insolvenzrechtlichen Sanierungsprinzip. Gerechtfertigt werden kann die gesetzesübersteigende Rechtsfortbildung im Bereich der Haftungsbeschränkung für Betriebserwerber höchstens mit den Bedürfnissen des Rechtsverkehrs am Gelingen einer übertragenden Sanierung. Mitunter könnten rechtspolitische Gründe die Rechtsfortbildung rechtfertigen, nachdem eine normative Legitimationsgrundlage bislang nicht geschaffen wurde.

V. Sanierungsarbeitsrecht als Rechtsfortbildung

Neben der aufgezeigten Rechtsfortbildung des Bundesarbeitsgerichts hinsichtlich der einschränkenden Erwerberhaftung bei der übertragenden Sanierung, sind auch andere Bereiche des praktizierten Sanierungsarbeitsrechts dem hiesigen Vorwurf einer unzulässigen Rechtsfortbildung ausgesetzt. Nicht oft genug wiederholt werden kann der Umstand, dass der Gesetzgeber bislang kein eigenständiges Sanierungsarbeitsrecht eingeführt hat, bis dato also legislativ nicht tätig geworden ist. Dabei stellt, wie bereits aufgezeigt, das gesetzgeberische Unterlassen mitnichten eine planwidrige Regelungslücke dar. Vielmehr wurde bislang ein eigenständiges Regelungswerk nicht etabliert und die unionsrechtlichen Vorgaben überobligatorisch umgesetzt.

Ungeachtet dieser Tatsache hat es sich die arbeitsgerichtliche Rechtsprechung zur Aufgabe gemacht, insolvenzrechtliche Grundprinzipien, insbesondere dem Sanierungsprinzip, zu dessen maximaler Wirkung und Geltung zu verhelfen. Gepaart mit einer überaus sanierungsfreundlichen Rechtsprechung hat sich in Deutschland längst eine Sanierungskultur mit eigenständigem Sanierungsarbeitsrecht entwickelt.

Insoweit besonders kritisch zu betrachten ist die aufgezeigte Rechtsprechung zur Kündigung nach Erwerberkonzept. Das Zusammenwirken von Insolvenzverwalter und Erwerber steht nach der Rechtsprechung des Bundesarbeitsgerichts nicht mit dem Kündigungsverbot des § 613a Abs. 4 BGB im Widerspruch. Zwar liege der Schutzzweck des § 613a BGB darin, den Erwerber daran zu hindern, bei der Übernahme der Belegschaft eine personelle Auslese zu treffen.[646] Sinn und Zweck der Regelungen in § 613a Abs. 1 Satz 1, Abs. 4 BGB sei es aber nicht, den Erwerber auch bei einer aufgrund betriebswirtschaftlicher Gesichtspunkte voraussehbaren, fehlenden Beschäftigungsmöglichkeit zu verpflichten, das Arbeitsverhältnis mit einem Arbeitnehmer noch einmal künstlich zu verlängern.[647]

Im Hinblick auf den eindeutigen Wortlaut des § 613a Abs. 4 BGB wird sich die insoweit ergangene Rechtsprechung mindestens den Vorwurf einer gesetzesübersteigenden Rechtsfortbildung auf der dritten Stufe, eher dem einer unzulässigen Rechtsfortbildung gefallen lassen müssen. Das insoweit kodifizierte Recht enthält keinerlei Anhaltspunkte für eine Rechtsfindung, die faktisch dem

---

646 BAG, Urt. v. 26.5.1983 - 2 AZR 477/81, BAGE 43, 13 = ZIP 1983, 1377.

647 BAG, Urt. v. 20.3.2003 - 8 AZR 97/02, BAGE 105, 338 = ZIP 2003, 1671 = NZA 2003, 1027.

Betriebserwerber Zugriff auf die Kompetenzen des Insolvenzverwalters und die Mittel der Insolvenzordnung ermöglichen. Dies legt nahe, die richterliche Rechtserkenntnis im Bereich der Erwerberkonzeptkündigung als richterliche Rechtsschöpfung zu erachten, die sich aus den Bedürfnissen des Rechtsverkehrs am Gelingen einer übertragenden Sanierung zu rechtfertigen vermag, einen gerechten (Interessen-)Ausgleich widerstreitender Interessen jedoch vermissen lässt.

C. Der „gerechte" Ausgleich

Die durchgeführte Analyse hat gezeigt, dass die Grundprinzipien der Insolvenzordnung, insbesondere die stichtagsbezogene Abgrenzung von Gläubigerforderungen und der Gläubigergleichbehandlungsgrundsatz sowie die Grundsätze der Haftungsbeschränkung für Betriebserwerber und deren ausufernde Umsetzung durch die Rechtsprechung eine differenzierte Betrachtung vermissen lassen.

Wünschenswert und rechtsstaatlich geboten wäre es, auf nationaler Ebene eine Sanierungslandschaft zu (er-)schaffen, in der ein Betriebsübergang aus der Insolvenz weniger einer „Schnäppchenjagd" gleicht, sondern durch Nutzung von Synergien und operativer Restrukturierung langfristige soziale und wirtschaftliche Werte erzielt werden.

In (zu) vielen Fällen besteht vor allem der arbeitsrechtliche Restrukturierungs- und Sanierungserfolg lediglich darin, aufgelaufene Personalforderungen (wie beispielsweise Pensionen, Überstunden, Urlaubsabgeltung, Sonderzahlungen) wegen ihrer Einordnung als Insolvenzforderung nicht mehr zahlen zu müssen und Personalüberhänge abzubauen. Die im Insolvenzverfahren immerzu notwendigen Einschnitte im Personalwesen erfolgen – wie selbstverständlich – zulasten der Arbeitnehmer. Eine vorgeschaltete Vergleichsrechnung zu Einsparpotentialen in anderen Unternehmensbereichen, etwa infolge überzogener Betriebsmieten, zu hoher finanzieller Belastung durch Leasinggebühren für eigentlich entbehrliche Maschinen, unverhältnismäßige Zinsbelastungen oder schlechte Einkaufsbedingungen, ist weder gesetzlich vorgesehen, noch erfolgt eine solche Gegenüberstellung in der Praxis.

I. Arbeitnehmerschutz versus Unternehmerfreiheit

Zum Verständnis der Frage nach einem gerechten Ausgleich und ihrer Beantwortung durch die Abwägung widerstreitender Interessen, gilt es sich die jeweils maßgeblichen Standpunkte nochmals vor Augen zu führen. Im hiesigen Transaktionskontext stehen sich (sinnbildlich) der Arbeitnehmer und der Betriebserwerber gegenüber.

Aufseiten des Arbeitnehmers dominieren der (unionsrechtlich) angelegte Schutz, der sich aus dem Wesen des Arbeitsverhältnisses und dem ihm innewohnenden Über- und Unterordnungsverhältnis[648] ableitet. Die aus der eingesetzten Arbeitskraft erwachsenden (Lohn-)Ansprüche und der im Laufe des Arbeitsverhältnisses gewonnene Besitzstand des Arbeitnehmers sind zentraler Aspekt seiner schützenswerten Interessen. Im insolvenzbedingten Transaktionskontext laufen diese Aspekte samt ihrer differenzierten Ausprägungen Gefahr, im Rahmen der Sanierung nicht ausreichend berücksichtigt zu werden. Ein wohl maßgebender Grund hierfür ist, dass der Arbeitnehmer im Insolvenzverfahren seines Arbeitgebers den übrigen Insolvenzgläubigern gleichgestellt ist.[649] Hinzu tritt der Umstand, dass auch das Sozialrecht nur in begrenztem Umfang einen „doppelten Boden" für die Belange der Arbeitnehmer bereithält, wie etwa durch die Begrenzung des Insolvenzgeldes zur Kompensation von Lohnausfällen für den Zeitraum von drei Monaten oder die eingeschränkte Einstandspflicht des Pensionssicherungsvereins im Versicherungsfall.[650] Überdies hält das Insolvenzarbeitsrecht Vorschriften bereit, die gezielt den erleichterten und beschleunigten Personalabbau ermöglichen, um die Attraktivität des Unternehmens und damit die Sanierungsfähigkeit zu fördern.

Aufseiten des Betriebserwerbers dominiert dessen Unternehmerfreiheit.[651] Aus ihr leitet sich das schutzwürdige Interesse des unternehmerischen Handels zum Zwecke der Gewinnerzielung ab. Dem steht freilich die Auferlegung von finanziellen Einstandspflichten und Haftungsrisiken entgegen. Im Rahmen der übertragenden Sanierung bildet derzeit der Stichtag der Insolvenzeröffnung die zur Abgrenzung von bereits begründeten Arbeitnehmerforderungen maßgebliche Zäsur. Mithilfe des Sanierungsprinzips werden im Einzelfall Entscheidungen gerechtfertigt, die den Betriebserwerber entlasten und so dem Gelingen der Sanierung dienen.

II. Eine Frage der (Interessen-)Abwägung

Es drängt sich die Frage nach einem gerechten Maßstab auf. Die übertragende Sanierung aus der Insolvenz birgt eine Vielzahl von Interessenkonflikten. Neben den Interessen der Gläubiger, der Anteilseigner, der Kunden und letztlich der

---

648 Das Über- und Unterordnungsverhältnis findet insbesondere im Weisungsrecht des Arbeitgebers nach § 106 GewO seinen Ausdruck.

649 Vgl. § 108 Abs. 3 InsO.

650 Vgl. hierzu Kap. 3 unter B. I.

651 Zur normativen Einordnung der widerstreitenden Interessenlagen sogleich unter II. 2.

Marktwirtschaft sind im hiesigen Kontext vor allem die Interessen der Arbeitnehmer und des Betriebserwerbers in größtmöglichen Einklang zu bringen. Dabei gilt es zunächst den Kern des Interessenkonflikts darzustellen (hierzu unter 1.) um sodann auf normativer Ebene herauszuarbeiten, welche Rechte und Normen in Widerspruch stehen (hierzu unter 2.) und wie diese in einen gerechten Ausgleich zu bringen sind (hierzu unter 3.).

1. *Interessenkonflikt*

Der im hiesigen Kontext im Raum stehende Konflikt lässt sich in seinem Kern auf die Anwendbarkeit des § 613a BGB im Insolvenzverfahren zurückführen. Mit der Norm wurde die vom Gemeinschaftsgesetzgeber erlassene Richtlinie 2001/23/EG auf nationaler Ebene (überobligatorisch) umgesetzt. Demzufolge hat auch die sich aus § 613a BGB ableitende Abwägung im Lichte der Richtlinie und ihrer Erwägungsgründe zu erfolgen.[652]

Nach dem dritten Erwägungsgrund der Richtlinie 2001/23/EG sollen die Belange der Arbeitnehmer geschützt werden.[653] Konkret soll die Wahrung der Ansprüche bei einem Inhaberwechsel dadurch gewährleistet sein, dass die Richtlinie ihnen die Möglichkeit gibt, ihr Beschäftigungsverhältnis mit dem neuen Arbeitgeber zu denselben Bedingungen fortzusetzen, die mit dem Veräußerer vereinbart waren.[654] Die Richtlinie soll so weit wie möglich die Fortsetzung des Arbeitsvertrags oder des Arbeitsverhältnisses mit dem Erwerber in unveränderter Form gewährleisten, um eine Verschlechterung der Lage der betroffenen Arbeitnehmer allein aufgrund des Übergangs zu verhindern.[655]

Dabei dient die Richtlinie nicht ausschließlich dem Schutz der Arbeitnehmerinteressen bei einem Unternehmensübergang, sondern sie soll auch einen gerechten Ausgleich zwischen den Interessen der Arbeitnehmer einerseits und denen des Erwerbers andererseits gewährleisten.[656]

---

652 So auch *Greiner/Pionteck*, RdA 2020, 84, 85; *Wißmann*, RdA 2015, 301, 303.

653 Vgl. ErwG (3) der Richtlinie 2001/23/EG des Rates v. 12.3.2001.

654 Zuletzt EuGH, Urt. v. 9.9.2020 – C-674/18, ECLI:EU:C:2020:682 = ZIP 2020, 1930, 1933.

655 Vgl. in diesem Sinne EuGH, Beschl. v. 28.1.2015 - C-688/13, EU:C:2015:46 = ZIP 2015, 652, Rn. 34 - Gimnasio Deportivo San Andrés, dazu *Forst*, EWiR 2015, 289; EuGH, Urt. v.16.5.2019 - C-509/17, EU:C:2019:424 = ZIP 2019, 1185.

656 EuGH, Urt. v. 26.3.2020 - C-344/18, EU:C:2020:239 = ZIP 2020, 1146 - ISS Facility Services, dazu *Wolff*, EWiR 2020, 569; so auch bereits *Kainer*, EuZA, Bd. 7, 2014, 230, 236 ff.

2. Normatives Spannungsfeld

Auf normativer Ebene fragt sich, welche Rechtspositionen in Ausgleich zu bringen sind. Der vorzunehmende Interessenausgleich lässt sich nämlich nicht allein aus dem allgemeinen privatrechtlichen Grundsatz der Gleichverteilung von Chancen und Risiken ableiten, sondern zudem aus dem über die mittelbare Drittwirkung einfließende grundrechtrechtliche Abwägungsgebot.[657] Die einschlägige Richtlinie ist demnach in Übereinstimmung mit der Grundrechts-Charta auszulegen[658] und das nationale Recht in Übereinstimmung mit der Richtlinie.[659]

Auf Gemeinschaftsrechtsebene sind für einen gerechten Ausgleich die Belange der Berufsfreiheit und das Recht zu arbeiten nach Art. 15 GRCh sowie das Eigentumsrecht nach Art. 17 GRCh für den Arbeitnehmer ins Feld zu führen. Auf Seite des Betriebserwerbers steht die sich aus der unternehmerischen Freiheit nach Art. 16 GRCh ableitende Vertragsfreiheit, die sich stets gegen entsprechende Beschränkungen wendet.[660]

Mit Blick auf den nationalen mittelbaren Einfluss etwaiger Grundrechtspositionen ergibt sich ein ähnliches Bild: Auf Seiten der Arbeitnehmer ist einerseits die sich aus Art. 12 Abs. 1 GG ergebende Berufsfreiheit zu berücksichtigen. Art 12 Abs. 1 GG verwehrt Dritten den Zugriff auf Regelungen des Kernbereichs des Arbeitsverhältnisses.[661] Dies gilt sowohl für die Art als auch den Umfang der beruflichen Beschäftigung.[662]

Die Sicherung der Existenz der Arbeitnehmer leitet sich aus Art. 14 Abs. 1 GG ab. Dies gilt insbesondere mit Blick auf Lohn- und betriebliche Versorgungsansprüche, wobei nicht nur bereits entstandene Ansprüche, sondern auch rechtlich gesicherte Anwartschaften so verfestigt sein können, dass sie durch Art. 14 GG geschützt werden.[663]

---

657 So *Kainer*, EuZA, Bd. 7, 2014, 230, 237; ausf. zu der Wirkweise der Grundrechte unter Privaten und der Frage der unmittelbaren oder mittelbaren Drittwirkung der Grundrechte der EU *Jarass*, in: Jarass, Charta der Grundrechte der EU, 3. Aufl. 2016, EU-Grundrechte-Charta Art.51, Rn. 33 ff.

658 Z.B. EuGH, Urt. v. 18.7.2013 - C-426/11, NZA 2013, 835, Rn. 30 - Alemo-Herron; *Wißmann*, RdA 2015, 301, 303.

659 Z.B. EuGH v. 24.1.2012 - C-282/10, NZA 2012, 139, Rn. 24, 27 - Dominguez.

660 *Kainer*, EuZA, Bd. 7, 2014, 230, 237, *Greiner/Pionteck*, RdA 2020, 84, 85; *Jacobs/Frieling*, EuZW 2013, 737, 739; *Sutschet*, RdA 2013, 28, 34; *Latzel*, RdA 2014, 110, 115.

661 *Klumpp*, in: Münchener HdB zum Arbeitsrecht, Bd. 3, 4. Aufl. 2019, § 237, Rn. 28.

662 *Klumpp*, in: Münchener HdB zum Arbeitsrecht, Bd. 3, 4. Aufl. 2019, § 237, Rn. 28.

663 *Schmidt*, in: ErfK Arbeitsrecht, 20. Aufl. 2020, Art. 14 GG, Rn. 23, 24.

Auf der anderen Seite sind es die schutzwürdigen Interessen des Arbeitgebers, die sich insbesondere aus Art. 14 Abs. 1 GG ergeben können. Freilich steht es dem Arbeitgeber offen, unternehmerische Entscheidung frei und selbstständig zu treffen und sich nur insoweit Belastungen ausgesetzt zu sehen, die im Wesentlichen selbstbestimmt sind.

3. *Abwägungsmaßstab*

Ein gerechter Ausgleich zwischen den aufgezeigten (Rechts-)Positionen fordert eine umfassende Abwägung der widerstreitenden Interessen. Konkret sind die sich aus dem Arbeitnehmerschutz erwachsenen Grundrechtspositionen mit denen der unternehmerischen Freiheit des (künftigen) Arbeitgebers in Verhältnis zu setzen. Hierbei sind (gesetzgeberische) Wertungen und normative Vorgaben zu berücksichtigen und in größtmöglichen Ausgleich zu bringen. Jede Entscheidung im Kontext des Betriebsübergangs erweist sich damit gewissermaßen als „Gratwanderung“. Stets gilt es, das Verhältnis von Arbeitnehmerschutz und Unternehmensfreiheit einzelfallbezogen auszutarieren.[664]

Das Sanierungsprinzip als verfestigter Leitgedanke moderner Sanierungsbemühungen muss im Rahmen der vorzunehmenden Abwägung im Einzelfall Berücksichtigung finden, darf allerdings nicht als übergeordneter Maßstab den eigentlichen Abwägungsvorgang ersetzen. Als bloßes Abwägungskriterium bemisst sich die konkrete Bedeutung nach dem Gewicht der hinter dem Sanierungsprinzip zum Ausdruck kommenden Leitgedanken. Wie bereits herausgearbeitet wurde, sind dies vorrangig der Erhalt des Unternehmens und dessen wirtschaftlicher Werte.

Die dargestellte zunehmende Gewichtung des Sanierungsprinzips darf jedoch einen gerechten Ausgleich nicht aus dem Blick verlieren. Es gilt, sich die Gegenposition der Arbeitnehmer – so wie sie sich auch aus der Betriebsübergangsrichtlinie ergibt – zu verdeutlichen und ein sich eingestelltes Ungleichgewicht wieder auszugleichen.

---

664 So *Greiner/Pionteck*, RdA 2020, 84, 85.

Kapitel 5 Normativierung des Sanierungsprinzips

Ein eigenständiges Sanierungsarbeitsrecht existiert bislang nicht. Zur Anwendung kommen im Fall der Insolvenz des Arbeitgebers die allgemeinen Regelungen des Kollektiv- und Individualarbeitsrechts, die durch Sondervorschriften der Insolvenzordnung (vgl. §§ 113, 120 ff. InsO) ergänzt bzw. teilweise überlagert werden. Hinzu tritt die entsprechende Prägung vieler Aspekte durch die Rechtsprechung. Der damit gesetzte Rahmen für arbeitsrechtliche Sanierungsprozesse gilt als eng und unflexibel.[665]

A. Nichtanwendung von § 613a BGB im Insolvenzverfahren

Es steht zur Diskussion, ob den Interessen der Arbeitnehmer einerseits und den Vorstellungen der Sanierungspraxis andererseits durch ein flexibleres System im Rahmen eines Insolvenzverfahrens besser Rechnung getragen werden könnte.[666] Die Bereichsausnahme in Art. 5 Abs. 1 RL 2001/23/EG, wonach die Möglichkeit bestünde, außerhalb der insolvenzrechtlichen Sonderregelungen, arbeitsrechtliche Erleichterungen für notleidende Unternehmen zu schaffen, blieb vom Gesetzgeber ungenutzt. Vielmehr ergibt sich im deutschen Recht aus § 128 Abs. 2 InsO ein Gegenschluss, wonach § 613a BGB im Insolvenzverfahren des Veräußerers uneingeschränkt gilt.[667]

Es soll der Frage nachgegangen werden, ob nicht – etwa in Anlehnung an Art. 232 § 5 Abs. 2 Nr. 1 EGBGB – eine Regelung geschaffen werden sollte, wonach auf einen Betriebsübergang im Rahmen eines Insolvenzverfahrens (gegebenenfalls unter Einschränkung auf bestimmte weitere Bedingungen) § 613a BGB nicht anzuwenden ist.[668] Gemäß Art. 232 § 5 Abs. 2 Nr. 1 EGBGB

---

665 So bereits *Zobel*, BB 2011, 1397.

666 So schon *Frank/Heinrich*, ZInsO 2011, 1826, 1830.

667 BAG, Urt. v. 20.3.2003 - 8 AZR 97/02, BAGE 105, 338 = NZA 2003, 1027, 1028; BAG, Urt. v. 20.9.2006 - 6 AZR 249/05, AP BGB § 613a Nr. 316 = NZA 2007, 387; LAG Sachsen, Urt. v. 29.6.2001 - 2 Sa 836/00, NZA-RR 2002, 265; *Menke/Wolf*, BB 2011, 1461, 1463; *Heckschen*, in: Reul/Heckschen/Wienberg, Insolvenzrecht in der Gestaltungspraxis, 2. Aufl. 2018, § 4. Gesellschaftsrecht, Rn. 1433.

668 So bereits *Frank/Heinrich*, ZInsO 2011, 1826, 1830.

war § 613a BGB im Beitrittsgebiet bis zum 31. Dezember 1998 auf einen Betriebsübergang im Gesamtvollstreckungsverfahren nicht anzuwenden. Die zeitlich befristete Suspendierung von § 613a BGB erstreckt sich auch auf die im Gesamtvollstreckungsverfahren vollzogenen Übertragungen solcher Betriebe oder Betriebsteile, die nicht im Beitrittsgebiet, sondern in den alten Bundesländern lagen.[669] Da im Anwendungsbereich des Art. 232 § 5 Abs. 2 Nr. 1 EGBGB kein Übergang der Arbeitsverhältnisse stattfand, um den Erwerber des Betriebs nicht zu belasten, stand es dem Erwerber letztlich frei zu entscheiden, mit wie vielen und mit welchen Arbeitnehmern er die Betriebstätigkeit des insolventen Schuldners fortsetzt.[670]

Hinsichtlich etwaiger (Rechts-)Folgen einer Art. 232 § 5 Abs. 2 Nr. 1 EGBGB entsprechenden Norm, ist ein Blick auf die Umsetzungsnormen der Betriebsübergangsrichtlinie in anderen Mitgliedstaaten und die dort geltende Rechtslage durchaus ideenfördernd. Vorab bietet es sich deshalb an, sich die maßgeblichen europarechtlichen Vorgaben in Erinnerung zu rufen.

B. Die Vorgaben der Betriebsübergangsrichtlinie im Rechtsvergleich

Art. 5 Richtlinie 2001/23/EG regelt die Anwendung der Rechtsvorschriften über den Betriebsübergang im Insolvenzverfahren. Diese Bestimmung wurde durch die Änderungsrichtlinie 98/50/EG in die Betriebsübergangsrichtlinie 77/187/EWG eingefügt und knüpft an die Rechtsprechung des Gerichtshofs der Europäischen Union an, wonach die Betriebsübergangsrichtlinie wegen den Besonderheiten des Konkursrechts und den Unterschieden zwischen den einzelstaatlichen Insolvenzstatuten in bestimmten Insolvenzverfahren unangewendet bleibt.[671] In späteren Urteilen wurden dann die Anforderungen an ein innerstaatliches Insolvenzverfahren, das nicht unter die Betriebsübergangsrichtlinie 77/187/EWG fällt, präzisiert. Hiernach kann die Betriebsübergangsrichtlinie nur dann angewendet werden, wenn das innerstaatliche Insolvenzverfahren auf die Liquidation des Unternehmensträgers gerichtet ist; ein innerstaatliches Sanierungsverfahren genügt hierfür nicht.[672]

669 Vgl. BAG, Urt. v. 19.10.2000 - 8 AZR 42/00, DB 2001, 1040.
670 Vgl. BAG, Urt. v. 25.9.1997 - 8 AZR 493/96, BAGE 86, 336, Rn. 26 = DB 1998, 525.
671 EuGH, Urt. v. 7.2.1985 - C-135/83 („Abels"), Slg. 1985, 469, 483 = BeckRS 2004, 71563.
672 EuGH, Urt. v. 25.07.1991 - C-362/89 („d´Urso"), Slg. 1991, I-4105 = NZA 1993, 137; bestätigt von EuGH, Urt. v. 7.12.1995 - C-472/93 („Spano"), Slg. 1995, I-4321 = NZA 1996, 305; EuGH, Urt. v. 12.11.1998 - C-399/96 („Europièces"), Slg. I 1998, 6965 = NZA 1999, 31.

Diese Differenzierung des Gerichtshofs der Europäischen Union zwischen Liquidations- und Sanierungsverfahren wurde vom Gemeinschaftsgesetzgeber übernommen: Art. 5 Abs. 1 Richtlinie 2001/23/EG berechtigt die Mitgliedstaaten, den zwingenden Eintritt des Betriebserwerbers in den Arbeitsvertrag (Art. 3 RL 2001/23/EG) sowie das Kündigungsverbot (Art. 4 RL 2001/23/EG) von den innerstaatlichen Umsetzungsgesetzen der Betriebsübergangsrichtlinie 2001/23/EG in auf Liquidation gerichteten Insolvenzverfahren auszunehmen.[673] Das Ziel eines solchen Verfahrens muss auf die Auflösung des Vermögens des Veräußerers gerichtet sein und unter der Aufsicht einer „zuständigen öffentlichen Stelle" durchgeführt werden. Falls sich ein Mitgliedstaat dafür entscheidet, die Fortsetzungspflicht des Betriebserwerbers nach Art. 3 RL 2001/23/EG und das Kündigungsverbot nach Art. 4 RL 2001/23/EG in Insolvenzverfahren doch anzuwenden, kann dieser Mitgliedstaat die Haftung des Betriebserwerbers für vor dem Betriebsübergang bzw. der Eröffnung des Insolvenzverfahrens entstandene Verbindlichkeiten des Veräußerers ausschließen (Art. 5 Abs. 2 lit. a RL 2001/23/EG).[674] Nach dem Bericht der Kommission über die Anwendung der Betriebsübergangsrichtlinie 2001/23/EG aus dem Jahr 2007 haben von dieser Möglichkeit 14 EU-Mitgliedstaaten und alle drei EWR-Staaten Gebrauch gemacht.[675]

Hierzu exemplarisch im Einzelnen:

I. Rechtslage in Österreich

Vor dem Beitritt Österreichs zum Europäischen Wirtschaftsraum (1. Januar 1994) und in der Folge zur Europäischen Union (1. Januar 1995) bestand für den Fall des Wechsels des Inhabers eines Unternehmens, Betriebs oder Betriebsteils kein gesetzlich ausdrücklich geregelter Schutz der dort beschäftigten Arbeitnehmer.[676] Dieser für die Arbeitnehmerseite unbefriedigende Zustand wurde durch das sogenannte Arbeitsvertragsrechtsanpassungsgesetz (AVRAG)[677] beseitigt, welches das österreichische Individualarbeitsrecht an die europarechtlichen Vorgaben anpassen sollte. Es setzte in den §§ 3 – 6 AVRAG

---

673 *Franzen*, NZA-Beil. 2008, 139, 143.

674 *Franzen*, NZA-Beil. 2008, 139, 143.

675 Bericht der Kommission über die Richtlinie 2001/23/EG v. 18.6.2007, KOM (2007) 334 endgültig, S. 8, Anhang Frage 2. 5.

676 *Risak*, NZA-Beil 2008, 145.

677 BGBl. 1993, S. 459 i.d.F. BGBl. I 2007, S. 104 – Zugang zu österreichischen Gesetzen über das Rechtsinformationssystem des Bundes (RIS): http://www.ris.bka.gv.at/bundesrecht (zuletzt abgerufen am 4.3.2021).

die Betriebsübergangsrichtlinie 2001/23/EG für Arbeitnehmer bei privaten Arbeitgebern um und enthielt erstmals ausdrückliche Regelungen über den Betriebsübergang.

Nach § 3 Abs. 1 AVRAG tritt im Falle eines Betriebsübergangs[678] grundsätzlich der Erwerber als neuer Arbeitgeber mit allen Rechten und Pflichten in die im Zeitpunkt des Überganges bestehenden Arbeitsverhältnisse ein. Der bisherige arbeitsvertraglich begründete Rechtsbestand bleibt folglich erhalten. Damit richten sich auch offene Entgeltansprüche gegen den Betriebserwerber.

Die österreichischen Betriebsübergangsbestimmungen gelten allerdings nach § 3 Abs. 2 AVRAG explizit „nicht im Fall eines Konkursverfahrens des Veräußerers". Nach diesem weit gefassten Gesetzeswortlaut sind jegliche konkursbedingte Veräußerungen von Betrieben nach der österreichischen Konkursordnung[679] aus dem Betriebsübergangsbegriff ausgenommen.[680] Es handelt sich somit um eine generelle (pauschale) Ausnahmebestimmung, deren Richtlinienkonformität im österreichischen Schrifttum nicht unumstritten ist.[681] So wird von einem Teil der Lehre aus verschiedenen Entscheidungen des Gerichtshofs der Europäischen Union[682] die Tendenz abgeleitet, eine Ausnahme von der Erwerberhaftung sei dann nicht anzuerkennen, wenn das Unternehmen als solches erhalten bleibe. Schließlich habe der Gerichtshof der Europäischen Union in mehreren Entscheidungen einen europarechtlichen Konkursbegriff geprägt, wonach nur für solche Konkursverfahren Sonderregelungen vorgesehen werden können, die in erster Linie auf die Zerschlagung des Unternehmens abzielen. Daher sei auch § 3 Abs. 2 AVRAG bei einem Betriebsübergang entsprechend restriktiv auszulegen.[683]

Der österreichische Oberste Gerichtshof kommt jedoch zu einem anderen Ergebnis: Die von Teilen der Lehre geforderte europarechtskonforme Interpretation setze nämlich voraus, dass das nationale Recht eine gewisse

---

678 Das österreichische Umsetzungsgesetz definiert den Betriebsübergang nicht. Damit bleibt es der Rechtsprechung im Wege der europarechtskonformen Interpretation überlassen, welchen Inhalt sie dem Tatbestand gibt, wobei regelmäßig auf eine organisatorische Einheit mit eigener Leistungsstruktur abgestellt wird.

679 RGBl. Nr. 337, 1914 i.d.F. BGBl. I 2007, S. 73.

680 *Risak*, NZA-Beil 2008, 145, 146.

681 Vgl. *Marhold*, ASoK 2007, 406 m.w.N.

682 Insbesondere EuGH, Urt. v. 25.07.1991 - C-362/89 („d'Urso"), Slg. 1991 I-4105 = NZA 1993, 137 und EuGH, Urt. v. 12.3.1998 - C-319/94 („Dethier"), Slg. 1998 I-1061 = NZA 1998, 529.

683 So auch *Risak*, NZA-Beil 2008, 145, 146 m.w.V.

Bewegungsfreiheit für eine entsprechende Auslegung biete, da der normative Inhalt der nationalen Regelung durch die Rechtsprechung nicht generell neu festgelegt werden dürfe.[684] Einen solchen Spielraum biete die Regelung des § 3 Abs. 2 AVRAG jedoch gerade nicht, weshalb dessen teleologische Reduktion auf solche Konkurse, die das Unternehmen zerschlagen, nicht der Absicht des nationalen Gesetzgebers entspreche und daher methodisch unzulässig sei.[685] Vielmehr gebe der klare Wortlaut des § 3 Abs. 2 AVRAG keinen Spielraum zu einer flexiblen Auslegung, weshalb im Fall des Konkurses des Veräußerers sämtliche Übergangsarten von § 3 AVRAG umfasst seien.[686] Folglich sei auch der Betriebsübergang von der Ausnahmebestimmung erfasst, sofern er nach Eröffnung des Konkursverfahrens stattfindet.

Zwar stimmte der Oberste Gerichtshof der rechtlichen Beurteilung zu, dass die Bestimmung des § 3 Abs. 2 AVRAG keinesfalls ausdehnend ausgelegt werden dürfe, sondern im strengen, insbesondere Umgehungen von Richtlinie und Gesetz weitgehend ausschließenden Sinn zu verstehen sei.[687] Eine – von der Literatur teilweise vertretene – teleologische Reduktion der Bestimmung auf den Fall der Zerschlagung des Unternehmens im Konkurs sei allerdings nicht zulässig, weil sie den normativen Gehalt der nationalen Regelung grundlegend neu bestimmen würde.[688]

Damit bleibt festzustellen, dass in Österreich § 3 Abs. 2 AVRAG für den Fall des Konkurses keinen automatischen Arbeitnehmerübergang vorsieht. Auf diese Weise soll die Unternehmensveräußerung im Konkurs erleichtert und zumindest die grundsätzliche Chance auf den Erhalt einiger, wenngleich nicht zwingend aller Arbeitsverhältnisse erhöht werden.

II. Rechtslage in den Niederlanden

Das niederländische Arbeitsrecht bestimmt zum Betriebsübergang in den Art. 8:662 bis 8:666 bzw. 9:670 Abs. 8 Burgerlijk Wetboek (BW)[689], dass ein

---

684 *Risak*, NZA-Beil 2008, 145, 147 m.V.a. OGH, Urt. v. 7.2.2008 - 9 Ob A 161/07b abrufbar unter www.ris.bka.gv.at (zuletzt abgerufen am 4.3.2021).

685 *Risak*, NZA-Beil 2008, 145, 147.

686 So auch *Grießer*, RdW 1998, 617, 624.

687 OGH, Urt. v. 12.10.1995 - 8 Ob 15/95 abrufbar unter http://www.ris.bka.gv.at (zuletzt abgerufen am 8.11.2020).

688 OGH, Urt. v. 7.2.2008 - 9 ObA 161/07b abrufbar unter http://www.ris.bka.gv.at (zuletzt abgerufen am 8.11.2020).

689 Abrufbar unter https://maxius.nl/burgerlijk-wetboek-boek-7 (zuletzt abgerufen am 4.3.2021).

Betriebsübergang der Übergang einer ihre wirtschaftliche Identität bewahrenden Einheit durch Vereinbarung oder Umwandlung ist. Dabei gehen die Rechte und Pflichten aus den Arbeitsverhältnissen auf den Erwerber über. Der bisherige Arbeitgeber haftet noch ein Jahr für die bis zum Übergang entstandenen Ansprüche der Arbeitnehmer. Außerdem kann der Arbeitgeber allein wegen des Betriebsübergangs nicht kündigen.

Diese (Schutz-)Vorschriften gelten allerdings nach Art. 8:666 BW nicht, wenn sich der Arbeitgeber im eröffneten Insolvenzverfahren befindet. Damit wenden die Niederlande die RL 2001/23/EG entsprechend der Bereichsausnahme des Art. 5 Abs. 1 der Richtlinie nicht an.[690]

Der Gerichtshof der Europäischen Union sah sich bereits mit einem niederländischen Insolvenzfall befasst, dessen Sachverhalt durch einen Betriebsübergang im Wege eines sogenannten „Pre-pack-Verfahren" geprägt war.[691] Der Begriff bezeichnet dabei die bisher nicht gesetzlich geregelte, aber zumindest durch einige Gerichte gebilligte Praxis, das Aktivvermögen einer Gesellschaft als Ganzes oder in Teilen aus einem Insolvenzverfahren unmittelbar nach dessen Eröffnung durch einen Insolvenzverwalter zu verkaufen, wobei dieser und der spätere Insolvenzrichter bereits vor Verfahrenseröffnung die Transaktion vorbereiten können. Nach Eröffnung des Insolvenzverfahrens schließen die dann zum Insolvenzverwalter bestellte Person und der Erwerber den bereits als „Pre-pack" vorbesprochenen Vertrag. Der Insolvenzverwalter kündigt weiter sämtliche Arbeitsverträge des insolventen Betriebs und der Betriebserwerber bietet nur einem Teil der gekündigten Arbeitskräfte einen neuen Arbeitsvertrag an. Konkret stellte sich im zugrundeliegenden Fall die Frage, inwieweit der vor der Insolvenzeröffnung mit dem Betriebsübernehmer bereits strukturierte Sanierungsplan mit Personalabbaumaßnahmen mit der europäischen Betriebsübergangsrichtlinie 2001/23/EG vereinbar war.

Im Wesentlichen zielten die von der angerufenen Rechtbank Midden-Nederland[692] dem Gerichtshof der Europäischen Union im Vorabentscheidungsverfahren vorgelegten Fragen darauf ab, ob das praktizierte Pre-pack-Verfahren mit der Betriebsübergangsrichtlinie vereinbar sei und ob es eine Rolle spiele, dass das Pre-pack-Verfahren sowohl auf die Fortführung der Unternehmenstätigkeit ziele als auch auf die Optimierung der Erlöse für die Insolvenzgläubiger.[693]

---

690 So *Cranshaw*, AnwZert InsR 18/2017 Anm. 2.

691 EuGH, Urt. v. 22.6.2017 - C-126/16 („Federatie Nederlandse Vakvereniging"), ECLI:EU:C:2017:489 = ZInsO 2017, 1610 ff.

692 Eines der 11 Bezirksgerichte in den Niederlanden.

693 *Cranshaw*, AnwZert InsR 18/2017 Anm. 2.

Der Gerichtshof der Europäischen Union erkannte darauf, dass auch bei einer solchen Pre-pack Konstellation der Arbeitnehmerschutz der Art. 3, 4 RL 2001/23/EG gewahrt bleiben müsse.[694] In seiner Begründung führte er aus, Art. 5 Abs. 1 RL 2001/23/EG sei eine Ausnahme von den Grundsätzen der Art. 3, 4 RL 2001/23/EG über den Arbeitnehmerschutz, der Zweck der Richtlinie sei. Art. 5 Abs. 1 der Richtlinie müsse daher eng ausgelegt werden. Dessen Anwendung setze voraus, dass das Pre-pack-Verfahren sämtliche Voraussetzungen der Norm erfülle. Der Vollzug des Pre-pack vor Konkurseröffnung sei jedoch vorrangig ein Verfahren zur Unternehmensfortführung. Ein Fortführungsverfahren habe den Bestand des Unternehmens oder bestandsfähiger Einheiten desselben als Ziel; ein nach der Norm erforderliches Liquidationsverfahren hingegen die gemeinschaftliche Befriedigung der Gläubiger.[695] Auch wenn das Pre-pack-Verfahren die Optimierung der Gläubigerbefriedigung verfolge, sei es letztlich kein Liquidationsverfahren im Sinne der Bereichsausnahme. Neben der Absicht, das insolvente Unternehmen zu liquidieren, fehle es zudem an der nach der Richtlinie verlangten staatlichen Aufsicht über das Pre-pack-Verfahren, da eine ausdrückliche, gesetzliche Regelung in den Niederlanden zu dem Pre-pack-Verfahren gar nicht bestünde. Vor Verfahrenseröffnung habe weder der Konkursrichter in spe noch der Verwalter in spe die erforderlichen Kompetenzen.[696]

Zusammengefasst handelt es sich nach Auffassung des Gerichtshofs der Europäischen Union bei einem Pre-pack-Verfahren nach niederländischem Vorbild also weder um ein Liquidationsverfahren noch um ein unter staatlicher Aufsicht geführtes Verfahren, weshalb die Voraussetzung der Bereichsausnahme des Art. 5 Abs. 1 RL 2001/23/EG nicht erfüllt sind.

Letztlich hat der Gerichtshof der Europäischen Union mit seiner Entscheidung solchen mitgliedstaatlichen Lösungen eine Absage erteilt, die zur Unterstützung der Sanierung den Arbeitnehmerschutz bei einem Betriebsübergang in der Insolvenz lockern wollen.[697] Insbesondere vorinsolvenzliche Sanierungen, die ihrem Wesen nach auf den Erhalt und die Fortführung des Unternehmens gerichtet sind, erfüllen demnach nicht die Voraussetzungen der Bereichsausnahme. Nur wenn die Übertragung des Geschäftsbetriebs aus dem eröffneten

694 EuGH, Urt. v. 22.06.2017 - C-126/16 („Federatie Nederlandse Vakvereniging“), ECLI:EU:C:2017:489 = ZInsO 2017, 1610 ff.

695 *Cranshaw*, AnwZert InsR 18/2017 Anm. 2 unter B. Ziff. 4.

696 EuGH, Urt. v. 22.06.2017 - C-126/16 („Federatie Nederlandse Vakvereniging“), ECLI:EU:C:2017:489 = ZInsO 2017, 1610 ff.

697 So auch *Cranshaw*, AnwZert InsR 18/2017 Anm. 2 unter B. Ziff. 4.

und unter staatlicher Aufsicht geführten Insolvenzverfahren erfolgt, überwiegt der Charakter eines Liquidationsverfahrens, womit auch die Anforderungen der Bereichsausnahme erfüllt wären.

Mit Blick auf die nationale Rechtslage und das dortige Sanierungsprinzip stärkt die dargestellte Entscheidung den Arbeitnehmerschutz dahingehend, dass die insolvenzrechtlichen Erleichterungen der arbeitsrechtlichen Sanierung erst mit Eröffnung des Insolvenzverfahren zur Anwendung gelangen sollen. Eine Vorverlagerung bzw. Übertragung auf solche Verfahren, die ihrem Grunde nach nicht als Liquidationsverfahren zu qualifizieren sind oder nicht unter staatlicher Aufsicht stehen, ist demnach nicht mit dem Arbeitnehmerschutzgedanken der Betriebsübergangsrichtlinie vereinbar.

III. Rechtslage in Italien

In Italien wird der Betriebsübergang durch verschiedene Bestimmungen geregelt. Maßgeblich sind insbesondere Art. 2112 des italienischen Zivilgesetzbuches (Codice civile, cc.) aus dem Jahr 1942 sowie Art. 47 des Gesetzes Nr. 428/1990. Die italienischen Regelungen zum Betriebsübergang waren im Laufe ihrer Entwicklungen durchaus Paradigmenwechseln unterworfen. Anfangs ging es dem Gesetzgeber vor allem um den Schutz der wirtschaftlichen Interessen des Betriebserwerbers. Heute wird der Gesetzeszweck vornehmlich in der Stabilität und der Erhaltung bestehender Arbeitsplätze gesehen.[698]

Die italienische Regelung in Art. 2112 Abs. 1 cc[699] sieht bei einem Betriebsübergang (*transferimento d´azienda*) als wesentliche Rechtsfolge zunächst die automatische Fortführung des Arbeitsverhältnisses mit dem Betriebserwerber vor. Art. 2112 Abs. 2 cc ordnet dabei an, dass der Betriebsveräußerer und der Betriebserwerber für alle zum Zeitpunkt des Betriebsübergangs bestehenden Forderungen als Gesamtschuldner haften.

Allerdings sieht das italienische Recht bei Betriebsübergängen von Unternehmen eine Möglichkeit vor, die Haftung für Altverbindlichkeiten aus Arbeitsverhältnissen im Sinne des Art. 2112 Abs. 2 cc abzubedingen. Hierzu bedarf es der erfolgreichen Durchführung eines gewerkschaftlichen Beteiligungsverfahrens im Sinne des Art. 47 Abs. 5 Satz 1 des Gesetzes Nr. 428/1990. Bisweilen setzte das gewerkschaftliche Beteiligungsverfahren voraus, dass eine Konsultation des Betriebsrats oder der Gewerkschaftsvertreter mit dem Arbeitgeber und dem

698 *Tillmann/Eller*, in: Patti, Jahrbuch für italienisches Recht, Band 18 2005, S. 200.
699 Abrufbar unter https://www.brocardi.it/codice-civile/libro-quinto/titolo-ii/capo-i/sezione-iii/art2112.html (zuletzt abgerufen am 8.11.2020).

Betriebserwerber stattfindet, als Ergebnis dieser Konsultation die (jedenfalls teilweise) Erhaltung der Arbeitsplätze vereinbart wird, eine wirtschaftliche Krisensituation vorliegt oder das Konkursverfahren eröffnet wurde und die Fortführung der Geschäftstätigkeit nicht angeordnet oder diese Tätigkeit eingestellt worden ist.

Wurde ein gewerkschaftliches Beteiligungsverfahren erfolgreich durchlaufen, konnte Art. 2112 cc abbedungen werden mit der Folge, dass die Regelungen der Vorschrift auf den jeweiligen Betriebsübergang keine Anwendung fanden.

Nach Auffassung der Europäischen Kommission überdehnte die italienische Regelung in der vorgenannten Ausgestaltung allerdings den von der Richtlinie gewährten Spielraum, da sie bereits im Falle einer wirtschaftlichen Krisensituation anwendbar ist und so die Rechte der Arbeitnehmer aus den Art. 3 und 4 der Richtlinie 2001/23/EG aushöhle.[700] Die betroffenen Arbeitnehmer, die im Anschluss eines gewerkschaftlichen Beteiligungsverfahrens auf den Erwerber übergingen, könnten nicht die Rechte in Anspruch nehmen, die ihnen Art. 2112 cc unbeschadet der eventuell in einem Gewerkschaftsabkommen vorgesehenen Garantien gewährleiste.

Entsprechend urteilte auch der Gerichtshof der Europäischen Union.[701] Nach dessen Auffassung erlaube Art. 5 Abs. 2 der Richtlinie 2001/23 den Mitgliedstaaten unter bestimmten Voraussetzungen, einige Gewährleistungen der Art. 3 und 4 der Richtlinie nicht auf einen Unternehmensübergang anzuwenden, wenn ein Insolvenzverfahren eröffnet wurde und es unter der Aufsicht einer zuständigen öffentlichen Stelle steht. Weder verfolge das italienische Verfahren zur Feststellung des Bestehens einer Krise des Unternehmens ein Ziel, das dem des Insolvenzverfahrens nach Art. 5 Abs. 2 der Richtlinie 2001/23 entspräche, noch stünde es unter der Aufsicht einer zuständigen öffentlichen Stelle im Sinne dieses Artikels. Aus diesem Grund seien die Voraussetzungen der Bereichsausnahme im Falle einer bloßen Unternehmenskrise nicht erfüllt und die Abbedingung des Art. 2112 cc unionsrechtswidrig.

In Folge des Urteils des Gerichtshof der Europäischen Union[702] wurde Art. 47 Gesetz Nr. 428/1990 hinsichtlich der Rechte im Falle der bloßen

700 So im Bericht der Kommission v. 18. Juni 2007, KOM (2007) 334 endg. über die Richtlinie 2001/23/EG des Rates vom 12. März 2001 m.V.a. das Vertragsverletzungsverfahren Nr. 2005/2433.

701 EuGH, Urt. v. 11.6.2009 - C561/07 („Kommission ./. Italien“) Slg. 2009 I-4963 = EuZW 2009, 648.

702 EuGH, Urt. v. 11.6.2009 - C561/07 („Kommission ./. Italien“) Slg. 2009 I-4963 = EuZW 2009, 648.

Unternehmenskrise geändert, nicht hingegen dessen Anwendung im eröffneten Konkursverfahren. Die Abbedingung des Art. 2112 cc und damit der Verbleib des Personals beim Veräußerer im Konkursverfahren sind – gemessen am Maßstab der jüngsten Richtlinie 2001/23/EG – damit weiterhin zulässig.[703] Die (erfolgreiche) Durchführung des gewerkschaftlichen Beteiligungsverfahrens im Sinne des Art. 47 Abs. 5 des Gesetzes Nr. 428/1990 bietet dem Erwerber somit weiter die Chance, ohne Rücksicht auf das Kündigungsverbot des Art. 2112 Abs. 4 cc sowie auf die Übernahmepflicht aus Art. 2112 Abs. 1 cc den notwendigen Personalabbau herbeiführen zu können. Den übernommenen Arbeitnehmern bleibt es im Ergebnis versagt, vom Erwerber die Erfüllung solcher Verbindlichkeiten zu verlangen, die noch vor dem Betriebsübergang entstanden sind.[704] Dem Erwerber steht folglich mit dem in Art. 47 Abs. 5 des Gesetzes Nr. 428/1990 beschriebenen Verfahren ein Weg offen, der Haftung für Altverbindlichkeiten aus dem Arbeitsverhältnis zu entgehen.

Die italienischen Regelungen zum Betriebsübergang aus der Insolvenz bleiben damit interessant: Grundsätzlich haften Veräußerer und Erwerber gesamtschuldnerisch für Altverbindlichkeiten aus Arbeitsverhältnissen. Der (gesamtschuldnerischen) Haftung kann der Erwerber zumindest innerhalb des Konkursverfahrens durch ein erfolgreiches gewerkschaftliches Beteiligungsverfahren ganz entgehen.[705]

IV. Zusammenfassung und Rückschlüsse auf die nationale Rechtslage

Der angestellte Vergleich zwischen der Rechtslage in Deutschland und der in einigen anderen Mitgliedstaaten zeigt, wie unterschiedlich europäische Vorgaben zunächst in nationale Gesetze umgesetzt und sodann durch die Rechtsprechung geprägt werden können.

In Italien war man offensichtlich bestrebt, den Arbeitgebern bzw. den Betriebserwerbern mehr Freiraum einzuräumen.[706] Das gleiche Ziel verfolgen

---

703 *Tillmann/Eller*, in: Patti, Jahrbuch für italienisches Recht, Band 18 2005, S. 208.

704 Trib. Milano, Urt. v. 7.5.1993, abgedruckt in Riv. crit. dir. lav. 1993, 860; Trib. Milano, Urt. v. 10.07.1999, abgedruckt in Lav. nella giur. 1999, 1162; Favalli-Favalli, Codice di diritto del lavoro, Art. 2112, Anm. 4, S. 333.

705 So auch *Busch*, Zerschlagungsabwendende Verfahren im deutschen und italienischen Insolvenzrecht, S. 179.

706 So auch *Tillmann/Eller*, in: Patti, Jahrbuch für italienisches Recht, Band 18 2005, S. 191.

Österreich und die Niederlande, indem die dortigen Betriebsübergangsbestimmungen im Fall des Konkurses des Veräußerers überhaupt nicht gelten. Einer teleologischen Reduktion der österreichischen Ausnahmevorschrift von der Erwerberhaftung in Fällen, in denen das insolvente Unternehmen als solches erhalten bleiben soll, wurde durch den österreichischen Obersten Gerichtshof eine Absage erteilt. Damit verbleibt es bei der Intention des österreichischen Gesetzgebers, eine Sonderregelung für insolvente Unternehmen zu schaffen.

Aus dem Vergleich zu anderen Mitgliedstatten geht deutlich hervor, dass der deutsche Gesetzgeber bei der Umsetzung der Betriebsübergangsrichtlinie mehr Arbeitnehmerrechte gewährt hat, als vom Unionsgesetzgeber verlangt wurde. Wenn demnach auf nationaler Ebene mit dem Gedanken gespielt wird, das „Sanierungshindernis" des § 613a BGB in der Insolvenz abzuschaffen,[707] bleibt zu beachten, dass die Norm der Umsetzung der Betriebsübergangsrichtlinie 2001/23/EG dient. Ob der deutsche Gesetzgeber etwaigen Bestrebungen nachkommen dürfte, richtet sich folglich nach den entsprechenden Vorgaben des europäischen Arbeitsrechts, namentlich den Voraussetzungen und dem Umfang der insolvenzbedingten Ausnahmetatbestände der Richtlinie.[708]

Zwar steht – wie aufgezeigt wurde – der Gerichtshof der Europäischen Union jedenfalls solchen mitgliedstaatlichen Lösungen unter der geltenden Betriebsübergangsrichtlinie kritisch gegenüber, die zur Unterstützung der Sanierung den Arbeitnehmerschutz beim Betriebsübergang schon vor der Insolvenz lockern wollen.[709] In Deutschland sind Unternehmensverkäufe in der Insolvenz, die mit den Pre-Pack-Verfahren im Sinne des Urteils insbesondere hinsichtlich der Planung in der vorinsolvenzlichen Phase unter Beteiligung des späteren Insolvenzverwalters und der besonders schnellen Umsetzung nach Verfahrenseröffnung vergleichbar sind, gesetzlich nicht vorgesehen.[710]

Gleichermaßen kritisch positionierte sich der Gerichtshof der Europäischen Union im Vertragsverletzungsverfahren, das die Europäische Union gegen die

---

707 Vgl. bereits *Gravenbrucher Kreis*, ZIP 1989, 468, 474; ferner die Studie der Euler Hermes Kreditversicherung und des ZIS Mannheim, Insolvenzen in Zeiten der Finanzkrise, 2009, dort S. 8 (70 % von 107 Insolvenzverwaltern: für mindestens drei Jahre während der Krise) abrufbar unter https://www.uni-mannheim.de/media/Einrichtungen/zis/Studien/studie_2009_wirtschaft_konkret.pdf (zuletzt abgerufen am 8.11.2020).

708 *Bothe*, ZIP 2017, 2441.

709 Vgl. EuGH, Urt. v. 22.06.2017 - C-126/16 („Federatie Nederlandse Vakvereniging"), ECLI:EU:C:2017:489 = ZInsO 2017, 1610.

710 *Bothe*, ZIP 2017, 2441, 2449.

italienische Republik anstrengte, weil die dortigen Bestimmungen zur Umsetzung der Betriebsübergangsrichtlinie unionsrechtswidrig ausgestaltet waren. Nach Auffassung des Gerichtshofs der Europäischen Union eröffnet eine Unternehmenskrise vor Konkurseröffnung nicht den Anwendungsbereich der Bereichsausnahme und ermöglicht damit auch keine Befreiung von dem mit der Richtlinie beabsichtigten Arbeitnehmerschutz der Art. 3, 4 RL 2001/23/EG.

Die unterschiedlichen Regelungen dieser Mitgliedstaaten und die hierzu ergangenen Entscheidungen des Gerichtshofs der Europäischen Union machen deutlich, dass eine vollständige Befreiung vom Arbeitnehmerschutz der Betriebsübergangsrichtlinie nur dann möglich ist, wenn die Maßgaben des Art. 5 Abs. 1 der Richtlinie erfüllt sind. Hiernach muss der Betriebsübergang bei formeller Insolvenz erfolgen, das jeweilige Verfahren ein Liquidationsverfahren im Sinne der Norm sein und unter staatlicher Aufsicht stehen.

Ein Liquidationsverfahren im Sinne des Art. 5 Abs. 1 RL 2001/23/EG liegt dann nicht vor, wenn im Einzelfall das Unternehmen während des Verfahrens fortgeführt wird und der Verfahrenszweck nach Beurteilung der nationalen Gerichte auch faktisch primär die Sanierung und nicht allein die Maximierung der Gläubigerbefriedigung ist.[711] Sanierung bedeutet insoweit den Erhalt des Unternehmens als Ganzes oder in seinen wesentlichen Teilen; das Schicksal des Unternehmensträgers ist hingegen unerheblich. Kein Liquidationsverfahren sind Sanierungen, die vor oder außerhalb eines Konkurs- bzw. Insolvenzverfahrens erfolgen.

C. Rahmenbedingungen eines nationalen Sanierungsarbeitsrechts

Der Blick über nationale Grenzen hinaus bietet Aufschluss, ob und gegebenenfalls auf welche Weise ein interessengerechterer Ausgleich gelingen kann und welche europarechtlichen Vorgaben einzuhalten sind.

Das europäische Arbeitsrecht setzt einer vollständigen Nichtanwendung des § 613a BGB in der Insolvenz enge Grenzen. Zwar führt die geltende Rechtslage in Deutschland nicht zu dem in den Niederlanden aufgetretenen Problem, selbst wenn vereinzelt Parallelen zum niederländischen Pre-pack-Verfahren erkennbar sind, etwa wenn man das Schutzschirmverfahren nach § 270d InsO betrachtet, das die Vorlage des Insolvenzplans nach den Vorstellungen des Gesetzgebers als Pre-pack Plan idealiter zum Zeitpunkt der Insolvenzeröffnung vorsieht.[712]

---

711 *Bothe*, ZIP 2017, 2441, 2450.

712 So *Cranshaw*, AnwZert InsR 18/2017, Anm. 2.

Für Betriebsübergänge im Regelinsolvenzverfahren wäre die Nichtanwendung von § 613a BGB wohl aber europarechtskonform, da insofern regelmäßig davon ausgegangen werden kann, dass der Liquidationszweck im Sinne einer Maximierung der Gläubigerbefriedigung nach § 1 Satz 1 InsO auch faktisch überwiegt.[713]

Hieraus folgt, dass die Nichtanwendung von § 613a BGB im Insolvenzverfahren zumindest europarechtskonform wäre. Mitnichten legitimiert dieses Ergebnis allerdings die nationale Rechtsprechung, den Erwerber in Abkehr von § 613a BGB in seiner Haftung zu beschränken. Maßgeblich bleiben insoweit die nationalen Vorgaben, an denen der Gesetzgeber – wie aufgezeigt wurde – trotz ihrer vermeintlich sanierungshinderlichen Wirkung festhält.

Hinsichtlich einer möglichen Nichtanwendung des § 613a BGB im Insolvenzfall wäre aus arbeitsrechtlicher Sicht allenfalls folgender Aspekt anzuführen: Einerseits ist die Bereichsausnahme des Art. 5 Abs. 1 RL 2001/23/EG – wie aufgezeigt wurde – als Ausnahmetatbestand grundsätzlich eng auszulegen.[714] Andererseits ist die Wahrung des Arbeitnehmerschutzes in der besonderen Situation der Insolvenz vom Schutzzweck der Norm umfasst. Würde der Arbeitnehmerschutz nach Art. 3, 4 RL 2001/23/EG nämlich bei einem insolventen Unternehmen uneingeschränkt gelten, könnte dies dessen Verkauf erschweren, weshalb alternativ möglicherweise eine Zerschlagung unter Verlust sämtlicher Arbeitsplätze drohe. Dies würde dem Interesse der Gesamtheit der Arbeitnehmer letztlich zuwiderlaufen.[715]

Je enger nun aber die Ausnahme des Art. 5 Abs. 1 RL 2001/23/EG gefasst wird, desto größer scheint die Gefahr, dass der Arbeitnehmerschutz, der sowohl mit der Betriebsübergangsrichtlinie im Allgemeinen als auch mit Art. 5 Abs. 1 RL 2001/23/EG im Besonderen bezweckt wird, tatsächlich konterkariert wird. Dieser Umstand würde letztlich ein geradezu gegenteiliges Ergebnis fördern, nämlich, dass nur durch eine weite Auslegung des Anwendungsbereichs der Bereichsausnahme ein bestmöglicher Arbeitnehmerschutz erzielt würde. Dies wäre zumindest ein schwaches Argument dafür, § 613a BGB im Insolvenzverfahren (und möglicherweise bereits bei vorinsolvenzlichen Sanierungsverfahren) nicht anzuwenden bzw. abzuschaffen.

---

713 So auch *Bothe*, ZIP 2017, 2441, 2450.

714 EuGH, Urt. v. 22.06.2017 - C-126/16 („Federatie Nederlandse Vakvereniging"), ECLI:EU:C:2017:489 = ZInsO 2017, 1610 ff.

715 Vgl. EuGH, Urt. v. 7.2.1985 - C-135/83 („Abels"), Slg. 1985, 449, 483 = BeckRS 2004, 71563 und sodann auch zur Kodifizierungs-Reform Kommissionsvorschlag v. 8.9.1994, COM (94), 300 final, S. 9.

Deutlich wird, dass die Nichtanwendung von § 613a BGB im Insolvenzverfahren zwar grundsätzlich denkbar wäre. Neben den besonderen europarechtlichen Vorgaben bestehen hierfür jedenfalls aus arbeitsrechtlicher Sicht keine durchgreifenden Argumente. Aus diesem Grund gilt es, geltendes Recht einzuhalten und hieraus resultierende Interessenkonflikte unter Berücksichtigung der gegensätzlichen Positionen bestmöglich aufzulösen. Die Einführung eines Sanierungsarbeitsrechts hingegen würde das Sanierungsprinzip weiter normativieren und dessen Reichweite gänzlich offenlegen.

D. Modifikation der Haftungsbeschränkung

Wie aufgezeigt wurde, sieht das deutsche Recht in § 613a Abs. 1 BGB grundsätzlich vor, dass sämtliche Rechte der bei einem Betriebsübergang auf den Erwerber übergehenden Arbeitnehmer grundsätzlich erhalten bleiben. Lediglich bei einem Betriebsübergang nach Eröffnung des Insolvenzverfahrens über das Vermögen des Betriebsveräußerers gelangt die Regelung des § 613a Abs. 1 BGB wegen der – nach der dargestellten Rechtsprechung des Bundesarbeitsgerichts – vorrangigen Bestimmungen der Insolvenzordnung insoweit nicht zur Anwendung, als der Betriebserwerber nicht für solche Arbeitnehmerforderungen haftet, die auf einer vor Eröffnung des Insolvenzverfahrens erbrachten Leistung des Arbeitnehmers beruhen.

I. Vorabentscheidungsverfahren: BAG, Beschluss vom 16.10.2018 - 3 AZR 139/17 und 3 AZR 878/16

Diese Beschränkung der Erwerberhaftung auf Zeiträume nach Eröffnung des Insolvenzverfahrens fördert zwar sanierende Übertragungen. Allerdings birgt das System der Haftungsverteilung im Insolvenzverfahren trotz der gesetzlichen Insolvenzsicherung durch den Pensionssicherungsverein aus Sicht der Arbeitnehmer Haftungslücken[716], die das Bundesarbeitsgericht im Jahr 2018 zu zwei Vorlagebeschlüssen an den Gerichtshof der Europäischen Union[717] mit jeweils neun in sich verschachtelten Vorlagefragen veranlasste.

Im Kern ging es dem Senat um die Frage, ob die teleologische Reduktion des § 613a Abs. 1 BGB im Fall eines Betriebsübergangs in der Insolvenz mit Art. 3 Abs. 4, Art. 5 Abs. 2a RL 2001/23/EG vereinbar ist, obwohl das nationale Recht

---

716 Vgl. hierzu in Kapitel 3 unter B. I. 1.

717 BAG, Beschl. v. 16.10.2018 - 3 AZR 139/17 (A), BeckRS 2018, 34982 und 3 AZR 878/16 (A), BeckRS 2018, 26879.

grundsätzlich die Anwendung dieser Unionsbestimmungen für die Rechte der Arbeitnehmer auf Leistungen der betrieblichen Altersversorgung bei einem Betriebsübergang anordnet. Diese Rechtsfrage wurde – so jedenfalls die Auffassung des Senats – vom Gerichtshof der Europäischen Union bislang weder beantwortet noch sei ihre Antwort eindeutig.[718]

Mit seinen weitreichenden Vorlagefragen legte das Bundesarbeitsgericht seine über vier Jahrzehnte gefestigte Rechtsprechung damit gewissermaßen in die Hände des Gerichtshofs der Europäischen Union. Nach Auffassung des vorlegenden Senats richtete sich im konkreten Fall – trotz der Regelung in Art. 5 Abs. 2 RL 2001/23/EG – die Zulässigkeit einer im nationalen Recht vorhandenen, insolvenzrechtlich bedingten Einschränkung der Haftung des Betriebserwerbers für vor der Insolvenzeröffnung entstandene Anwartschaften auf Leistungen der betrieblichen Altersversorgung nach Art. 3 Abs. 4 RL 2001/23/EG.[719] Angesichts der den Mitgliedstaaten in Art. 3 Abs. 4 lit. a RL 2001/23/EG eingeräumten Befugnis, „anderes" vorzusehen, ging der Senat weiter davon aus, dass das nationale Recht die Rechte der Arbeitnehmer auf Leistungen der betrieblichen Altersversorgung bei einem Betriebsübergang nach Eröffnung des Insolvenzverfahrens teilweise von einer Anwendung des Art. 3 Abs. 1 und Abs. 3 RL 2001/23/EG ausnehmen könne, sofern insoweit die nach Art. 3 Abs. 4 lit. b RL 2001/23/EG erforderlichen Schutzmaßnahmen getroffen sind.[720] In diesem Zusammenhang sei fraglich, welche konkreten Anforderungen an das Mindestschutzniveau zu stellen sind und welche Folgen ein Verstoß hätte.

Dabei ging der Senat davon aus, dass die Haftungsbeschränkung des Betriebserwerbers unionsrechtlich nicht zu beanstanden ist und die nationalen Bestimmungen den unionsrechtlich gebotenen (Mindest-)Schutz gewährleisten, auch wenn – im konkreten Fall – weder der Betriebserwerber noch der Pensionssicherungsverein für Anwartschaftszuwächse durch eine Entgeltdynamik nach der Eröffnung des Insolvenzverfahrens eintritt bzw. eine Einstandspflicht für verfallbare Versorgungsanwartschaften nicht besteht.

Ungeachtet dieser (Rechts-)Auffassung offenbarte allein die Tatsache der Vorlage an den Gerichtshof der Europäischen Union gewisse Zweifel des Bundesarbeitsgerichts an seiner eigenen Rechtsprechung bzw. der *acte-claire*-Lage. Eben diese Zweifel spiegeln letztendlich auch die im Rahmen dieser Untersuchung

718 BAG, Beschl. v. 16.10.2018 - 3 AZR 139/17 (A), Rn. 30, BeckRS 2018, 34982.
719 BAG, Beschl. v. 16.10.2018 - 3 AZR 139/17 (A), Rn. 31, BeckRS 2018, 34982.
720 BAG, Beschl. v. 16.10.2018 - 3 AZR 139/17 (A), Rn. 31, BeckRS 2018, 34982.

aufgeworfenen Fragen und die kritische Analyse zur Reichweite des insolvenzrechtlichen Sanierungsprinzips wider.

II. EuGH, Urteil vom 9.9.2020 - Rs C-674/18

Der Betriebsübergang im Rahmen der übertragenden Sanierung stand somit auf dem unionsrechtlichen Prüfstand.[721] In seinem Urteil vom 9. September 2020[722] stimmte der Gerichtshof der Europäischen Union mit dem Bundesarbeitsgericht insoweit überein, als die Richtlinie 2001/23/EG unter Berücksichtigung ihres Art. 3 Abs. 1 und 4 sowie ihres Art. 5 Abs. 2 lit. a dahin auszulegen ist, dass sie beim Übergang eines von einem Insolvenzverfahren betroffenen Betriebs einer nationalen Regelung in ihrer Auslegung durch die nationale Rechtsprechung, wonach der Erwerber nicht für Anwartschaften eines Arbeitnehmers auf eine Altersrente aus einer betrieblichen Zusatzversorgungseinrichtung haftet, nicht entgegensteht. Dies jedenfalls dann, wenn – wie im zugrundeliegenden Fall – die Anwartschaften auf Beschäftigungszeiten vor der Eröffnung des Insolvenzverfahrens beruhen und der Versorgungsfall nach Eröffnung des Insolvenzverfahrens eintritt. Allerdings sei hinsichtlich des Teils des Betrages, für den der Erwerber nicht haftet, das von Art. 8 Richtlinie 2008/94/EG geforderte Schutzniveau zu wahren.

Auch hinsichtlich der Haftungsfrage bei verfallbaren Ansprüchen auf eine Altersrente urteilte der Gerichtshof der Europäischen Union, dass Art. 3 Abs. 4 lit. b RL 2001/23 i. V. m. Art. 8 RL 2008/94 der nationalen Haftungsbeschränkung des Erwerbers nicht entgegensteht, solange der unionrechtlich vorgesehene Mindestschutz nicht verwehrt wird.

Damit bestätigte der Gerichtshof der Europäischen Union, dass die privilegierte Haftung des Betriebserwerbers jedenfalls dann unionsrechtskonform ist, wenn den betroffenen Arbeitnehmern der unionsrechtliche vorgeschriebene Mindestschutz nach Art. 8 RL 2008/94 gewährleistet wird. Hinsichtlich dessen Wirkweise wurde erneut klargestellt, dass Art. 8 RL 2008/94 unmittelbare Wirkung entfalten kann,[723] sodass er bei Vorliegen dessen Voraussetzungen gegenüber einer privatrechtlich organisierten Einrichtung, die vom betreffenden Mitgliedstaat als Träger der Arbeitgeberinsolvenzsicherung im Bereich der betrieblichen Altersversorgung bestimmt worden ist,[724] geltend gemacht werden kann.

---

721 So *Polloczek/Rein*, NZI 2019, 65.

722 EuGH, Urt. v. 9.9.2020 - C-674/18, ECLI:EU:C:2020:682 = ZIP 2020, 1930.

723 EuGH, Urt. v. 9.9.2020 - C-674/18, ECLI:EU:C:2020:682 = ZIP 2020, 1930, 3. LS.

724 In Deutschland also dem Pensions-Sicherungs-Verein.

III. BAG, Urteil vom 26.1.2021 - 3 AZR 139/17

Im Anschluss an das Urteil des Gerichtshofs der Europäischen Union verneinte das Bundesarbeitsgericht – wenig überraschend – die im Ausgangsfall streitige Frage nach der Haftung des Betriebserwerbers.[725] Nach der – im Hinblick auf die besonderen Verteilungsgrundsätze des Insolvenzrechts einschränkenden – Auslegung von § 613a Abs. 1 BGB durch die deutschen Arbeitsgerichte können die Kläger mit ihren Klagebegehren nicht durchdringen. Danach haftet ein Betriebserwerber in der Insolvenz nicht für Betriebsrentenanwartschaften, die im Sinne von § 108 Abs. 3 InsO für die Zeit vor Insolvenzeröffnung entstanden sind.[726] Der nach Art. 8 RL 2008/94/EG gebotene unionsrechtliche Mindestschutz werde in der Bundesrepublik Deutschland durch einen unmittelbar aus dem Unionsrecht folgenden und gegen den Pensions-Sicherungs-Verein gerichteten Anspruch gewährleistet.

IV. Fazit

In seiner Grundaussage erkennt die mit Spannung erwartete Entscheidung des Gerichtshofs der Europäischen Union[727] das Problem des gerechten Ausgleichs zwischen den Belangen der Arbeitnehmer und des Betriebserwerbers. Eine echte Modifikation der Haftungsbeschränkung auf nationaler Ebene folgt aus ihr indes nicht. Der von Teilen der Praxis befürchtete „Paradigmenwechsel“[728] blieb damit aus. Anstelle den Betriebserwerber stärker in die Pflicht zu nehmen und auf diese Weise einen gerechten Ausgleich hinsichtlich der Belange der Arbeitnehmer zu schaffen, verlagert die Entscheidung die Streitfrage zurück auf die nationale Ebene und die dort zu beantwortende Frage, ob der unionsrechtliche Mindestschutz gewahrt ist.

Mit Blick auf die Schutzrichtung der Betriebsübergangsrichtlinie wurde nochmals deutlich gemacht, dass abweichende nationale Regelungen stets dem unionsrechtlichen Mindestschutzniveau entsprechen müssen. Ungeachtet der (Folge-)Frage, ob und gegebenenfalls welcher konkrete Maßstab an das Mindestschutzniveau zu richten ist, wird die eigentliche Verpflichtung bei der privatrechtlich organisierten Einrichtung gesehen, die vom betreffenden Mitgliedstaat

---

725 BAG, Urt. v. 26.1.2021 - 3 AZR 139/17, Pressemitteilung des BAG Nr. 2/2021 v. 26.1.2021.

726 Vgl. die Pressemitteilung Nr. 2/21 des BAG v. 26.1.2021.

727 EuGH, Urt. v. 9.9.2020 - C-674/18, ECLI:EU:C:2020:682 = ZIP 2020, 1930.

728 So bspw. *Polloczek/Rein*, NZI 2019, 65, 70.

als Träger der Arbeitgeberinsolvenzsicherung im Bereich der betrieblichen Altersversorgung bestimmt worden ist. Damit erfährt die nationale Haftungsbeschränkung des Erwerbers keine unionsrechtliche Modifikation. Haftungsrechtliche Implikationen ergeben sich infolge des sich anschließenden Urteils des Bundesarbeitsgerichts[729] lediglich für den Pensions-Sicherungs-Verein.

729 BAG, Urt. v. 26.1.2021 - 3 AZR 139/17, Pressemitteilung des BAG Nr. 2/2021 v. 26.1.2021.

Kapitel 6 Theorie der Sanierungsforderung

Dem aufgezeigten hohen Stellenwert und den weitreichenden arbeitsrechtlichen Auswirkungen des insolvenzrechtlichen Sanierungsprinzips sind nach Auffassung des Verfassers Einhalt zu gebieten. Wurden in der Vergangenheit ergangene (Leit-)Entscheidungen zur Haftungsbeschränkung des Betriebserwerbers begrüßt,[730] da die finanziellen Risiken des Betriebserwerbers weiter reduziert und die Sanierung insolventer Unternehmen gefördert und gleichzeitig der insolvenzrechtliche Gleichbehandlungsgrundsatz durchgesetzt werden sollte, erscheinen vor dem Hintergrund der in dieser Untersuchung aufgezeigten Ergebnisse einige Korrekturen erforderlich zu sein.

A. Ziel der Sanierungsforderung

Die nationale Rechtsauffassung der Haftungsprivilegierung des Betriebserwerbers bei der übertragenden Sanierung im Zusammenspiel mit der mittlerweile stark ausgeprägten Sanierungskultur in Deutschland sind in puncto Arbeitnehmerforderungen anzupassen. Der einstige Ansatz, notleidende Unternehmen möglichst attraktiv (hier im Sinne von altlastenbefreit) am Markt anzubieten und finanzstarke Investoren anzulocken, hat eine fragwürdige Dimension erreicht und lässt eine differenzierte Betrachtung, aus welchem Grund Arbeitnehmerforderungen begründet bzw. Zugeständnisse von Arbeitnehmern akzeptiert wurden, vermissen. Gewiss handelt es sich um einen Balanceakt, die Sanierungsfähigkeit des Unternehmers zu bewahren und gleichzeitig das Kaufinteresse des Erwerbers hoch zu halten. Insoweit soll die nachfolgend dargestellte Theorie einen entsprechenden Lösungsansatz bieten.

Die aus den Erkenntnissen der vorliegenden Untersuchung vom Verfasser abgeleitete Theorie der Sanierungsforderung zielt darauf ab, einen interessengerechten Ausgleich zwischen Arbeitnehmerforderung und Erwerberhaftung zu schaffen. Im Kern verfolgt die hier vertretene Theorie, dass die Gegenleistung für in Anspruch genommene Arbeitnehmerleistungen, sofern sie die Sanierungsfähigkeit des Unternehmens aufrechterhalten und die ihr zugrundeliegende

730 So schon *Hess*, BB 2002, 1967, 1970 in seiner Anm. zu BAG, Urt. v. 15.1.2002 - 1 AZR 58/01, BAGE 100, 166 = NZI 2002, 568.

Tätigkeit sanierungsmotiviert ist, einer besonderen Absicherung sowohl im Falle einer erfolgreichen übertragenden Sanierung als auch im Falle ihres Scheiterns bedarf. Dabei folgt die Sanierungsforderung dem Gedanken, dass alle Beteiligten gleichermaßen an den Chancen einer erfolgreichen übertragenden Sanierung partizipieren sollen. Letztlich gilt es, dass dargestellte antagonistische Verhältnis von Arbeitnehmerschutzinteressen und Unternehmerfreiheit[731] einzelfallbezogen auszutarieren und mit Blick auf die unionsrechtlichen Ziele der Betriebsübergangsrichtlinie[732] und den hierzu ergangenen (Leit-)Entscheidungen[733] in Ausgleich zu bringen.

B. Systemische Ergänzung des insolvenzrechtlichen Forderungsregimes

Wie im Rahmen dieser Untersuchung bereits dargestellt wurde, bietet das System der auf den Stichtag der Insolvenzeröffnung bezogenen Abgrenzung zwischen Insolvenz- und Masseforderung eine klare Trennlinie. Vor dem Eröffnungsstichtag begründete Forderungen sind als Insolvenzforderungen im Sinne des § 38 InsO zu qualifizieren und können grundsätzlich nach Insolvenzeröffnung zur Insolvenztabelle angemeldet werden. Sofern diese vom Insolvenzverwalter zur Insolvenztabelle festgestellt wurden, finden sie in Höhe der zu verteilenden Quote im Rahmen der Schlussverteilung Berücksichtigung. Masseforderungen werden hingegen vom Insolvenzverwalter begründet und sind vorrangig gemäß § 53 InsO bzw. bei Masseunzulässigkeit entsprechend der Rangfolge des § 209 InsO aus der Insolvenzmasse zu befriedigen. Somit entscheidet sich die Frage, ob und gegebenenfalls in welcher Höhe die Forderung beglichen wird, nach dem Schicksal ihrer insolvenzrechtlichen Einordnung.

Im Kontext der übertragenden Sanierung ist die Einordnung von Forderungen als Insolvenz- oder Masseforderung nach der Auffassung des Verfassers zu wenig flexibel. Es besteht kein ausreichender Spielraum für eine (interessen-)gerechte Abwägung. Unberücksichtigt bleibt, vor welchem Hintergrund und mit welcher Absicht die Forderung begründet werden soll. Gerade diese beiden Punkte rechtfertigen allerdings eine differenzierte Betrachtung.

731 Vgl. hierzu Kap. 4 unter C.

732 Vgl. etwa ErwG (3) der Richtlinie 2001/23/EG des Rates v. 12.3.2001, wonach die Belange der Arbeitnehmer als besonders schutzbedürftig erachtet werden.

733 Z.B. EuGH, Urt. v. 18.7.2013 - C-426/11, NZA 2013, 835, Rn. 30 - Alemo-Herron; EuGH, Beschl. v. 28.1.2015 - C-688/13, EU:C:2015:46 = ZIP 2015, 652, Rn. 34 - Gimnasio Deportivo San Andrés

Nach hiesiger Auffassung wäre es interessengerecht, die Einordnung als Insolvenzforderung oder Masseforderungen um eine dritte Gruppe – die Sanierungsforderung – zu erweitern, auf die sich die Haftung des Erwerbers erstreckt. Konkret wären als Sanierungsforderungen solche Arbeitnehmerforderungen zu qualifizieren, die „wegen" der Sanierung begründet wurden. Voraussetzung einer solchen Eingruppierung als Sanierungsforderung ist, dass der Erwerber bei Begründung der Forderung zumindest insoweit mitgewirkt hat, als er die Betriebsübernahme ernstlich in Aussicht gestellt hat. Dies ist etwa der Fall, wenn er mit dem Insolvenzverwalter einen entsprechenden Kaufvorvertrag geschlossen oder ein indikatives Kaufangebot abgegeben hat. Jedenfalls muss die Forderung in der Absicht einer erfolgreichen Betriebsübertragung begründet worden sein. Eine tatsächliche Haftung würde freilich nur eintreten, sofern eine übertragende Sanierung auch erfolgt.

C. Dogmatische Einordung

Die Theorie der Sanierungsforderung als Ansatzpunkt, bestehende Haftungslücken im Kontext einer übertragenden Sanierung zu vermeiden und Ausfallrisiken vorzubeugen, ließe die grundsätzliche Haftungsprivilegierung des Betriebserwerbers und den insolvenzrechtlichen Gläubigergleichbehandlungsgrundsatz im Kern unberührt.

Arbeitnehmer blieben weiterhin Insolvenzgläubiger, die nur unter bestimmten Umständen eine gerechtfertigte Privilegierung erfahren. Hierbei handelt es sich keineswegs um einen Systembruch. Vielmehr würde eine zeitgerechte Anpassung der Gläubigerstruktur im Insolvenzverfahren erfolgen, die dem insolvenzrechtlichen Wertewandel Rechnung trägt.

I. Systemgerechte Privilegierung

Die Privilegierung einer Forderung wegen des Betriebsübergangs (Sanierungsforderung) ist systemgerecht. Schließlich kennt die Insolvenzordnung durchaus eine Rangordnung unter Forderungen von Gläubigern:

So normiert etwa § 39 InsO bestimmte Voraussetzungen, unter denen Insolvenzgläubiger nur nachrangig befriedigt werden. Nachrangigkeit im Sinne von § 39 InsO bedeutet, dass betroffene Gläubiger erst dann befriedigt werden, wenn sämtliche Insolvenzgläubiger im Sinne des § 38 InsO und sämtliche Massegläubiger im Sinne der §§ 54 und 55 InsO in voller Höhe, also mit einer Quote von 100 %, befriedigt worden sind. Da dieser Fall praktisch nur höchst selten eintritt, werden üblicherweise nachrangige Forderungen erst gar nicht im Insolvenzverfahren angemeldet. Aus diesem Grund bedarf die Anmeldung nachrangiger Forderungen auch der ausdrücklichen Aufforderung durch das Insolvenzgericht, die folgerichtig ebenfalls nur höchst selten erfolgt.

Gewissermaßen stellen auch Sicherungsrechte von Gläubigern eine Forderungsprivilegierung dar. Nach §§ 49 ff. InsO sind Gläubiger, denen ein Recht auf Befriedigung aus Gegenständen zusteht, die der Zwangsvollstreckung in das unbewegliche Vermögen unterliegen oder denen beispielsweise zur Sicherung eines Anspruchs eine bewegliche Sache übereignet oder ein Recht übertragen wurde zur abgesonderten Befriedigung berechtigt. Abgesonderte Befriedigung ist in diesem Kontext mit vorrangiger Befriedigung in Höhe der jeweiligen Sicherheit gleichzusetzen. Hauptanwendungsfälle sind neben Grundpfandrechtsgläubigern vor allem Warenlieferanten, die ihre Waren unter Eigentumsvorbehalt geliefert haben. Diese absonderungsberechtigen Gläubiger erleiden nur insoweit einen Schaden (in Form einer Insolvenzforderung), als sie mit ihrer Forderung ausfallen (sogenannte Ausfallforderung). Festzustellen ist jedoch, dass infolge umfangreicher Allgemeiner Geschäftsbedingungen und umfassend geregelter Lieferbedingungen, die auch durch Abwehrklauseln[734] nur teilweise beschränkt werden können, die absonderungsberechtigen Gläubiger nur in äußerst seltenen Fällen mit ihren Forderungen ausfallen. Letztlich werden also auch Sicherungsgläubiger privilegiert.

Arbeitnehmer können ihre Forderungen nicht sichern, weshalb Arbeitnehmerforderungen als einfache Insolvenzforderungen qualifiziert werden. Dieser Umstand ändert jedoch nichts daran, dass die Bestellung von Sicherheiten eine privilegierte Befriedigung mit sich bringt und damit ebenfalls als Ausnahme vom insolvenzrechtlichen Gläubigergleichbehandlungsgrundsatz erachtet werden kann.

Die partielle Privilegierung von Arbeitnehmerforderungen wäre insoweit systemgerecht, als hierfür eine Rechtfertigung existiert. Der Nachrang des Gesellschafters im Sinne des § 39 InsO rechtfertigt sich über den Schutz der Teilungsmasse und dem Schutz der einfachen Insolvenzforderung.[735] Die

---

734 Da der Eigentumsübergang durch einseitige Erklärung ausgeschlossen werden kann (Abwehrklausel) und bei der Auslegung der Erklärung des Verkäufers der Gesamtinhalt seiner AGB berücksichtigt werden muss, setzt sich der Eigentumsvorbehalt grundsätzlich auch dann durch, wenn die AGB des Verkäufers wegen Kollision mit den AGB des Käufers nicht Bestandteil des schuldrechtlichen Vertrages werden.

735 Ausf. *Ehricke/Behme*, in: MünchKomm InsO, 4. Aufl. 2019, § 39 InsO, Rn. 1; *Hirte*, in: Uhlenbruck, 15. Aufl. 2019, Rn. 1.

Privilegierung der aus- und absonderungsberechtigten Gläubiger folgt aus dem Schutz der Vertragsfreiheit als Ausprägung des Grundsatzes der Privatautonomie. Die partielle Privilegierung der Sanierungsforderung lässt sich durch das Gebot der Massemaximierung und der bestmöglichen Gläubigerbefriedigung rechtfertigen. Die Absicherung der Sanierungsforderung führt dazu, dass sich zugunsten der Arbeitnehmer ein mögliches (weiteres) Ausfallrisiko deutlich minimiert und die jeweilige Arbeitskraft trotz des Insolvenzverfahrens erhalten bleibt.[736]

II. Grenzen der Haftungsbeschränkung des § 613a BGB

Auch dogmatisch ist die Haftung des Betriebserwerbers für Sanierungsforderungen nicht zu beanstanden. Genau genommen würde es sich hierbei nicht um eine Privilegierung der betroffenen Arbeitnehmer handeln, sondern lediglich um die Einhaltung der geltenden Rechtsordnung. Wie aufgezeigt wurde, beruhen die Grundsätze über die Beschränkung der Haftung des Betriebsübernehmers nach § 613a Abs. 1 BGB für bestimmte Arbeitnehmeransprüche lediglich auf der ständigen arbeitsgerichtlichen Rechtsprechung;[737] etwaige gesetzliche Normen existieren bislang nicht.

Der Erwerber ist schließlich nur infolge der teleologischen Reduktion des § 613a BGB nicht einstandspflichtig für die Vergütungsansprüche der Arbeitnehmer aus geleisteter Mehrarbeit in Folge eines vereinbarten Sanierungstarifvertrages.

Hat der Betrieb durch den Betriebsübergang seine (Rechts-)Identität nicht verloren und ist deshalb der Betriebserwerber (betriebsverfassungsrechtlich) in die Rechte und Pflichten aus dem normativ fortwirkenden Sozialplan eingetreten, so hindern ebenfalls „nur" die höchstrichterlich entwickelten Grundsätze der Haftungsbeschränkung im Insolvenzverfahren die Einstandspflicht des Betriebserwerbers für Abfindungsforderungen aus diesem Sozialplan.

Festzustellen ist damit, dass die Haftung des Betriebserwerbers für die hier vertretene Sanierungsforderung letztlich nur die Rückkehr zu der gesetzlich normierten Haftungsfolge bedeuten würde. Der Haftungsbeschränkung der Rechtsprechung ist an diesem Punkt wegen ihrer ausufernden Rechtsfolgen Einhalt

---

736 Hierzu sogleich unter IV.

737 Grundlegend BAG, Urt. v. 17.1.1980 - 3 AZR 160/79, BAGE 32, 326; BAG, Urt. v. 20.11.1984 - 3 AZR 584/83 - BAGE 47, 206; BAG, Urt. v. 13.11.1986 - 2 AZR 771/85, AP BGB § 613a Nr. 57 = EzA BGB § 613a Nr. 55; BAG, Urt. v. 23.7.1991 - 3 AZR 366/90, BAGE 68, 160.

zu gebieten. Dogmatische Kunstgriffe oder normative Korrekturen wären nicht erforderlich. Bereits die uneingeschränkte Einhaltung geltender Gesetze genügt.

III. Wahrung des Gläubigergleichbehandlungsgrundsatzes

Auch das Kernargument der Haftungsfreistellung des Betriebserwerbers für die sogenannten Altverbindlichkeiten im Wege der teleologischen Reduktion der Haftungsfolgen des § 613a BGB steht der Sanierungsforderung nicht entgegen. Bei genauer Betrachtung handelt es sich bei der Sanierungsforderung nämlich nicht um eine einseitige Bevorzugung von Arbeitnehmerforderungen, die dem insolvenzrechtlichen Grundsatz der Gläubigergleichbehandlung zuwiderlaufen würde. Vielmehr erfolgt die Haftungserstreckung des Betriebserwerbers auf Sanierungsforderungen gerade im Interesse der Gläubigergesamtheit, weil sie zum Zwecke der Sanierung begründet wurden und damit die Sanierung im Sinne einer bestmöglichen Gläubigerbefriedigung überhaupt erst ermöglichen. Nicht vollends von der Hand zu weisen ist, dass die Gläubiger diesen Vorteil gewissermaßen über den finalen Kaufpreis für den insolventen Betrieb mitfinanzieren. Ungeachtet dessen übertrifft in aller Regel der zu erzielende Erlös aus der übertragenden Sanierung (sogenannter Fortführungswert) den Zerschlagungswert bei Weitem, weshalb die Vergleichsabwägung stets zugunsten der Übertragung ausfallen wird. Damit erfolgt die übertragende Sanierung unter Berücksichtigung der Sanierungsforderung letztlich auch im Gläubigerinteresse.

IV. Wahrung des Prinzips der Massemaximierung und bestmöglichen Gläubigerbefriedigung

Neben der systematischen und dogmatischen Rechtfertigung steht die Sanierungsforderung auch in Einklang mit den insolvenzrechtlichen Prinzipen der Massemaximierung und der sich daraus ableitenden bestmöglichen Gläubigerbefriedigung. Wie bereits dargestellt, stellt die Gegenforderung für die erbrachte Arbeitsleistung in aller Regel nur eine ungesicherte Insolvenzforderung dar. Anders als Warenlieferanten, die ihre Warenlieferung über Eigentumsvorbehaltsrechte absichern können, haben Arbeitnehmer keine Möglichkeit, ihre Entgeltforderung abzusichern. Dabei bilden gerade die Mitarbeiter und ihre erbrachte Arbeitsleistung den eigentlichen Kern eines jeden Unternehmens. Die durch das Konstrukt der Sanierungsforderung gewonnene Sicherheit hinsichtlich künftiger Lohn- und Gehaltsansprüche der Mitarbeiter würde sich mit hoher Wahrscheinlichkeit positiv auf den Arbeitseinsatz und damit die Produktivität und Effizienz des Unternehmens auswirken. Das Problem der angesichts des Insolvenzverfahrens schwindenden Motivation der Belegschaft wäre behoben, eventuell gar ins Gegenteil verkehrt. Die Aufrechterhaltung der persönlichen Motivation der Arbeitnehmer würde mindestens mittelbar zu einer Massesteigerung führen.

Zugleich bliebe der Arbeitsplatz im Unternehmen weiter attraktiv, wodurch dem Abwandern von Mitarbeitern entgegengewirkt werden kann. Somit könnte gelingen, dass tatsächlich alle Mitarbeiter dem betroffenen Unternehmen die Treue halten und so der Erwerber auch künftig von den individuellen Stärken des Unternehmens und dessen Mitarbeitern profitieren kann. Ein geringeres Forderungsausfallrisiko wäre, gerade in Krisenzeiten, ein starkes Signal an die betroffene Belegschaft.

V. Beispielhafte Fallgruppen

Keineswegs kann die Idee der Sanierungsforderung sämtliche Haftungslücken schließen bzw. alle denkbaren Forderungsausfälle betroffener Mitarbeiter bei einer übertragenden Sanierung kompensieren. Zumindest ließe sich ein offenkundiges Ausfallrisiko vermeiden und dadurch stringent die Idee eines möglichst umfassenden Systems zur Vermeidung des Insolvenzrisikos fortentwickeln.

Exemplarisch lässt sich die Theorie der Sanierungsforderung an nachfolgenden Fallgruppen aufzeigen:

1. Sanierungsstunden

Wie aufgezeigt wurde, werden sogenannte Sanierungsstunden vereinbarungsgemäß geleistet, um den Geschäftsbetrieb aufrechtzuerhalten und eine übertragende Sanierung überhaupt erst zu ermöglichen. Bei diesen zum Zwecke des Erhalts des Unternehmens geleisteten Mehrarbeitsstunden handelt es sich nach der Rechtsprechung – trotz ihres Charakters als Sanierungsmaßnahme – in aller Regel um bloße Insolvenzforderungen nach § 38 InsO, sofern sie vor dem Stichtag der Insolvenzeröffnung erbracht wurden.

Aus Sicht der betroffenen Arbeitnehmer lässt sich die von der von der Rechtsprechung vorgenommene Einordnung kaum nachvollziehen. Würden diese nämlich keine entsprechende Mehrarbeit leisten, wäre die Aufrechterhaltung des Geschäftsbetriebes und damit die Fortführung des Unternehmens oft nicht möglich. Jedenfalls wären erhebliche Wertverluste zu erwarten: Möglicherweise würden wichtige Folgeaufträge mangels Kapazitäten abgelehnt, vorhandenes Vorratsvermögen nicht in der gebotenen Eile weiterverarbeitet und somit gute Kunden- und Lieferantenbeziehungen gefährdet, ganz abgesehen von der negativen Außenwirkung auf den Markt.

Naheliegend ist es, Vergütungsansprüche aus Sanierungsstunden, die den Zweck der Sanierung des Unternehmens verfolgen, dem Erwerber aufzuerlegen und folglich nicht als Insolvenzforderung zu klassifizieren. Schließlich ist es doch der Erwerber, der davon profitiert, dass das in Schieflage geratene Unternehmen durch die Mehrarbeit der Mitarbeiter fortgeführt werden konnte und nun in seiner Hand profitabel reorganisiert werden kann. Wie bereits der Begriff offenbart, wird die Sanierungsstunde „wegen" der Sanierung geleistet.

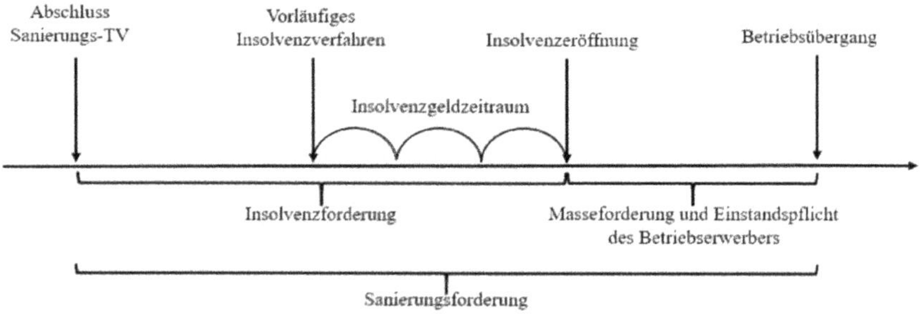

Abb. d. Verf.: Sanierungsstunde als Sanierungsforderung

Die Belastung des Erwerbers mit Sanierungsstunden ist interessengerecht. Die Aufrechterhaltung des Geschäftsbetriebes ermöglicht es ihm, nach der Übernahme des insolventen Unternehmens Gewinne zu erzielen. Weshalb die Mitarbeiter Mehrstunden leisten sollen und so den Fortbestand und die Aufrechterhaltung des Geschäftsbetriebes gewährleisten, obwohl ihnen ihr Einsatz möglicherweise nur mit einer (in der Regel sehr geringen) Insolvenzquote entlohnt wird, ist nicht nachvollziehbar. Auch das Argument mangelnder Alternativen dürfte nur in wenigen Ausnahmefällen greifen. Zugegeben mag die einzige Alternative oft sein, den Geschäftsbetrieb einzustellen, sofern kein Investor gefunden werden kann. Von einer hieraus resultierenden Arbeitslosigkeit dürften praktisch nur die Mitarbeiter betroffen sein, die nicht zu den Leistungsträgern zählen und tatsächlich keine Perspektive auf dem Arbeitsmarkt haben.

Wesentlich eleganter und letztlich auch im Sinne des insolvenzrechtlichen Sanierungsprinzips wäre es daher, die Sanierungsstunden insoweit zu privilegieren, als jedenfalls der Betriebserwerber als Haftungsschuldner in Anspruch genommen werden kann.

Die Qualifizierung der Sanierungsstunde als Sanierungsforderung würde zu einem gerechten (Interessen-)Ausgleich führen. Die Einstandspflicht des Betriebserwerbers wäre durch die Belange der betroffenen Arbeitnehmer gerechtfertigt. Im Rahmen einer Interessenabwägung der widerstreitenden Positionen wäre aus Sicht der Arbeitnehmer anzuführen, dass die aus der Sanierungsstunde erwachsenen Lohn- und Gehaltsansprüche für den künftigen Betriebserwerber gleichermaßen klar erkennbar und vorhersehbar im Sinne von finanziell kalkulierbar sowie angemessen und verhältnismäßig sind. Klar erkennbar wäre die Sanierungsforderung, nachdem der Betriebserwerber im Rahmen der Verhandlungen über den jeweils aktuellen Stand der Forderungen unterrichtet werden kann. Dies erlaubt es dem Betriebserwerber, die mit der Sanierungsforderung einhergehenden Kosten finanziell einzuplanen und entsprechend zu kalkulieren. Die Angemessenheit folgt aus dem Interesse des Betriebserwerbers an der Aufrechterhaltung des Geschäftsbetriebes.

2. Sozialplanforderungen

Als weiteres Beispiel sollen die aufgezeigten insolvenzspezifischen Modifikationen bei Abschluss eines Sozialplans dienen. Diese berücksichtigen nämlich nicht den Umstand, dass ein Sozialplan, der (vom Insolvenzverwalter) mit der Absicht einer übertragenden Sanierung aufgestellt wird, Arbeitnehmerforderungen begründen kann, die unmittelbar auf die beabsichtigte Unternehmenssanierung zurückzuführen sind. Die Überlegung sollte daher sein, zumindest diese unmittelbar sanierungsbezogenen Forderungen der Mitarbeiter insoweit zu privilegieren, dass der Erwerber im Falle des Betriebsübergangs hierfür haftet. Schließlich profitiert der Erwerber auch von der (kosten-)bereinigten Personalstruktur des Unternehmens, wie sie nur im Insolvenzverfahren möglich ist. Die infolge des aufgestellten Sozialplans von der Kündigung betroffenen Arbeitnehmer hingegen erhalten je nach Abschlusszeitpunkt des Sozialplanes entweder nur eine der Höhe nach begrenzte Masseforderung im Sinne des § 123 InsO oder sogar nur eine Insolvenzforderung nach § 38 InsO. In beiden Fällen ergibt sich bis dato jedenfalls eine Deckungslücke zulasten des Arbeitnehmers, für die infolge der Haftungsprivilegierung auch der Erwerber nicht haftet.

Schwierig zu beantworten scheint die Frage nach der zeitlichen Abgrenzung, also ab wann eine Sozialplanforderung als Sanierungsforderung tatsächlich privilegiert wäre. Denkbar wäre es, den Insolvenzverwalter oder das Insolvenzgericht mit dieser Abgrenzungsfrage im jeweiligen Einzelfall zu betrauen. Als „Vorbild“ könnte die höchstrichterlich[738] anerkannte Möglichkeit zur Einzelermächtigung des schwachen vorläufigen Insolvenzverwalters zur Begründung

738 BGH, Urt. v. 18.7.2002 - IX ZR 195/0110, BGHZ 151, 353 = NJW 2002, 3326.

von Masseverbindlichkeiten dienen. Die Ermächtigung des schwachen vorläufigen Verwalters legitimiert ihn, noch im Eröffnungsverfahren Forderungen zu begründen, die nach Eröffnung als Masseverbindlichkeiten nach § 55 Abs. 2 InsO qualifiziert werden. Hintergrund der Ermächtigung ist, dass anderenfalls wichtige Lieferanten und Dienstleister im Eröffnungsverfahren keine Leistungen mehr erbringen würden, sofern nicht die Zahlung auch nach Verfahrenseröffnung gewährleistet ist. Mit Blick auf die Einstufung der Sozialplanforderung als Sanierungsforderung wäre demnach denkbar, dass diese auf Antrag des Verwalters vom Insolvenzgericht entsprechend qualifiziert werden.

Daneben bestünde die Möglichkeit, die Mit- bzw. Nachhaftung des Betriebserwerbers für etwaige Sozialplanforderungen zeitlich zu begrenzen. Als Vorbild könnte das Modell der begrenzten Nachhaftung, wie es sich beispielsweise in § 26 Abs. 1 HGB für den Veräußerer eines Handelsgewerbes findet, dienen. Nach Ablauf einer klar definierten Zeit würde demnach die gesetzliche Vermutung eintreten, dass die Beendigung des Beschäftigungsverhältnisses nicht mehr sanierungsbezogen ist und folglich auch eine Erwerberhaftung unsachgemäß wäre. Vertretbar scheint es, den maximalen Insolvenzgeldzeitraum von drei Monaten als Zeitraum einer etwaigen „Nachhaftung" des Betriebserwerbers zu definieren. Dieser Zeitraum wäre für die Beteiligten überschaubar und steht in Einklang mit dem Schutzgedanken des Sozialgesetzbuches zum Insolvenzausfallgeld. Auch insoweit würde ein sachgerechter Interessensausgleich geschaffen werden, der den Betriebserwerber mit in die Verantwortung nimmt und die Bürde des Insolvenzverfahrens nicht ausschließlich den Arbeitnehmern auferlegt.

D. Merkmale der Sanierungsforderung

Als Wesensmerkmal einer Sanierungsforderung lässt sich eine Parallele zu § 613a Abs. 4 BGB ziehen. Hiernach ist die Kündigung des Arbeitsverhältnisses eines Arbeitnehmers durch den bisherigen Arbeitgeber oder durch den neuen Inhaber „wegen" des Übergangs eines Betriebs oder eines Betriebsteils unwirksam. Wie bereits dargestellt, liegt eine Kündigung wegen des Betriebsübergangs vor, wenn sie durch eine bevorstehende Betriebsübertragung bestimmt ist und der Betriebsübergang der „tragende Beweggrund" der Kündigung ist.[739] Dies ist

739 Vgl. BAG, Urt. v. 20.3.2003 - 8 AZR 97/02, BAGE 105, 338 = NZA 2003, 1027 Ls. 2; BAG, Urt. v. 20.9.2006 - 6 AZR 249/05, AP Nr. 316 zu § 613a BGB = ZIP 2007, 595 = NZA 2007, 387, 388, dazu *Grimm/Michaelis*, EWiR 2007, 363; *Moll*, NJW 1993, 2016, 2021; *Zwanziger/Voigt*, in: Däubler/Deinert/Zwanziger, 11. Aufl. 2020, § 613a BGB Rn. 252.

etwa der Fall, wenn die Kündigung damit begründet wird, dass der Erwerbsinteressent anderenfalls zu einer Übernahme des Betriebs nicht bereit sei.[740]

Der sich aus dieser Argumentation ableitende Zusammenhang zwischen Kündigung und Betriebsübergang lässt sich auf die Begründung einer Sanierungsforderung übertragen. Merkmal der Sanierungsforderung ist damit, dass ihre Begründung tragender Beweggrund für den Betriebsübergang ist. Mit anderen Worten: Die in Frage stehenden (Arbeitnehmer-)Forderungen wurden überwiegend deshalb begründet, um den Betriebsübergang und somit die Sanierung des Unternehmens zu fördern.

E. Schlussplädoyer

Die Erweiterung der Gläubigerstruktur im Insolvenzverfahren um die Sanierungsforderung bzw. der partiellen Rückkehr zur uneingeschränkten Haftungsfolge des § 613a BGB würde einen weiteren Beitrag dazu leisten, dass sich die übertragende Sanierung im Insolvenzverfahren wahrhaftig als „zweite Chance" etabliert und dem zu sanierenden Unternehmen samt seinen Mitarbeitern eine langfristige Perspektive bietet.

Freilich öffnet man – zumindest ein Stück weit – mit einer entsprechenden Sonderregelung für Arbeitnehmer das Einfallstor für eine Gläubigerbefriedigung nach Klassen. Es liegt nahe, dass sich andere Interessengruppen[741] durch eine solche Privilegierung ebenfalls ermutigt sehen dürften, ihre Ziele zur Durchsetzung eigener Vorrechte noch zu intensivieren.[742] Allerdings soll die vorgeschlagene Sonderregelung einer Sanierungsforderung gerade nicht einen die Konzeption der Insolvenzordnung tragenden Grundsatz, nämlich die Abschaffung von Vorrechten,[743] verwerfen. Ziel ist vielmehr, ein durch die dynamische Fortentwicklung der Sanierungspraxis entstandenes Ungleichgewicht wieder auszugleichen.

740 Vgl. BAG, Urt. v. 27.9.1984 - 2 AZR 309/83, BAGE47, 13 = AP Nr. 39 zu § 613a BGB = ZIP 1985, 698, dazu *Bauer*, EWiR 1985, 379; BAG, Urt. v. 28.4.1988 - 2 AZR 623/87, AP Nr. 74 zu § 613a BGB = ZIP 1989, 326, dazu *Schwerdtner*, EWiR 1989, 867; BAG, Urt. v. 19.5.1988 - 2 AZR 596/87, BAGE 59, 12 =AP Nr. 75 zu § 613a BGB = ZIP 1989, 1012.

741 Beispielsweise die Sozialversicherungsträger.

742 Hierauf im Falle der Privilegierung von Arbeitnehmerforderungen im Rahmen des Insolvenzanfechtungsrechts ebenfalls hinweisend *Frank/Heinrich*, ZInsO 2011, 1826, 1830.

743 Vgl. BT-Drs. 12/2443, S. 81 („Mehr Verteilungsgerechtigkeit im Insolvenzverfahren").

Zudem offenbart eine solch ganzheitliche Betrachtung andererseits auch denkbare Entlastungen der Bundesagentur für Arbeit im Hinblick auf die Auszahlung von Insolvenzgeldansprüchen betroffener Arbeitnehmer. Durchaus möglich ist, dass die Sanierungsforderung den jeweils maßgeblichen Insolvenzgeldzeitraum mitumfasst.[744] Infolgedessen wäre der Betriebserwerber auch für die bislang nur von der Bundesagentur für Arbeit auszuzahlenden rückständigen Löhne und Gehälter einstandspflichtig. Zumindest könnte ihn eine gesamtschuldnerische Mithaftung im Sinne eines (anteiligen) Ausgleichsanspruchs zugunsten der vorrangig einstandspflichtigen Bundesagentur für Arbeit treffen. Dies würde in letzter Konsequenz auch eine interessengerechte Umverteilung der Insolvenzgeldumlage bedeuten. Im Falle der Mithaftung des Betriebserwerbers für insolvenzgeldfähige Lohn- und Gehaltsbestandteile würde nämlich eine punktuelle Belastung desjenigen eintreten, der eben auch von den günstigen Übernahmemöglichkeiten profitiert und künftige Gewinnsteigerungen erzielen kann. Das Insolvenzgeld würde in gewisser Weise „in sich“ refinanziert werden. Auf diese Weise würden diejenigen Arbeitgeber, die die Insolvenzgeldumlage abführen müssen aber selbst keine Insolvenz erleiden, mittelbar entlastet werden.

---

744 Vgl. zur Veranschaulichung die Abb.d.Verf. unter C. V. 1.

Kapitel 7 Zusammenfassung und Kernthesen

A. Zusammenfassung der wesentlichen Untersuchungsergebnisse

Die im Rahmen dieser Untersuchung dargestellte Entwicklung des insolvenzrechtlichen Sanierungsprinzips und dessen Einfluss auf das allgemeine Arbeitsrecht, stößt in ihrem Kern immer wieder auf die gleiche Frage: Wie gelingt ein interessengerechter und fairer Ausgleich zwischen den Bestrebungen zum Erhalt des Unternehmens und den besonderen Belangen der Arbeitnehmerschaft im Kontext einer übertragenden Sanierung.

Einerseits ist wegen des insolvenzrechtlichen Grundsatzes der Gleichbehandlung aller Insolvenzgläubiger eine Privilegierung der Arbeitnehmer gegenüber anderen Gläubigern nur schwer zu rechtfertigen. Andererseits darf nicht verkannt werden, dass das Insolvenzrecht in einem demokratischen und sozialen Rechtsstaat die Aufgabe hat, einen gerechten und strukturellen Interessenausgleich zu schaffen und dabei die rechtliche Ordnung beim Marktaustritt oder des finanziellen Umbaus am Markt versagender Wirtschaftseinheiten zu gewährleisten.[745]

Mit Einführung der Insolvenzordnung sollte eine höhere Verteilungsgerechtigkeit für die Gläubiger erreicht werden. Dies wurde dadurch forciert, dass die insolvenzrechtlichen Möglichkeiten zur Sanierung notleidender Unternehmen grundlegend geändert und seither fortwährend ergänzt wurden. Dabei wurden einstige Vorrechte der Arbeitnehmer durch insolvenzspezifische Gleichstellungsgesichtspunkte beseitigt.[746] Damit wurde zumindest das Ziel erreicht, dass der heutige Rechtszustand weitaus besser als vorher geeignet ist, auf dem Gebiet des Arbeitsrechts den Anforderungen zu einer erfolgreichen Unternehmenssanierung gerecht zu werden.[747]

---

745 Vgl. *Bertram/Künzel*, in: Gottwald/Haas, InsR-HdB, 6. Aufl. 2020, § 102 Rn. 10; *Schmerbach*, in: FK-InsO, 9. Aufl. 2018, Vor. §§ 1 ff. Rn. 24 der dem Insolvenzrecht die Aufgabe zuweist, den Schwächeren zu schützen und Frieden zu stiften.

746 Insbesondere dadurch, dass der Arbeitnehmer im Insolvenzverfahren seines Arbeitgebers den übrigen Insolvenzgläubigern gleichgestellt wurde, vgl. § 108 Abs. 3 InsO.

747 So auch *Bertram/Künzel*, in: Gottwald/Haas, InsR-HdB, 6. Aufl. 2020, § 102 Rn. 10.

Eine schwierige Aufgabe bleibt es, dass die Vorschriften des Insolvenzarbeitsrechts den sensiblen wirtschafts- und sozialrechtlichen Standards in der Bundesrepublik Deutschland Rechnung tragen müssen. Ein modernes Insolvenzarbeitsrecht muss darauf bedacht sein, marktwirtschaftliche Wettbewerbsverzerrungen zu vermeiden. Da Arbeitsbedingungen gleichermaßen Wirtschaftsbedingungen sind, dürfen in die Insolvenz geratene Unternehmen arbeitsrechtlich nicht zu stark privilegiert werden, um ungerechtfertigten Vorteilen und Marktverzerrungen vorzubeugen. Andererseits muss bei allem Streben nach Marktkonformität der drohende Verlust von Arbeitsplätzen verhindert, jedenfalls bestmöglich abgemildert werden.

Diesen Ausgleich versucht das arbeitsrechtliche System der Bundesrepublik Deutschland herzustellen, indem es grundsätzlich keine Rücksicht auf die Insolvenz eines Unternehmens nimmt. Es wäre inkonsequent und nicht plausibel, wenn das Arbeitsrecht seine zwingenden Anforderungen und dadurch entstehende Schutzwirkung gerade dann zurückstellen würde, wenn die wegen der Insolvenz ihres Arbeitgebers betroffenen Arbeitnehmer dieser am ehesten bedürfen.[748] Mit anderen Worten: Arbeitsrecht darf kein „Schönwetterrecht"[749] sein, das nur funktionierenden Unternehmen Verpflichtungen auferlegt, derer sich notleidende Unternehmen unter erleichterten Bedingungen entledigen können.

Aus diesem Grund überlagern die insolvenzrechtlichen Sondervorschriften[750] die Normen des allgemeinen Arbeitsrechts und schaffen arbeitsrechtliche Erleichterungen für Unternehmen, die in eine Krise geraten sind. Die Anwendung und Auslegung dieser Sondervorschriften sowie der im Übrigen im Insolvenzverfahren geltenden Vorschriften des allgemeinen Arbeitsrechts, unterliegen dabei der gesetzgeberischen und rechtspolitischen Bestrebung, notleidende Unternehmen nach Möglichkeit zu sanieren. Aus dieser Bestrebung erklärt sich auch die immer stärker sanierungsfreundlich ausgerichtete arbeitsgerichtliche Rechtsprechung, die insolvenzrechtliche Grundprinzipien, insbesondere den Vorrang der Sanierung, explizit würdigt.

Diese Entwicklung zugunsten der Unternehmenssanierung führt unweigerlich zu einem Gefälle und der teilweisen Minderberücksichtigung arbeitsrechtlicher Belange. Von umfangreichen Haftungsbeschränkungen und der faktischen

748 So auch *Bertram/Künzel*, in: Gottwald/Haas, InsR-HdB, 6. Aufl. 2020, § 102 Rn. 9 m.w.V.

749 *Bertram/Künzel*, in: Gottwald/Haas, InsR-HdB, 6. Aufl. 2020, § 102 Rn. 9.

750 Vgl. §§ 113, 120 bis 128 InsO.

Möglichkeit zur Mitbestimmung bei der Umsetzung konkreter Restrukturierungsmaßnahmen im Vorfeld einer übertragenden Sanierung[751] profitiert in erster Linie der künftige Erwerber. Einstige Arbeitnehmerprivilegien wurden abgeschafft[752] und arbeitnehmerfreundliche normative Vorgaben[753] werden von der arbeitsgerichtlichen Rechtsprechung im Wege der Rechtsfortbildung in ihr Gegenteil verkehrt.

B. Zusammenfassung der vorgeschlagenen Lösungsansätze

Im Grunde ist das Insolvenzrecht als ein Instrument der Wirtschaftspolitik zu verstehen. Dies zeigt bereits der Umstand, dass das Bedürfnis nach einer Vereinheitlichung und Reformierung des Insolvenzrechts parallel zu der zeitgleichen wirtschaftlichen Entwicklung in Deutschland verlief. Diesen Gleichlauf belegt die Vielzahl der erfolgten Gesetzesreformen bzw. Gesetzesneuerungen, die das Insolvenzrecht tatsächlich zu einer „Dauerbaustelle" haben werden lassen. Neben seinem immensen (volks-)wirtschaftlichen Nutzen kann es als Sanierungsinstrument die Arbeitnehmerschaft vor der Arbeitslosigkeit bewahren. Das heutige Insolvenzrecht ist daher zutreffend Ausdruck wirtschaftlicher und gesellschaftlicher Grundverfassung[754] und folglich unerlässlicher Bestandteil einer sozialen Marktwirtschaft.[755]

Die Kehrseite des hohen Stellenwerts der Insolvenzordnung und seiner dynamischen Entwicklung ist, dass hierdurch ein Spannungsfeld zu anderen Rechtsgebieten, insbesondere dem Arbeitsrecht, erzeugt wird. Regelmäßig trifft das insolvenzbezogene Sanierungsinteresse auf widerstreitende Arbeitnehmerschutzinteressen. Nachdem sich der Gesetzgeber bislang nicht in dieses Spannungsfeld gewagt und keine normativen Vorgaben gemacht hat, obliegt es der Rechtsprechung, sich diesem sensiblen und komplexen Bereich durch Einzelfallentscheidungen anzunehmen. Hierbei wurden in der Vergangenheit Entscheidungen zulasten der Arbeitnehmer getroffen, deren Begründung und Rechtfertigung zu einem Ungleichgewicht der Interessenlagen geführt haben.

---

751 Etwa im Falle der Kündigung nach Erwerberkonzept, vgl. in Kap. 3 unter A. III. 2. b.

752 So bspw. § 61 KO.

753 Insbesondere die Vorschrift des § 613a BGB.

754 *Stürner*, in: MünchKomm InsO, 4. Aufl. 2019, Band 1, Einl. Rn. 25; *A. Schmidt*, in: HambKomm, InsO, § 1 Rn. 7 bezeichnet die Insolvenzordnung als „modernes Wirtschaftsgesetz".

755 Vgl. *S. Leutheusser-Schnarrenberger* in der ersten Beratung zum ESUG vom 30.6.2011, Bt-PlPr 17/117, S. 13454D - 13465B, S. 13455; vgl. auch *Uhlenbruck*, NJW 2000, 1386.

Wünschenswert und rechtsstaatlich geboten wäre ein gesetzgeberisches Einschreiten. Da sich ein solches allerdings nicht abzeichnet, gilt es, konkrete Missstände aufzuzeigen und Lösungsvorschläge anzubieten. Genau diesen Ansatz verfolgt die vorliegende Untersuchung, in der zutage gefördert wurde, dass das insolvenzrechtliche Sanierungsprinzip weitreichenden Einfluss auf die arbeitsgerichtliche Rechtsprechung nimmt und sich auf diese Weise ein von Richterrecht geprägtes eigenständiges Sanierungsarbeitsrecht entwickelt hat. Wenngleich die aufgezeigten Entscheidungsgründe nachvollziehbar sind und zur Erreichung einer effektiven Sanierung durchaus förderlich erscheinen, fehlt es an einem angemessenen Interessenausgleich im Einzelfall. Zu pauschal wird auf insolvenzrechtliche Grundprinzipien abgestellt. Stets sind es die insolvenzrechtliche Abgrenzung zum Stichtag der Eröffnung sowie der Grundsatz gleichmäßiger Gläubigerbefriedigung, die in Entscheidungen reflexartig angeführt und wiederholt werden, ohne dass sich die Frage der konkreten Angemessenheit gestellt wird.

Genau hieran knüpfen die im Rahmen dieser Untersuchung entwickelten Lösungsansätze an. Die vom Verfasser vorgeschlagene Theorie der Sanierungsforderung zielt darauf ab, einen angemessenen, im Sinne eines interessengerechten Ausgleichs zwischen Arbeitnehmerforderung und der Haftung des Erwerbers bei einem Betriebsübergang im Wege der übertragenden Sanierung zu schaffen. Kernanliegen ist es dabei, dass die Arbeitnehmerleistung, welche die Sanierungsfähigkeit des krisenbefangenen Unternehmens aufrechterhält, eine besondere Absicherung erfährt. Dem liegt auch das Verständnis des Verfassers zugrunde, dass es angemessen ist, wenn alle Beteiligten einer Unternehmenssanierung gleichermaßen an den Chancen und Risiken einer erfolgreichen übertragenden Sanierung partizipieren.

Dieser Bestrebung folgend muss die Frage beantwortet werden, zu welchem Zweck die jeweilige Arbeitnehmerforderung begründet wurde. Wurde sie „wegen" der sich abzeichnenden Sanierung begründet, sprechen gute Gründe dafür, auch den künftigen Betriebserwerber entsprechend zu belasten. Besonders hervorzuheben ist dabei der Umstand, dass eine solche Haftungsverteilung weder ein systemfremder Eingriff in die insolvenzrechtliche Gläubigerstruktur bedeuten würde, noch methodisch einer besonderen Begründung bedürfte. Letztlich wäre die damit erreichte Haftung des Betriebserwerbers für Sanierungsforderungen nur eine Rückkehr zu der gesetzlich normierten Haftungsfolge des § 613a BGB. Es würde sich, mit anderen Worten, also nicht um eine Privilegierung von Arbeitnehmerforderungen, sondern schlicht um die Einhaltung bestehender normativer Vorgaben handeln.

C. Kernthesen

Die im Rahmen dieser Untersuchung gewonnenen Erkenntnisse und zutage geförderten Feststellungen lassen sich unter Berücksichtigung der vorgestellten Lösungsansätze abschließend in folgenden Kernthesen zusammenfassen:

I. Die vom Sanierungsgedanken geleiteten Überzeugungen und Entscheidungen in der deutschen Sanierungspraxis haben sich zu einem Sanierungsprinzip konkretisiert.

Die Idee der Sanierung hat sich durch die fortentwickelte Rechtsprechung im Bereich der Unternehmenssanierung zunehmend konkretisiert. Den gewichtigen Gründen für eine Sanierung gelingt es, rechtliche Entscheidungen im Rahmen einer übertragenden Sanierung zu rechtfertigen. Aufgrund des hohen Maßes der Konkretisierung gilt es das Sanierungsprinzip anzuerkennen. Als übergeordnetes Ziel verfolgt es den Erhalt des Unternehmens und dessen wirtschaftliche Werte. Dahinter steht die sich in Folge eines Wertewandels eingestellte Überzeugung, durch den Erhalt des Unternehmens als wirtschaftliche Einheit der Unternehmung eine zweite Chance am Markt zu eröffnen und dadurch Gläubigerinteressen bestmöglich zu wahren und befriedigen zu können. Das Sanierungsprinzip tritt neben fundamental in der Insolvenzordnung verankerte und anerkannte Rechtsprinzipien wie das Prinzip der Gläubigergleichbehandlung, das Prinzip der bestmöglichen Masseverwertung oder das Prinzip der Gläubigerselbstverwaltung.

II. Widerstreitende Arbeitnehmerinteressen werden zugunsten einer effektiven Sanierung ungleich gewichtet.

Ziel des modernen Insolvenzsanierungsrechts ist der Erhalt des Unternehmens. Dabei wird die Sanierung nicht nur als zweite Chance für das Unternehmen gesehen, sondern die insolvenzspezifische Verfahrensgestaltung und Abwicklung hiernach ausgerichtet. Entsprechend gehen auf normativer Ebene die Vorschriften der Insolvenzordnung entgegenstehenden Vorschriften des Arbeitsrechts als *leges speciales* vor.

Zudem rekurriert eine äußerst sanierungsfreundliche Rechtsprechung auf insolvenzrechtliche Grundsätze und verhilft dem Sanierungsprinzip so zu dessen weitreichender Geltung über den Einzelfall hinaus. Dabei werden die im insolvenzrechtlichen Transaktionskontext widerstreitenden Interessen der Arbeitnehmer in weiten Teilen zugunsten einer effektiven Sanierung ungleich gewichtet. Forderungen der Arbeitnehmer als ungesicherte Insolvenzgläubiger erfahren keinerlei Privilegierung. Im Gegenteil, spezifische Arbeitnehmerbelange erfahren aus Gründen der Gläubigergleichbehandlung und zum Zwecke des Unternehmenserhalts im Sinne des Sanierungsprinzips keine adäquate Berücksichtigung. Der (vorinsolvenzliche) Arbeitnehmerbeitrag zum Gelingen einer übertragenden Sanierung bleibt in aller Regel ohne Kompensation.

III. Das Sanierungsprinzip überwindet arbeitsrechtliche Hürden im Rahmen der übertragenden Sanierung.

Die Anwendung und Auslegung der insolvenzrechtlichen Sondervorschriften der §§ 113, 120 bis 128 InsO sowie der im Übrigen im Insolvenzverfahren geltenden Vorschriften des allgemeinen Arbeitsrechts wie etwa § 613a BGB, unterliegen der gesetzgeberischen und rechtspolitischen Bestrebung, notleidende Unternehmen nach Möglichkeit zu sanieren. Aus dieser Bestrebung erklärt sich auch die immer stärker sanierungsfreundlich ausgerichtete arbeitsgerichtliche Rechtsprechung, die insolvenzrechtliche Grundprinzipien explizit würdigt und faktisch einen Vorrang der Sanierung begründet.

Diese Entwicklung zugunsten der Unternehmenssanierung verdeutlicht, dass im Rahmen der übertragenden Sanierung kaum noch arbeitsrechtliche Hürden zu nehmen sind. Jedenfalls stehen der Sanierung als augenscheinlich vorzugswürdiges Ziel des Insolvenzverfahrens keine unüberwindbaren arbeitsrechtlichen Fallstricke mehr entgegen. Von umfangreichen Haftungsbeschränkungen und der faktischen Möglichkeit zur Mitbestimmung bei der Umsetzung konkreter Restrukturierungsmaßnahmen im Vorfeld einer übertragenden Sanierung, etwa im Falle der vorgezogenen Kündigung nach Erwerberkonzept, profitiert in erster Linie der künftige Erwerber. Einstige Privilegierungen bestimmter Arbeitnehmerforderungen wurden abgeschafft und arbeitnehmerschützende normative Vorgaben, insbesondere § 613a BGB, werden von der arbeitsgerichtlichen Rechtsprechung im Wege der Rechtsfortbildung in ihr Gegenteil verkehrt.

IV. In Deutschland existiert ein nichtkodifiziertes Sanierungsarbeitsrecht.

Bislang wurde auf nationaler Ebene kein spezifisches Sanierungsarbeitsrecht kodifiziert, obwohl die maßgebliche europäische Betriebsübergangsrichtlinie 2001/23/EG in Art. 5 der Richtlinie eine entsprechende Bereichsausnahme vorsieht. Hiernach könnten außerhalb der Vorschriften des Insolvenzarbeitsrechts Regelungen geschaffen werden, die die Besonderheiten eines krisenbefangenen Unternehmens aufgreifen.

Ungeachtet dessen hat sich auf nationaler Ebene infolge einer Vielzahl von arbeitsgerichtlichen Entscheidungen ein von Richterrecht geprägtes und gelebtes Sanierungsarbeitsrecht etabliert. Im Zusammenspiel mit den arbeitsrechtlichen Sondervorschriften der Insolvenzordnung ist festzustellen, dass in aller Regel die Schutzinteressen der Arbeitnehmer einer effektiven Sanierung weichen müssen. Rechtsstaatlich bedenklich ist dabei, dass sich dieses Sanierungsarbeitsrecht nicht aus normativen Vorgaben ableitet und dennoch faktisch im Sinne einer Ersatzgesetzgebung begriffen und befolgt wird.

V. Die sanierungsarbeitsrechtliche Rechtsprechung überschreitet die Grenzen zulässiger Rechtsfortbildung.

Bei wegweisenden Leitentscheidungen im Bereich des Sanierungsarbeitsrechts, wie etwa der Kündigung nach Erwerberkonzept oder der eingeschränkten Erwerberhaftung im Rahmen des Betriebsübergangs nach § 613a BGB, handelt es sich um eine unzulässige Rechtsfortbildung, die sich allenfalls mit den Bedürfnissen des Rechtsverkehrs am Gelingen einer übertragenden Sanierung zu rechtfertigen vermag.

Die sogenannte Erwerberkonzeptkündigung erfolgt gegen den klaren Wortlaut und die Wertungen des § 613a Abs. 4 Satz 1 BGB. Ihr liegt in tatsächlicher Hinsicht ein betriebsbedingter Kündigungsgrund zugrunde, der aus der Sphäre des Erwerbers rührt. Damit verwischen nicht nur die maßgeblichen Kriterien der erforderlichen Sozialauswahl. Vielmehr ermöglicht sie dem Betriebserwerber mittelbaren Zugriff auf insolvenzspezifische Sondervorschriften zum Zwecke des vereinfachten Personalabbaus. Dies führt neben einer subjektiven Bewertung von Sozialkriterien zu einer faktischen Kompetenzumverteilung originärer Befugnisse des Insolvenzverwalters hin zum Betriebserwerber.

Auch der bundesarbeitsgerichtlichen Rechtsprechung zu § 613a Abs. 1 BGB im Rahmen der übertragenden Sanierung fehlt eine rechtsstaatliche Legitimationsgrundlage. Die insoweit ergangenen Entscheidungen orientieren sich nicht mehr an der Teleologie des § 613a BGB, sondern rekurrieren auf den darüber hinausgreifenden Rechtsgedanken der insolvenzrechtlichen Sanierung.

VI. Die Einführung eines Sanierungsarbeitsrechts durch den Gesetzgeber würde die Normativierung des Sanierungsprinzips bedeuten.

Der mit Art. 3 und Art. 4 der Richtlinie 2001/23/EG bezweckte und in § 613a BGB zum Ausdruck kommende Arbeitnehmerschutz erschwert den Verkauf und die Übertragung eines insolventen Unternehmens. Mangels eines (potenziellen) Erwerbers ist die Zerschlagung unter Verlust sämtlicher Arbeitsplätze die womöglich einzige Option zur gläubigerbefriedigenden Verwertung des schuldnerischen Vermögens. Sollte aus diesem Grund auf nationaler Ebene tatsächlich von der Bereichsausnahme des Art. 5 der Richtlinie 2001/23/EG Gebrauch gemacht werden und die Nichtgeltung des § 613a BGB im Insolvenzverfahren gesetzlich geregelt werden, bleibt zu hoffen, dass die normativ erleichterte Sanierung den Arbeitnehmerschutz im Insolvenzverfahren nicht völlig unterwandert. Unweigerlich würde die Nichtgeltung des § 613a BGB dem Interesse der Gesamtheit der Arbeitnehmer zuwiderlaufen.

Im Hinblick auf die verschiedenen Auswirkungen insolvenzbedingter Ausnahmevorschriften anderer Mitgliedstaaten, wäre wünschenswert, dass im Falle der normativen Nichtgeltung von § 613a BGB im Insolvenzverfahren dem der Zerschlagung geweihten Unternehmen tatsächlich die Chance der Sanierung eröffnet und damit auch dessen Belegschaft die Möglichkeit der Weiterbeschäftigung geboten wird. Ungeachtet dessen würde ein entsprechendes gesetzgeberisches Eingreifen die immense Reichweite des insolvenzrechtlichen Sanierungsprinzips vollends offenbaren.

VII. Die Sanierungsforderung ermöglicht eine interessengerechte Risikoverteilung.

Die Erweiterung der Gläubigerstruktur im Insolvenzverfahren durch die Einführung einer Sanierungsforderung bzw. der partiellen Rückkehr zur uneingeschränkten Haftungsfolge des § 613a BGB leistet einen wichtigen Beitrag, um die (finanziellen) Interessen der Arbeitnehmer im Rahmen einer übertragenden Sanierung im Insolvenzverfahren gerechter zu verteilen. Wesentliches Merkmal der Sanierungsforderung ist, dass sie Arbeitnehmerforderungen, die zur Ermöglichung der Sanierung begründet wurden, privilegiert.

Die insoweit vorgeschlagene Sonderregelung für spezifische Arbeitnehmerforderungen steht nicht in Konflikt mit der Grundkonzeption der Gläubigerstruktur der Insolvenzordnung. Vielmehr gleicht sie ein durch die (eigen-)dynamische Fortentwicklung der Sanierungspraxis entstandenes Ungleichgewicht aus und schließt bestehende Haftungslücken bei übertragenden Sanierungen im Wege einer angemessenen Chancen-Risiko-Gewichtung.

Literaturverzeichnis

Andres, Dirk/Leithaus, Rolf: Insolvenzordnung, 4. Auflage 2018

Annuß, Georg: Der Betriebsübergang in der Insolvenz - § 613a BGB als Sanierungshindernis?, ZInsO 2001, 49

Annuß, Georg/Lembke, Mark/ Hangarter, Daniela: Arbeitsrechtliche Umstrukturierung in der Insolvenz, 3. Auflage 2016

Annuß, Georg/Stamer, Katrin: Die Kündigung des Betriebsveräußerers auf Erwerberkonzept, NZA 2003, 1247

Alexy, Robert: Theorie der Grundrechte, 1. Auflage 1994

Ascheid, Reiner/Preis, Ulrich/Schmidt, Ingrid: Kündigungsrecht, 6. Auflage 2021

Baeck, Ulrich/Winzer, Thomas/ Kramer, Nadine: Neuere Entwicklungen im Arbeitsrecht, NZG 2014, 652

Baldringer, Sebastian/Jordans, Roman: Altersteilzeit in der Insolvenz, Betriebsübergang und Sicherung von Wertguthaben, ArbuR 2005, 429

Bauer, Jobst-Hubertus: Zur Kündigung wegen Betriebsstillegung, EWiR 1985, 379

Bayer, Walter/Schmidt, Jessica: BB-Gesetzgebungs- und Rechtsprechungsreport zum Europäischen Unternehmensrecht, BB 2019, 2178

Beck, Siegfried/Depré, Peter: Praxis der Insolvenz, 3. Auflage 2017

Becker, Moritz: Kooperationspflichten in der Konzerninsolvenz, 2012

Beisel, Wilhelm/Klumpp, Hans-Hermann: Der Unternehmenskauf, 7. Auflage 2016

Beissenhirtz, Volker: ESUG-Evaluation – und nu?, ZInsO 2019, 180

Bernsau, Georg/Dreher, Daniel/Hauck, Friedrich: Betriebsübergang: Kommentar zu 613a BGB unter Einschluss von betriebsverfassungsrechtlichen und insolvenzrechtlichen Vorschriften, 3. Auflage 2010

Betteray, Wolfgang van: Vorverträge, Asset Deals und Unternehmenskaufverträge in der Insolvenz, BB 2004, 2309

Bichlmeier, Wilhelm/Oberhofer, Hermann: Das Gesamtvollstreckungsverfahren in Ostdeutschland, 1999

Bitter, Georg/Rauhut, Tilman: Grundzüge zivilrechtlicher Methodik – Schlüssel zu einer gelungenen Fallbearbeitung, JuS 2009, 289

Boemke, Burkhard: Maßgebliche Kündigungsfrist in der Insolvenz (§ 113 I InsO), NZI 2001, 460

Bork, Reinhard: Zuständigkeit der Arbeitsgerichte für Klage aus Insolvenzanfechtung von Lohnzahlungen, EWiR 2010, 765

Bork, Reinhard/Hölzle, Gerrit: Handbuch Insolvenzrecht, 2. Auflage 2019

Bothe, Jasper: Europäisches Arbeitsrecht bei einem Betriebsübergang in der Insolvenz, ZIP 2017, 2441

Braun, Eberhard: Insolvenzordnung, 8. Auflage 2019

Buchalik, Robert: Handlungsbedarf nach der ESUG Evaluation?, ZInsO 2019, 1576

Burgard, Ulrich/Gundlach, Ulf: Wege zur Bewältigung des Problems der Masselosigkeit – Zur Einführung einer Insolvenzkosten-Pflichtversicherung, ZIP 2006, 1568

Busch, Lisa: Zerschlagungsabwendende Verfahren im deutschen und italienischen Insolvenzrecht, Eine rechtsvergleichende Untersuchung unter besonderer Berücksichtigung der italienischen Reformgesetzgebung, Schriften zum Internationalen Recht, Band 179

Canaris, Claus-Wilhelm: Systemdenken und Systembegriff in der Jurisprudenz: entwickelt am Beispiel des deutschen Privatrechts, 1969

Calliess, Christian: Rechtsstaat und Umweltstaat, 2001

Cranshaw, Friedrich L.: Reichweite der Betriebsübergangsrichtlinie 2001/23/EG in der Insolvenz des Arbeitgebers, AnwZert InsR 18/2017 Anm. 2

Däubler, Wolfgang/Deinert, Olaf/Zwanziger, Bertram: Kündigungsschutzrecht, 11. Auflage 2020

Drechsler, Stefan: Grundlagen und Grenzen der richterlichen Rechtsfortbildung, ZJS, 4/2015, 344

Drukarczyk, Jochen: Insolvenzrecht als Versuch marktkonformer Gestaltung von Verwertungsentscheidungen und Verteilungsregeln, ZIP 1989, 341

Etzel, Gerhard/Bader, Peter/Fischermeier, Ernst : KR - Gemeinschaftskommentar zum Kündigungsschutzgesetz und zu sonstigen kündigungsschutzrechtlichen Vorschriften, 11. Auflage 2015

Flessner, Alex: Sanierung und Reorganisation: Insolvenzverfahren für Grossunternehmen in rechtsvergleichender und rechtspolitischer Untersuchung, 1982

Forst, Gerrit: Zum Ausschluss des Übergangs von Lasten aus Arbeitsverhältnissen auf den Erwerber eines Betriebs in der Insolvenz („Gimnasio Deportivo San Andrés"), EWiR 2015, 289

Frank, Achim/Heinrich, Jens: Von Zielen und (Irr-)Wegen - Gedanken zur Reform des Insolvenzrechts, ZInsO 2011, 1826

Franzen, Martin: Vorgaben des Europäischen Gemeinschaftsrechts für die arbeitsrechtliche Regulierung des Betriebsübergangs, NZA-Beil. 2008, 139

Frege, Michael C./Keller, Ulrich/Riedel, Ernst: Insolvenzrecht, 8. Auflage 2015

Fridgen, Alexander/Geiwitz, Arndt/Göpfert, Burkard: BeckOK Insolvenzordnung, 21. Edition, Stand: 15.10.2020

Froehner, Jan: Das Altersteilzeitverhältnis in der Insolvenz des Arbeitgebers, NZA 2012, 1405

Fuhlrott, Michael: Ablösender Tarifvertrag darf Arbeitsbedingungen verschlechtern, GWR 2019, 202

Fuhlrott, Michael: Erwerberkonzeptkündigungen als Alternative zum BQG-Modell bei Betriebsübergängen, BB 2013, 2042

Fuhst, Christian: Das neue Insolvenzrecht – Ein Überblick, DStR 2012, 418

Gagel, Alexander: SGB II/SGB III, Band 1, 80. EL Februar 2021

Gaul, Björn/Bonanni, Andrea/Naumann, Eva: Betriebsübergang: Neues zur betriebsbedingten Kündigung aufgrund Erwerberkonzepts, DB 2003, 1902

Gaul, Björn/Otto, Björn: Aktuelle Aspekte einer Zusammenarbeit mit Beschäftigungsgesellschaften, NZA 2004, 1301

Giesen, Richard: Das neue Kündigungsschutzrecht in der Insolvenz, ZIP 1998, 46

Göpfert, Burkhardt/Schöne, Steffen: Handbuch Arbeitsrecht in Restrukturierung und Insolvenz, 2. Auflage 2019

Gottwald, Peter: Insolvenzrechts-Handbuch, 6. Auflage 2020

Grabitz, Eberhard/Hilf, Meinhard/Nettesheim, Martin/Karpenstein, Ulrich: Das Recht der Europäischen Union, 71. EL August 2020

Graf-Schlicker, Marie Luise: InsO, 5. Auflage 2020

Granetzny, Thomas/Esser, Ilka: Arbeitsrechtliche Besonderheiten in der Insolvenz – insbesondere im Rahmen eines Unternehmenskaufs, BB 2019, 1524

Gravenbrucher Kreis: Große Insolvenzrechtsreform gescheitert, ZIP 1990, 476

Gravenbrucher Kreis: Stellungnahme zum Diskussionsentwurf eines Insolvenzrechtsreformgesetzes, ZIP 1989, 468-475

Grießer, Georg: Insolvenzsicherung und Haftung des Unternehmenserwerbers gem. § 6 AVRAG, RdW 1998, 617

Grimm, Detlef/Michaelis, Isabel: Wirksamkeit von Kündigungen in Umsetzung eines eigenen Sanierungskonzepts des Insolvenzverwalters auch in zeitlichem Zusammenhang mit einem Betriebsübergang, EWiR 2007, 363

Grobys, Marcel/Panzer-Heemeier, Andrea: StichwortKommentar Arbeitsrecht, 3. Auflage, Edition 8, Stand 2019

Hagebusch, Alfred/Oberle, Thomas: Gläubigerbefriedigung durch Unternehmenssanierung: die übertragende Sanierung - Eine Bestandsaufnahme vor dem Hintergrund jüngster InsO-Reformen, NZI 2006, 618

Hassemer, Winfried: Gesetzesbindung und Methodenlehre, ZRP 2007, 213

Hausch, Tobias: Gestaltungsmittel im Asset Deal-Unternehmenskaufvertrag im Hinblick auf § 613 a BGB, BB 2008, 1392

Heinze, Meinhard: Das Arbeitsrecht der Insolvenzordnung, NZA 1999, 57

Heise, Dietmar/Schwald, Sonja: Arbeitsrechtliche Instrumente in der Wirtschaftskrise, NZA 2009, 753

Henssler, Martin/Willemsen, Hein Josef/Kalb, Heinz-Jürgen: Arbeitsrecht Kommentar, 8. Auflage 2018 und 9. Auflage 2020

Hess, Harald: Haftungsbeschränkung für nachkonkurslichen Sozialplan, BB-Kommentar zu BAG, Urteil vom 15.1.2002 AZ: 1 AZR 58/01, BB 2002, 1967

Hillgruber, Christian: „Neue Methodik" – Ein Beitrag zur Geschichte der richterlichen Rechtsfortbildung in Deutschland, JZ 2008, 745

Hoffmann, Philipp/Marquardt, Nick: Der Übergang von Arbeitsverhältnissen bei der übertragenden Sanierung, NZI 2017, 513

Hoffmann-Riem, Wolfgang/Schmidt-Aßmann, Eberhard/Voßkuhle, Andreas: Grundlagen des Verwaltungsrechts, Band 1, 2. Auflage 2012

Hölzle, Gerrit: Die „erleichterte Sanierung von Unternehmen" in der Nomenklatur der InsO – ein hehres Regelungsziel des RefE-ESUG, NZI 2011, 124

Hunold, Katharina: Insolvenzgeld und Insolvenzgeldvorfinanzierung als Sanierungsinstrument, NZI 2015, 785

Immenga, Ulrich: Rechtswissenschaft und Rechtsentwicklung, 1980

Jacobs, Matthias/Frieling Tino: Keine dynamische Weitergeltung von kleinen dynamischen Bezugnahmeklauseln nach Betriebsübergängen, EuZW, 2013, 737

Jacoby, Florian/Madaus, Stephan/Sack, Detlef/Schmidt, Heinz/Thole, Christoph: Bericht zur Evaluierung des Gesetzes zur weiteren Erleichterung der Sanierung von Unternehmen (ESUG) v. 7.12.2011

Jaeger, Ernst: Lehrbuch des deutschen Konkursrechts, 8. Auflage 1932

Jaeger, Ernst: Insolvenzordnung, Band 2, 1. Auflage 2007

Jarass, Hans D.: Charta der Grundrechte der Europäischen Union, 3. Auflage 2016

Joost, Detlef: Kein Betriebsübergang durch Aufhebungsvertrag mit Gemeinschuldner unter Wechsel zu Beschäftigungsgesellschaft bei Unterlassen des verbindlichen In-Aussicht-Stellens eines Beschäftigungsverhältnisses mit Betriebserwerber („Dörries Scharmann"), EWiR 1999, 247

Junker, Abbo: Grundkurs Arbeitsrecht, 19. Auflage 2020

Kainer, Friedemann: Gerechter Interessenausgleich und unternehmerische Freiheit: Ende der Dynamik von Bezugnahmeklauseln bei Betriebsübergängen nach Alemo-Herron? EuZA, Bd. 7, 2014, 230

Kayser, Godehard/Thole, Christoph: Heidelberger Kommentar zur Insolvenzordnung, 10. Auflage 2020

Kiel, Heinrich/Lunk, Stefan/Oetker, Hartmut: Münchener Handbuch zum Arbeitsrecht, Band 1 und Band 4, 4. Auflage 2018 und Band 3, 4. Auflage 2019

Kilger, Joachim: Der Konkurs des Konkurses, KTS 1975, 142

Klasen, Axel J.: Nachteilsausgleich wegen Betriebsänderung bei unterlassener Anrufung der Einigungsstelle durch den Insolvenzverwalter, EWiR 2018, 349

Knieper, Rolf: Interpretation, Analogie und Rechtsfortbildung: Delikate Abgrenzungen zwischen Judikative und Legislative, WiRO 2003, 65

Koch, Hans-Joachim/Rüßmann, Helmut: Juristische Begründungslehre: eine Einführung in Grundprobleme der Rechtswissenschaft, 1982

Kohnen, Hiltrud/Römer, Christoph: Obergrenzen für Sozialpläne in der Insolvenz, ZInsO 2010, 1206

Koller-van Delden, Martin: Insolvenzsicherung von Altersteilzeitguthaben und Haftungsrisiken der Geschäftsführung am Beispiel des Bürgschaftsmodells, DStR 2008, 1835

Körner, Anne/Leitherer, Stephan/Mutschler, Bernd/Rolfs, Christian: Kasseler Kommentar Sozialversicherungsrecht, 105. EL August 2019

Kreitner, Jochen: Kündigungsrechtliche Probleme beim Betriebsinhaberwechsel, 1989

Krieger, Steffen/Fischinger, Philipp S.: Umstrukturierung mit Hilfe von Beschäftigungs- und Qualifizierungsgesellschaften, NJW 2007, 2289

Krieger, Steffen/Willemsen, Eva Maria: Der Wiedereinstellungsanspruch nach Betriebsübergang, NZA 2011, 1128

Kübler, Bruno M.: HRI - Handbuch Restrukturierung in der Insolvenz, 3. Auflage 2018

Kübler, Bruno M./Prütting, Hanns/Bork, Reinhard: InsO - Kommentar zur Insolvenzordnung, 80. Lieferung, Stand: Juni 2019 und 85. Lieferung, Stand: September 2020

Kuhn, Tomas: Argumentation bei Analogie und teleologischer Reduktion in der zivilrechtlichen Klausurpraxis, JuS 2016, 104

Küttner, Wolfdieter: Personalbuch 2019, 26. Auflage 2019

Lakies, Thomas: Arbeitsrechtliche Vorschriften der neuen Insolvenzordnung, BB 1998, 2638

Lakies, Thomas: Aktuelle BAG-Rechtsprechung zum Insolvenzarbeitsrecht, DB 2014, 1138

Lakies, Thomas: Die Vergütungsansprüche der Arbeitnehmer in der Insolvenz, NZA 2001, 521

Lakies, Thomas: Insolvenz und Betriebsänderungen, BB 1999, 206

Larenz: Methodenlehre der Rechtswissenschaft, 6. Auflage 1991

Larenz, Karl/Canaris, Claus-Wilhelm: Methodenlehre der Rechtswissenschaft, 3. Auflage 1995

Latzel, Clemens: Unternehmerische Freiheit als Grenze des Arbeitnehmerschutzes – vom Ende dynamischer Bezugnahmen nach Betriebsübergang - Zugleich Besprechung des EuGH-Urteils vom 18. 7. 2013 - Rs. C-426/11 – Alemo-Herron u.a., RdA 2014, 110

Laux, Rainer: Betriebsveräußerungen im Konkurs, 1993

Leder, Tobias/Rodenbusch, Vincent: Übergang der Arbeitsverhältnisse auch bei gesetzlichem Betriebsübergang, EWiR 2011, 737

Leithaus, Rolf: Happy Birthday InsO!, NZI 2019, 1

Lembke, Mark: Umstrukturierung in der Insolvenz unter Einschaltung einer Beschäftigungs- und Qualifizierungsgesellschaft, BB 2004, 773

Lembke, Mark: Besonderheiten beim Betriebsübergang in der Insolvenz, BB 2007, 1333

Lindemann, Silvio: Haftung des Betriebserwerbers beim Betriebsübergang in der Insolvenz, ZInsO 2010, 792

Linsenmaier, Wolfgang: „Das Richterrecht bleibt unser Schicksal" – Zur Rechtsfortbildung durch das BAG, RdA 2019, 157

Lipinski, Wolfgang: Reichweite der Kündigungskontrolle durch § 613a IV 1 BGB, NZA 2002, 75

Lipinski, Wolfgang/Kaindl, Gerd: Risiken und Chancen des § 613a BGB bei M&A-Transaktionen: Strategien zur Vermeidung und Gestaltung eines Betriebs(teil)übergangs (§ 613a BGB), BB 2018, 245

Lohkemper, Wolfgang: Die Bedeutung des neuen Insolvenzrechts für das Arbeitsrecht, KTS 1996, 1

Lohkemper, Wolfgang: Zur Haftung des Erwerbers beim Betriebsübergang im Insolvenzeröffnungsverfahren, ZIP 1999, 1251

Loritz, Karl-Georg: Aktuelle Rechtsprobleme des Betriebsübergangs nach § 613a BGB, RdA 1987, 65

Löwisch, Manfred/Rieble, Volker: Tarifvertragsgesetz, 4. Auflage 2017

Madaus, Stephan: Das Konzerninsolvenzrecht – die Ziele des Gesetzgebers, NZI-Beilage 2018, 4

Madaus, Stephan: Der Insolvenzplan: Von seiner dogmatischen Deutung als Vertrag und seiner Fortentwicklung in eine Bestätigungsinsolvenz, 1. Auflage 2011

Marhold, Franz: Betriebsübergang trotz Konkurs?, ASoK 2007, 406

Masuch, Andreas/Meyer, Gerhard: ABC des GmbH-Geschäftsführers 2019, 13. Auflage 2019

Meier, Patrick/Jocham, Felix: Rechtsfortbildung – Methodischer Balanceakt zwischen Gewaltenteilung und materieller Gerechtigkeit, JuS 2016, 392

Mengel, Anja/ Ullrich, Thilo: Erste praktische Erfahrungen mit dem neuen Recht der Beschäftigungs- und Qualifizierungsgesellschaften, BB 2005, 1109

Menke, Thomas: Der Erwerb eines Unternehmens aus der Insolvenz - das Beispiel der übertragenden Sanierung, BB 2003, 1133

Menke, Johan-Michel/Wolf, Sebastian: Alles hat ein Ende …? Betriebsübergang versus Betriebsstilllegung in der Insolvenz, BB 2011, 1461

Meyer, Cord: Personalanpassung des Betriebsveräußerers auf Grund eines Erwerberkonzeptes, NZA 2003, 244

Meyer, Cord: Korrektur fehlerhafter Unterrichtungen bei feindlichem Betriebsübergang, NZA 2017, 960

Moll, Wilhelm: Die Rechtsstellung des Arbeitnehmers nach einem Betriebsübergang, NJW 1993, 2016

Moll, Wilhelm: Münchener Anwaltshandbuch Arbeitsrecht, 5. Auflage 2021

Moll, Wilhelm/Henke, Stefan : Zur Auslegung des InsO § 125 Abs. 1 S. 1 Nr. 2, EWiR 2004, 1233

Moll, Wilhelm/Krahforst, Annette: Unwirksamkeit einer auflösenden Bedingung in einem Sozialplan für den Insolvenzfall, EWiR 2010, 335

Mönning, Rolf-Dieter: Betriebsfortführung in Restrukturierung und Insolvenz, 3. Auflage 2016

Mückl, Patrick: Der „Veräußererkollektivvertrag nach Erwerberkonzept“ als Rettungsanker für Übertragende Sanierungen, ZInsO 2019, 652

Mückl, Patrick: Der Betriebsübergang nach § 613a BGB in der Insolvenz – jetzt erst recht ein Sanierungshindernis?, ZIP 2012, 2373

Mückl, Patrick/Fuhlrott, Michael/Niklas, Thomas/Otto, Alexandra/Schwab, Stefan: Arbeitsrecht in der Umstrukturierung, 4. Auflage 2017

Mückl, Patrick/Götte, Mareike: Die sog. "Widerspruchslösung" - sinnvolle Alternative zu Transfergesellschaft und Erwerberkonzept oder vergebliche Liebesmühe?, ZInsO 2017, 357

Müller-Glöge, Rudi/Preis, Ulrich/Schmidt, Ingrid: Erfurter Kommentar zum Arbeitsrecht (ErfK), 18. Auflage 2018 und 20. Auflage 2020

Nerlich, Jörg/Römermann, Volker: Insolvenzordnung, 41. EL April 2020

Niering, Christoph: Sozialplanansprüche als Stolperstein im Insolvenzplan, NZI 2010, 285

Oetker, Hartmut/Preis, Ulrich/Rieble, Volker: 50 Jahre Bundesarbeitsgericht, 2004

Otto, Björn/Walk, Werner: Entgeltflexibilisierung als Weg aus der Krise, BB 2010, 373

Pape, Gerhard/Uhlenbruck, Wilhelm/Voigt-Salus, Joachim: Insolvenzrecht, 2. Auflage 2010

Patti, Salvatore: Jahrbuch für italienisches Recht, Klauselrichtlinie, Mobiliarsicherheiten, Strafverfolgung, Band 18, 2005

Paulus, Christoph G.: § 1 InsO und sein Insolvenzmodell, NZI 2015, 1001

Penski, Ulrich: Rechtsgrundsätze und Rechtsregeln, JZ 1989, 105

Piekenbrock, Andreas: Die zweite Chance für Unternehmer, NZI-Beilage 2017, 36

Pils, Michael Johannes: Umgehung von § 613a BGB durch Einsatz einer Transfergesellschaft, NZA 2013, 125

Plauth, Melanie: Die Rechtspflicht zur Transparenz im europäisierten Vergaberecht, 1. Auflage 2017

Pleister, Christian/Kunkel, Fabian: Reparaturbedarf am ESUG-Instrumentenkasten, ZIP 2017, 153

Polloczek, Tobias/Rein, Michael: Risikosteigerung bei Betriebsübergang aus der Insolvenz? Haftung des Erwerbers und des PSV für Versorgungsanwartschaften auf dem unionsrechtlichen Prüfstand, NZI, 2019, 65

Preis, Ulrich/Temming, Felipe: Arbeitsrecht - Individualarbeitsrecht, 6. Auflage 2020

Prütting, Hanns/Vallender, Heinz: Festschrift für Wilhelm Uhlenbruck zum 70. Geburtstag, 2000

Rattunde, Rolf: Sanierung durch Insolvenz: Strukturen, Möglichkeiten und Erfahrungen der Sanierung mit dem Insolvenzverfahren oder während des Insolvenzverfahrens, ZIP 2003, 2103

Regh, Thomas/Fanselow, Dana/Jakubowski, Peter/Kreplin, Georg: Beck'sches Mandatshandbuch Arbeitsrecht in der Insolvenz, 2. Auflage 2015

Reischl, Klaus: Insolvenzrecht, 5. Auflage 2020

Reul, Adolf/Heckschen, Heribert/Wienberg, Rüdiger: Insolvenzrecht in der Gestaltungspraxis, 2. Auflage 2018

Richter/Nacewicz: Haftungsbegrenzung beim Betriebsübergang in der Insolvenz, ZIP 2008, 256

Ries, Stephan: Sanierung über Beschäftigungs- und Qualifizierungsgesellschaften - Kosten, Nutzen, Risiken, NZI 2002, 521

Ries, Stephan: Zersplitterung statt Rechtsvereinheitlichung (!) - Warum vergisst der Gemeinsame Senat der obersten Gerichtshöfe seine gesetzlichen Grundlagen (?), ZInsO 2010, 2382

Risak, Martin R.: Der Betriebsübergang im österreichischen Arbeitsrecht, NZA-Beil. 2008, 145

Röger, Hendrik: Insolvenzarbeitsrecht, 1. Auflage 2018

Röhl, Klaus/Röhl, Hans Christian: Allgemeine Rechtslehre, 3. Auflage 2008

Rolfs, Christian/Giesen, Richard/Kreikebohm, Ralf/Udsching, Peter: BeckOK Arbeitsrecht, 58. Edition, Stand: 01.12.2020

Rolfs, Christian/Giesen, Richard/Kreikebohm, Ralf/Udsching, Peter: BeckOK Sozialrecht, 59. Edition, Stand: 01.12.2020

Röller, Jürgen: Personalbuch 2013, 20. Auflage 2013

Rüthers, Bernd/Fischer, Christan/Birk, Axel : Rechtstheorie, 11. Auflage 2020

Säcker, Franz Jürgen/Rixecker, Roland/Oetker, Hartmut/Limperg, Bettina: Münchener Kommentar zum BGB, 8. Auflage 2020

Sagan, Adam: Anm. zu Europäischer Gerichtshof (EuGH): Das Verschlechterungsverbot bei der Ablösung von Kollektivverträgen nach einem Betriebsübergang, EuZA 2012, 247

Schaub, Günter: Arbeitsrecht in der Insolvenz, DB 1999, 217

Schaub, Günter: Arbeitsrechts-Handbuch, 18. Auflage 2019

Schaub, Günter/Koch, Ulrich: Arbeitsrecht von A-Z, 25. Auflage 2021

Schelp, Thomas: Arbeitnehmerforderungen in der Insolvenz, NZA 2010, 1095

Schmädicke, Axel: Sozialauswahl bei der Veräußererkündigung nach Erwerberkonzept, NZA 2014, 515

Schmädicke, Axel/Fackler, Bernhard: Die gerichtliche Zustimmung zur Durchführung einer Betriebsänderung gem. § 122 InsO, NZA 2012, 1199

Schmerbach, Ulrich/Staufenbiel, Peter: Die übertragende Sanierung im Insolvenzverfahren, ZInsO 2009, 458

Schmidt, Andreas: Hamburger Kommentar zum Insolvenzrecht, 8. Auflage 2020

Schmidt, Karsten: Insolvenzordnung, 19. Auflage 2016

Schmidt, Karsten: Organverantwortlichkeit und Sanierung im Insolvenzrecht der Unternehmen, ZIP 1980, 328

Schmidt, Karsten: Die Konkursverwalterhaftung aus unzulässiger Unternehmensfortführung und ihre Grenzen, Bemerkungen zum Urteil des BGH vom 4. 12. 1986, NJW 1987, 812

Schmidt, Karsten: Gesellschafterdarlehen als Insolvenzrechtsproblem, ZIP 1981, 689

Schmidt, Karsten: Gesetzgebung und Rechtsfortbildung im Recht der GmbH und der Personengesellschaften, JZ 2009, 10

Schmidt, Karsten/Uhlenbruck, Wilhelm: Die GmbH in Krise, Sanierung und Insolvenz, 5. Auflage 2016

Schneider, Volker: Tarifliche Sonderzahlung eines 13. Monatsgehalts als Masseverbindlichkeit bei Auszahlungstag nach Insolvenzeröffnung, EWiR 2010, 649

Schrader, Peter: Übergangsregelungen zum Konkursrecht, NZA 1997, 70

Schrader, Peter/Straube, Gunnar: Die Behandlung von Entgeltansprüchen aus einem Altersteilzeitverhältnis nach Insolvenzeröffnung und nach einem Betriebsübergang (Teil 2), ZInsO 2005, 234

Schumacher-Mohr, Marion: Zulässigkeit einer betriebsbedingten Kündigung durch den Veräußerer bei Betriebsübergang, NZA 2004, 629

Schwacke, Peter: Juristische Methodik und Technik der Fallbearbeitung, 5. Auflage 2011

Schwerdtner, Peter: Kündigung wegen fest geplanter Betriebsstillegung trotz späterem Betriebsübergang, EWiR 1989, 867

Seiter, Hugo: Umgehung des BGB § 613a Abs. 4 S. 1 bei veranlasster Arbeitnehmerkündigung durch den Betriebserwerber, EWiR 1988, 247

Sessig, Petra/Fischer, Franz-Joachim: Sozialplan und Sozialplanforderungen im Insolvenzverfahren, ZInsO 2010, 561

Sieger, Jürgen J./Hasselbach, Kai: Arbeitsrechtliche Probleme des Unternehmenserwerbs zu Sanierungszwecken, DB 1999, 430

Siemon, Klaus/Frind, Frank: Der Konzern in der Insolvenz, NZI 2013, 1

Sittard, Ulrich/Flockenhaus, Patrick: „Scattolon“ und die Folgen für die Ablösung von Tarifverträgen und Betriebsvereinbarungen nach einem Betriebsübergang, NZA 2013, 652

Smid, Stefan: Das neue Insolvenzrecht - Probleme, Widersprüche, Chancen, BB 1999, 1

Soergel, Hans-Theodor: Bürgerliches Gesetzbuch mit Einführungsgesetz und Nebengesetzen, Band 4/1, 12. Auflage 1997

Stahlhacke, Eugen/Preis, Ulrich: Kündigung und Kündigungsschutz im Arbeitsverhältnis, 11. Auflage 2015

Staudinger, Julius: BGB, Neubearbeitung 2019

Staufenbiel, Peter/Brill, Sebastian: Der Betriebsübergang nach § 613a BGB im Insolvenzverfahren, ZInsO 2015, 173

Steinau-Steinrück, Robert von: Neues vom EuGH zum Betriebsübergang, NJW-Spezial 2012, 434

Strümpell, Philipp: Die übertragende Sanierung innerhalb und außerhalb der Insolvenz, 2006

Stürner, Rolf/Eidenmüller, Horst/Schoppmeyer, Heinrich: Münchener Kommentar zur Insolvenzordnung, 4. Auflage 2019

Sutschet, Holger: Werhof reloaded - Oder: kommt die Gleichstellungsabrede nach England? RdA 2013, 28

Thole, Christoph: Lehren aus der ESUG-Evaluation für die Umsetzung der Restrukturierungsrichtlinie, NZI-Beilage 2019, 61

Thum, Rainer: Neue Spielregeln für die Zwischenschaltung von Transfergesellschaften?, BB 2013, 1525

Thüsing, Gregor/Forst, Gerrit: Handwörterbuch des Europäischen Privatrechts, 2009

Tschöpe, Ulrich: Anwalts-Handbuch Arbeitsrecht, 8. Auflage 2013

Uhlenbruck, Wilhelm: Insolvenzordnung (InsO), 15. Auflage 2019

Uhlenbruck, Wilhelm: Die Insolvenzordnung - ein Jahrhundertgesetz?, NJW 2000, 1386

Uhlenbruck, Wilhelm/Klasmeyer, Bernd/Kübler, Bruno M./Arbeitskreis für Insolvenz- und Schiedsgerichtswesen: Einhundert Jahre Konkursordnung 1877-1977, 1977

Uhlenbruck, Wilhelm/Vallender, Heinz: Zehn Jahre Insolvenzordnung – eine kritische Zwischenbilanz, NZI 2009, 1

Weitzmann, Jörn: Die ESUG-Studie: Ordnungspolitische Weichenstellungsentscheidungen ante portas, BB 2019, 521

Wellensiek, Jobst: Ein Jahr Insolvenzordnung - Erste Praxiserfahrungen mit dem neuen Recht, BB 2000, 1

Wellensiek, Jobst: Übertragende Sanierung, NZI 2002, 233

Westermann, Harm-Peter: Erman BGB, 16. Auflage 2020

Willemsen, Heinz Josef: Die Kündigung wegen Betriebsübergangs – Zur Auslegung des § 613a Abs. 4 BGB, ZIP 1983, 411

Willemsen, Heinz Josef: Aktuelle Rechtsprechung des EuGH zum Arbeits- und Sozialrecht - Befristung, Betriebsübergang, RdA 2012, 291

Willemsen, Heinz Josef/Hohenstatt, Klaus-Stefan/Schweibert, Ulrike/Seibt, Christoph H.: Umstrukturierung und Übertragung von Unternehmen, 5. Auflage 2016

Willmer, Christian/Fuchs, Simone/Berner, Hans-Joachim: Der Widerspruch des Arbeitnehmers nach § 613a VI BGB als Sanierungsinstrument – Die Widerspruchslösung, NZI 2015, 263

Wimmer, Klaus: FK-InsO - Frankfurter Kommentar zur Insolvenzordnung, 9. Auflage 2018

Winter, Regine: Betriebsübergang und Tarifvertragsersetzung – was ergibt sich aus dem Urteil Scattolon?, RdA 2013, 36

Wisskirchen, Gerlind/Bissels, Alexander: „Kontrollierte Insolvenz": Arbeitsrechtliche Gestaltungsmöglichkeiten des Insolvenzverwalters, BB 2009, 2142

Wißmann, Hellmut: Europäisches Arbeitsrecht – Sockel oder Deckel? RdA 2015, 301

Wolff, Alexander: Zum Betriebsübergang bei mehreren Erwerbern („ISS Facility Services"), EWiR 2020, 569

Zobel, Joachim: Sanierungsarbeitsrecht – Wunsch oder Wirklichkeit?, BB 2011, 1397

Zwanziger, Bertram: Das Arbeitsrecht der Insolvenzordnung, 5. Auflage 2015

www.ingramcontent.com/pod-product-compliance
Ingram Content Group UK Ltd.
Pitfield, Milton Keynes, MK11 3LW, UK
UKHW021131041026
8980IPUK00034B/1686

9 783631 864609